Martin Butzer, F. Mentz

Zur vierhundertjährigen Geburtsfeier Martin Butzers

Martin Butzer, F. Mentz

Zur vierhundertjährigen Geburtsfeier Martin Butzers

ISBN/EAN: 9783743363229

Hergestellt in Europa, USA, Kanada, Australien, Japan

Cover: Foto ©ninafisch / pixelio.de

Manufactured and distributed by brebook publishing software (www.brebook.com)

Martin Butzer, F. Mentz

Zur vierhundertjährigen Geburtsfeier Martin Butzers

Zur 400jährigen Geburtsfeier Martin Bußer's.

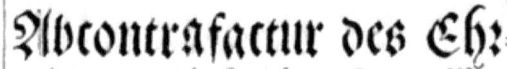

Abcontrafactur des Eh:
würdigen vnd hochgelehrten Herren / Mar:
tin Butzer / Diener des Euangelions Jhesu
Christi zü Straßburg.

Ich weyß nichts dann Christum den gecreutzigten / 1. Cor. 2.

Diser fromm vnd gelehrte Mann /
hat viel güts der Kirch gethon /
Mit dem Bapst ein harten streit /
Gehalten hat ein lange zeit /
Zületst hat er gefügt schon /
Heissen stellen die Confession.

Zületst das Interim kam zu handt /
Schifft er hinweg in Engellandt.
Darum die Leh: gerichtet an /
Mit jm Jagzus der gelehrte Mann,
Darum ist er in Gott entschlaffen /
Der ist sein Burg / Wehr vnd Waaffen

Getruckt zü Straßburg /
Anno 1586.

Martin Butzers

an ein christlich Rath vnd Gemeyn der stat Weissenburg
Summary seiner Predig daselbst gethon.

(Neudruck.)

Bibliographische
Zusammenstellung der gedruckten Schriften Butzer's

von

Dr. F. Mentz

Hilfsarbeiter an der kais. Universitäts- und Landesbibliothek in Strassburg.

Ueber den handschriftlichen Nachlaß
und die gedruckten Briefe Butzer's. — Verzeichniß der Litteratur über Butzer.

von

Lic. A. Erichson

Direktor des theologischen Studienstiftes St. Wilhelm in Strassburg.

Strassburg
Druck und Verlag von J. H. Ed. Heitz (Heitz u. Mündel)
1891.

Straßburg, Buchdruckerei von J. H. Ed. Heitz (Heitz u. Mündel).

Vorwort.

Die auf dem Titelblatt genannte Buchdruckerfirma, die älteste in Straßburg, welche von Sohn auf Vater bis in's Reformationszeitalter zurückreicht, hat es als eine Ehrensache angesehen, an ihrem Teil das Andenken Martin Butzer's zu feiern. Ein besonderer Grund lag für sie in dem Umstande, daß der Straßburger Reformator, indem er so gewaltig in die geistige Bewegung des XVI. Jahrhunderts eingegriffen, mit dazu beigetragen hat, die Thätigkeit der berühmten „Büchermacher" unserer Stadt auf's tüchtigste zu fördern. Und so übergiebt sie, bei Anlaß des 400 jährigen Geburtstags Butzer's am 11. November, die vorliegende Schrift der Oeffentlichkeit.

Voran steht der Neudruck der Schrift, welche Butzer im Sommer 1523, bald nach seiner Ankunft in Straßburg, unter dem Titel „Summary der Predig zu Weißenburg gethon" veröffentlicht hat. Der Reformator wiederholt den Inhalt der Predigten, die er in der freien Reichsstadt, seinem ersten Arbeitsfeld auf elsässischem Boden, von November 1522 bis Mai 1523 gehalten, nebst dem Wortlaut der „Artikel", die er daselbst an die St. Johannkirche hatte anschlagen lassen, und die seinen Bruch mit der römischen Kirche besiegelten.

Die getroffene Wahl werden nicht allein die zahlreichen Nachrichten über Butzer's Leben, die in der „Summary" enthalten sind, rechtfertigen, sondern auch die Eigenschaften dieser Erstlingsschrift, die der klassische Biograph Butzer's, Professor D. J. W. Baum, treffend hervorhebt.

Er rühmt an ihr die charakteristische Kernhaftigkeit, klare Einfachheit und Tiefe, womit der angehende Reformator, nicht ohne Anklänge an die „Deutsche Theologie" und die Mystik des Mittelalters, das Evangelium selbständig aufgefaßt und ebenso kühn als wahr auf den Glauben und auf die Liebe, als die beiden Grundpfeiler, zurückgeführt hat.

Es folgt sodann ein Verzeichnis der gedruckten Schriften Butzer's in chronologischer Ordnung.

Daran schließen sich Notizen über den handschriftlichen Nachlaß und die gedruckten Bücher des Reformators, so wie die Zusammenstellung der Litteratur über Butzer an. Diese Arbeit ist hier zum ersten Mal versucht worden und bedarf deshalb noch der Ergänzung. Ich bitte deßhalb alle diejenigen, die im Stande sind hierzu etwas beizutragen, mir davon Mitteilung machen zu wollen, wie ich auch, an diesem Ort, für jede freundlich gewährte Hülfeleistung von Herzen danke.

Möchte diese Publikation zu ferneren Arbeiten anregen, durch welche die weitreichende Bedeutung unseres elsässischen Reformators in noch helleres Licht gesetzt würde!

A. Erichson.

Martin Butzers

an ein christlich Rath vnd Gemeyn der stat Weissenburg

Summary seiner Predig daselbst gethon.

Martin Butzers

an ein chriſtlich Rath vnd
Gemeyn der ſtat Weiſſen-
burg Summary ſeiner
Predig daſelbſt
gethon.

Mit anhangender

vrſach ſeins Abſcheydens.
Item ſein vßſchreiben, ſampt
artickelen offentlich angeſchlag
en, die ym auch über ſein vil
fältig berüffen, als chriſtlich
von menigklich vnangefocht
en bliben ſeind.

Gemeyner innhalt.

An ein christlichen Rath

vnd Gemeyn der statt Weissenburg.

Martinus Butzer.

Gnad vnnd frid

von Gott dem vatter, vnd vn=
serm herren Jhesu Christo sey
eüch, mit erbyeten, meins ge=
betts vnnd dienste. Ersamen,
weisen, günstigen, lieben, her=
ren, freünd vnd brüder in dem
herren, Rath vnnd Gemeyn
zu Weissenburg.

Noch allen prophezeyen, müssen diese letsten
zeit, vol trübsal sein, die allein der glaub
in Christum träglich macht.

Gebenedeyet sey gott vnnd vatter vnsers herren Jhesu 1
Christi, ein vatter der barmhertzigkeyt, vnd gott alles tro
stes, der auß abgrundt seiner gnaden vnd barmhertzigkeit
zu disen letsten vnd gefärlichsten zeiten, in den nach allen   Matthei
prophezeyen des glaubens abnemen, vnd erlöschung der   xxiii.
liebe sampt vertilgung alles gutes, künfftig weißgesagt   ii. Thess. ii
ist, auch eüch hat lassen vffgon, vnd scheinen das heylsam   ii. Petri. ii.
vnd trostreich liecht euangelischer leer, vnnd worheit, da   Danie. ix.
durch ir erkennen, das wir durch vnsern herren Jhesum
Christum, gereinigt von sünden, so wir im glauben, haben
nun frid, mit gott vnnd ein freyen zugang im glauben zu   Rom. v.
diser gnad, darinnen wir steen, vnd rhümen vns, der hoff
nung, der künfftigen herrlicheyt, die gott geben soll. Nit al
lein aber dz, sonder wir rhümen vns auch der trübsalen.

diewenl wir wiſſen, das trübſal gedult bringt, die gedult
aber bringt erfarung, die erfarung aber bringt hoffnung,
die hoffnung aber laſſet nit zu ſchanden werden. Ir ſeind
netzt ſampt vil andern mit mancherlen anſtöß, bekümer=
nüß vnd trübſal beladen, als dann ſolchs die zeit vff ir hat

Matthæi
xxiiij.
Mar. xiij.
Luc. xvij.

nach der weiſſagung Chriſt ſelbs, auch der apoſteln vnd
propheten, dz netzt die rechte not gon ſoll, wie dann die vn=
gerechtifeit überhandt genommen, vnnd die liebe in vllen
erfaltet iſt. dann netzt vil hundert jar ſteht b' wüſte grewel

Danie ix.

von dem Daniel geſchriben hat, d' widerchriſt, d' menſch
der ſünden vnd findt des verderbens, an der heilgen ſtatt,
erhebt ſich über alles das gott, oder gotts dienſt heiſßt.
alſo das er ſich in tempel gottes, als ein gott geſetzt hat,
vnd gibt für, er ſen gott. Darumb ſo das reich gottes, dz
dann iſt gerechtigfeit, frid vnd freüd im heiligen geiſt, durch

Ro. xiiij.

diſen widerwertigen verwüſt, vnd verhört iſt, muſß von
nöten die vngerechtigfeit überhandt nemen, trübſal, be=
zwang, angſt vnnd not allenthalben einfallen. Aber wol
eüch ſo ir durch des woren euangeli predig, Chriſtum er=
kennen. dann wiewol ir in der welt angſt haben, jedoch in
nm, der dann die welt überwunden hat, habent ir friden

Io. xvj.

vnd gut gemach. dann ir gewiſß ſeind, das ir durch Chri=
ſtum ein genedigen vnd barmhertzigen gott vnnd vatter
haben, d' eüch nit mer, dann eüch müglich zu tragen, laſßt

j. Cor. x.

angefochten werden. ſchafft auch, das eüch alles zu guten
fumpt was eüch vener mer zu handen fummen mag. Vff
welche gnad, dann auch das rhümen, von dem ſanct Pau=
lus wie oben anzogen, meldet, fuſßet vnd gegrünt würdt.

Noch allen zeichen, iſt zu hoffen der jüngſt
tag ſen vor der thür, vnd wered ein end
machen alles jamers.

11   Zu dem habt ir auch den troſt, ſeitenmal ſampt den an

dern zeichen, die vor der zukunfft vnnd clarem erschynen
vnsers herren Ihesu Christi, ganghafftig sein sollen, wie
wir Matt. ggiiij. Mar. giij. Luc. ggj. lesen, das euangeli-
um vom reich, an so manchem ort, nemlich im Teütschen
land, das solichs laut der hystorien, vnuerbunckelt, mit
menschlichen, vnd der göttlichen schrift widrigen satzungen
nie gehört hat, frey, pur vnnd tröstlich gepredigt würdt,
ist gentzlich zu hoffen, es nahe sich vnsere erlösung, vnnd
die heylsame erschynung Christi sey vor der thür. Dann ye
niemant vernennen mag, das Euangelium vom reich, dz
als der herr weißgesagt hat Matt. ggiiij. sol in der gantzen
welt gepredigt werden zu einer zeügnüß über alle völcker,
vnd dann werde dz end kummen, würdt yetzt zu vnsern zeyten
so clärlich vnnd frey gepredigt, als seit der Apostel zeyten
ye geschehen ist. Vnd wiewol (wie dann vom herren vorge-
sagt ist) ym sich entgegen setzet, mit höchstem ernst, alles
was in der welt hoch vnd mechtig ist, yedoch hilfft es al-
les nichts, es bringt gewaltiklich herfür, endeckt, schendt
vnd schmähet was vor der welt scheynt, groß vnd erlich
ist, vnd dz, wie sein art allweg gewesen, durch die schwach-
en nach dem fleisch vnd verachten. Das mir kein zweifel
ist, wie der herr angefangen hat, den Antichrist, das ist die
gewalt, so sich vber gott gesetzet, vnd sich des regiments
über die seelen vnderfangen hat, mit dem geist seins munds,
das ist mit dem krefftigen göttlichen wort, zu erwürgen
vnnd vmb bringen, werde sein bald gar ein end machen
durch die helle erscheinung seiner zukunfft. Amen.

Matthæi
xxiiij.
Mar. xiij.
Lu.

Das euan
gelium würt
yetzt clärer
dann ye vor
gepredigt.

Das Euangelium durch Martin Butzer zu Weis-
senburg gepredigt, ist fruchtbar, vnd hat dem
Antichrist ein grossen abbruch gethon.

So dann solchs Euangelium die predig göttlicher gna
den, durch Christum Ihesum, vns sonder allen blitsern

III

a iij

verdienst erlanget, durch mich eüch klar vnd worlich ver
kündt ist (des gott mein zeüg ist vnd sein heilige schrifft) da
durch bey eüch ist, in allen den, so das vffgenommen haben
das reich gottes, die gerechtigkeit, so vor gott gült, der
glaub, der war göttlich frid, der alle synn überschwebt,
die freüd des geists in allen trübsalen vnd anfechtungen,
da durch das Antichristisch reich mercklich geschwecht
vnnd verwüst worden ist. das so ir wölt fürt faren in der
gnaden, wie ir angehebt habt (dem almechtigen sey lob)
ich kein zweifel hab, es soll bald gar gethon sein mit allem
dem das sich Christo bei eüch vnd seinem euangelio ent-
gegen setzet. Amen. Vnnd darumb sollen ir mit mir, gott
dem barmhertzigen vatter der grossen gnaden danck sagen
vnnd yn höchstes fleiß loben vnd preißen durch vnnsern
heyland Jhesum Christum, vnnd mit allem ernst bitten,
er wöll gnädigklich bestäten das er in eüch angefangen
hat, vnd geben, das ir erfült werden mit erkantnüß seins
willens, in allerley geistlicher weißheit vnd verstand. das
ir würdigklich wanderent dem herren zu allem gefallen,
vnd fruchtbar seyen in allen guten wercken, vnd wachsent
in der erkantnüß gottes, vnnd gesterckt werden mit aller
krafft, nach der macht seiner herrlicheit in aller gedult vnd
langmütigkeit, mit freüden, vnd dancksagent dem vatter
der vns würdig gemacht hat zu dem erbteil der heiligen
im liecht. Amen.

Coloss. j.

> Den geist gottes, zuuerston göttlich schrifft, so
> weit im glauben not, haben alle menschen.

IIII   So ir aber bittent vmb diese bestätigung vnd erfüllung
göttlicher erkantnüß, welche würcket der heilig geist, den
der vatter sendet in dem nammen vnsers herren Jhesu Chri-
sti, vnd ir so ir glaubt haben dem wort seiner gnaden, auch
entpfangen habt, sollent ir in kein zweiffel stellen, ir wer-

bendt erhört. vnd der barmhertzig gott vnd vatter wölle
euch verleyhen was ir yn bitten. wie er das vns allen ver=
heiffen hat Jo. rvj. vnnd an andern orten mer. Darumb
folt ir auch in kein weg euch bereden laffen, als ob ir den
heilgen geift nit haben möchten, vnnd deßhalb in den
heiligen Euangelien vnnd anndern göttlichen fchrifften
nichts lefen, nach die predigen vnd leren, so euch fürtra=
gen werden, ortern vnnd vrteilen. Wie dann etlich glaub
vnd geyftloß leüt euch zu bereden fich vnderfton. welche
blindenlerter, euch 'gern mit yn felbs wolten in die gruben
füren ewiger fünfternüß. Dann das ir gefehen, vnnd göt= ^{ij. Petri. ij.}
tlicher fachen verftandt (gott fey lob) überkommen habt,
macht das ynen am buchfuter abgott, vnd nit, wie biß
här, mit fölchem glück künden durch geyß, mit erdichten ^{ij. Petri. ij.}
worten, an euch hantyeren. Sie feinds zu den der herr ge=
fagt hat, We euch fchrifftgelerten vnd pharifeer, ir heüch= ^{Mat. xxiij.}
ler, die ir das hymmelreich zufchlieffen vor den menfchen. ir
kumpt nit hynein, vnd die hynein wöllen, lafft ir nit hyn=
ein geen. We euch fchrifftgelerten vnd pharifeer, ir heüch=
ler, die ir der witwen heüfer freffen, vnd wenden für lang
gebett. darumb werden ir deft mer verdamnüß entpfa=
hen. Es ftot fteiff das fant Paulus fpricht. Der geiftlich ^{j. Cor. ij.}
richtet alles. Geiftlich feind aber, nit die allein, die befcho
ren vnd gefchmyert, lang kleyder tragen vnd feyft pfrün=
den befitzen, ob' funft vff einer feyßten weyden gemöft werden,
fonder die den geift Chrifti haben. Den haben alle, die fein
feind. Sein feind alle die ym glauben. Glaubt ir dann Chri ^{Ro. viij.}
fto, fo feind ir fein, habt fein geift, feyt geyftlich, habt alle
ding zu vrteilen vnd ortern. Vnd dz hat auch d' herr den feinen
zu thun befolhen. Sehent euch für vor den falfchen prophe ^{Matt vij.}
ten, die zu euch kumen in fchaffs kleidern, innwendig aber
feind fye reiffende wölff. an iren früchten folt ir fye erkennen.

Dann die so durch glatte wort vnd geistlichen schein sich
als schaff, die vns zu nuß sein solten, fürgeben, erkennen
wir bey iren früchten, dz ire wort vnd werck off iren eigen-
nuß gericht seind. dz sye wie hungerige reissende wölff al-
les zu sich zerren. das muß ye mit vrteil, vnd orterung ge-
schehen irer wort vnd leer, an d' dann am meysten gelegen.
Wo bey sollen wir sye aber erkennen, richten vnd ortern,
dann bey der heiligen schrifft? Die dann aller leer vnd predig
einig regel ist, die gewißlich vom heilgen geist geschriben
ist, vnd alles guts reychlich lernet. Also, das alles, so mit
der götlichen schrifft nit zustimpt, vnd auß ir sein grundt
nit haben mag, arg, falsch vnd verfürisch sein muß.

ij. Tim. iij. (margin)

Wo bey erkant würdt welche predig
christlich, oder vnchristlich sey.

V (margin)
j. Thess. v. (margin)
j. Jo. iiij. (margin)

Darumb lieben brüder, lasst euch die augen nit blen-
den, prüffent vnd bewerendt alle ding, vnnd das gut be-
halten. Johannes spricht. Nitt glaubent einem yegklichen
geist, sondern prüffent die geiste ob sye von gott seind. Dann
es seind vil falscher propheten außgangen in die welt. Dar-
an erkennen ten geist gottes. Ein yegklicher geist der do
bekennet das Jhesus Christus ist kommen in das fleisch, d'
ist von gott. vnd ein yegklicher geist der do nit bekennet dz
Jhesus Christus ist kummen in das fleisch, ist nit von gott.
vnd das ist der geist des Widerchrists, von welchem ir
habt gehört, das er kumpt, vnd ist yeßt schon in der welt.
Hye sehen ir, dz der heylig Johannes, euch allen gewalt
gibt, die geist zu prüffen vnd vrteilen. gibt euch auch gar
ein gewiß worzeichen, das dann ist summa summarum aller
götlichen schrifft, nemlich welcher geist bekennt dz Jhesus
Christus ins fleisch kommen ist, der ist von gott. welcher dz
nicht bekennet, der ist ein geist vnnd bott des Antichrists. der
dann zu den zeyten schon in der welt was. O wie vil seind

aber allenthalb der geister des widerchrists, die nit beken
nen, das Jhesus Christus sey ins fleisch kummen? Dann al=
le so predigen vnd leren, das der mensch durch seine oder
anderer creaturen werck, gnad erlange, oder etwas zur se
ligkeit verdienen múg, die bekennen nit das Jhesus Chri
stus ins fleisch kummen sey. Dann das kummen Jhesu Christi
ins fleisch, ist das er allein das fleisch von sünden reinige,
ym sein geist verdyene, erkauff vnnd verlyhe. do mit der
mensch, so nichts wann fleisch, das ist zum bösten geneigt
war, werde vergeistet vnnd zum guten zogen. So solche
gnad ein mensch dem andern durch sein messhalten, bru
derschafften, vnnd gute werck, oder auch ym selb erlangen
möcht, wie dann die antichristischen prediger leyder lyegen,
so wer Christus vergebens ins fleisch kummen. vnd das
ist eben als vil, als nit bekennen, das Jhesus Christus
ins fleisch kummen sey. Dann sein würckung im fleisch ver-
neynen, das er es allein seligmache, vnd solchs der nichti
gen creatur, gar, oder zum theyl zugeben, ist eben sein zu-
kunfft ins fleisch verleücknen. Dann nit ins fleisch kummen
sein, vnn vergebens kummen sein, welchs in d' warheit, als
auch Paulus zeügt, alle die sagen die anderßwohár dann
von Christo allein lernen, die Gerechtigkeit suchen, gylt
gleich vil.

Gnad die schrifft zu verston würt den einfel-
tigen vnd demütigen verluhen, vnd den
klugen vnd stolzen entzogen.

Darumb allerliebsten, so habent gut acht vff alle lere vi
vnnd predig so eüch fürtragen würt. Jr habents macht,
befelch, vnd vermögents durch den heylgen geist. den ir
als gewißz habt, als gewißz ir glaubt vnd Christi seind.
Alles was eüch anders lernet, dann das Jhesus Christus
allein der sey, der sein volck von iren sünden seligmachet,

vnd sein volck seind alle die ym von hertzen glauben, das
haltent on allen zweiffel für teüffelisch vnnd antichri-
stische leer. Lesent ewere Euangelia Matthei, vnd neüwe
Testament, vnd was ir mer von göttlicher schrifft haben
mügent. Bitten gott den vatter durch Christum vnnsern
heyland, vmb sein gnad vnd erleüchtung, vnnd das mit
vestem glauben, so werdent irs erlangen, vnnd alles was
eüch not vnd nütz zu wissen, genugsam lernen. Der geist
Esa. lxvj. gottes ruget vff den demütigen, vnd hat ein gnädigs vff
sehen über den armen der ein zerknitzsten geist hat, vnd er
zittert ab dem wort gottes. Ob ir schon nit pfaffen oder
münch seyt, kein latin künnen, tag vnd nacht müsst arbei
ten, Ihesus vnser heyland was auch ein ley, vor den wür
digen vnd geistlichen d' welt vngelert vnd ein zymmermann.
Paulus arbeitet auch tag vnnd nacht. do mit er niemant
beschwärlich wer. Die heilgen erzuätter vnd etlich pro-
pheten seind gut schlecht hyrten gewesen, noch hat der
geist gottes reychlich mit sein höchsten goben in ynen ge-
wonet. Also würt eüch on zweifel auch widerfaren, so ir
nur vmb solchen geist den vatter mit begyrigem vnd gleü-
bigem gemüt bitten werdent. Also hat auß dem geist ge
Lucæ j. sungen die hochwirdig junckfraw Maria. Die hungeri-
lo. xij. gen hat er mit gutem erfüllet, vnd die reichen lär gelassen.
ix. Tröst eüch das er gesagt hat. Ich bin kummen in die welt
ein liecht, vff das wer an mich glaubt nit im fünsternüß
beleib. Ich bin zum gericht vff dise welt kummen, vff das
die do nit sehen sehendt werden, vnd die do sehent blind
werden. Ir sehent, das blind vnnd doll worden seind die
sich selb für lychter der welt dargeben, vnd auch darfür
gehalten werden. So man mit göttlicher schrifft an sye
kumpt, als eüwer vil selb erfaren haben, wissen sye min-
der, dann ein kind. reden vnnd hanblen so vngeschickt, das

nieman zweifflen mag, sye seyen vnsinnig vnd wandschel
lig. Secht ir, das ist das vrteil zu welchem vnser heyland
vff die welt kummen ist. als er auch and'n örtern bezeügt.
Frewt ir euch nun die ir euch für blinden gehalten, vnnd
begert habt von Christo, vnd seinem wort (das die rollen
verdampten leüt verachten) erleücht zu werden. Darumb
werden ir sehen, vnd sye werden geplagt mit vnsynnigkeit
vnd blindtheit, vnd toben des gemüts. das sye in mittem
tag, nit anders tappen werden, dann ein blind in der fin= *De. xxviij*
sternüß. vff dz sye ire weg nit richten künnen. Also hat gott
ne vnnd ne nit vil weiser nach dem fleisch, nit vil gewalti=
gen, nit vil edlen berüfft (als sant Paulus schreibt) sonder *j. Cor. j.*
was dorecht ist vor der welt, das hat gott erwölt. das er
die weisen zu schanden machet. vnd was schwach ist vor
der welt, das hat gott erwölt, das er, was starck ist, zu
schanden macht. vnd das vnedle vor der welt, vnnd das
verachtet, hat gott erwölt, vnnd das do nichts ist, das er
hyn rychte was etwas ist. vff das sich vor ym kein fleisch
rhüme.

Wider die, so der Euangelisten vnd Aposteln
schrifft gleich der menschen tandt achten.

Das aber der selbigen verkerten klugen etlich sagen, *vii*
Mattheus, Johannes, Paulus vnd der gleichen seyen auch
menschen gewesen, ob man ynen eben alles müsse glauben.
solt ir euch irs verstockten synns mer erbarmen, dann euch
vast mühen ynen zuantworten. Dann wo ynen die göttlich
warheit halb als vil anleg als ir bauch, sye wurden solch
er gotts lesterung wol geschweigen. Die heilgen Apostе=
len seind ja menschen gewesen, aber do bey kinder got=
tes, vnnd auß göttlichem geyst haben sye geschriben. das
dann klar ist, so man ire schrifften gegen den propheten
vnnd Mosis bücher, welchs der herr selbs, vnd auch

b   ij

Paulus, fampt den andern euangelifchen fchreibern, die
heilig fchrifft heiffet, haltet. Wöllen fye aber Mofen vnd
die propheten auch als menfchen verwerffen, richten ir
felbs, ob vns nit vil mer gepür, iren landt vnd gots lefte-
rung verwerffen. An den wir doch nichts geiftlichs, ja
nichts natürlicher erberkeit gemäß fpüren, fonder alle
ir dencken vnd wefen do hyn gericht feind, dz man fye vmb
ein wenigs öls willen, do mit yn die finger gefchmyeret,
vnd ein löcklin hors, das yn vom kopff gefchoren ift, für
herren halte, in aller freyheit vnd mutwill. da für fye nichs
thun, dann das fye vndertweil den leichnam vnd das blut
Chrifti verkauffen, vnnd die heiligiften pfalmen on allen
verftand vnd geift murmeln oder heülen. Daneben faugen
fye dem armen, wider alle recht vnd billicheit, das marck
auß den beinen, fchenden ym weib vnd töchter. vnnd in
fumma, allen vnglauben, fünd vnd fchand, vnd grüntlich
verderbnüß kumpt von yn. Mit denen man nach der leer

j. Cor. v.   Pauli zun Corinthern vnnd Teffal. kein gemeynfchafft
ij. Thes. iij.   haben folt.

Wo bey gewifflich vnd klar verftanden würdt,
das der Apoftel fchrifft vß dem geift gottes
ift. vnd alle die mit ir nit ftimpt, vß dem
geift des Antichrifts.

VIII   Eins haben die guten herrlin ertruncken in irem luft,
überfehen, das fye Mattheum, Paulum fampt andern Apo-
fteln vnd propheten, fo herrlich haben laffen in der Meß
gelefen werden, vnd nit vil mer irs gots des Babfts recht.
das dann ein anzeig gibt, es fey etwas höher zu halten wz
von Chrifto die Apoftel gefchriben, dann was von irem
gewalt, reichtumb vnd pracht die Bäbft gebotten haben.
deren dann vil, als ir eigen hyftorien außweifen von acht
hundert jaren hår, Symoneyifche wucherer, gotts dieb,

eebrecher, knaben schender, land verhörer, zauberer, blut hund, gufftmörder, vnd der gleichen gewesen seind. Deren geschrifft vnd gebott auch seitenmal sye gegen den aposto=lischen sich halten wie wasser gegem feür, gufft gegen ty=riack, ist sich wol zu vermuten das solchs alles von einem andern geist herfliessen muß. Vnd so wir die frucht des heilgen geists, als do seind, liebe, freüd, frid, langmut, freündtlicheit, gütigkeit, glaub, sanfftmut, keüscheit, bey den Aposteln spüren. Aber bey den Bäpstlichen Decre=talen, sampt andern menschen gedichten mercken die werck des fleischs, die do seind, eebruch, hurery, vnreinigkeit, geylheit, abgöttery, zaubern, feyndtschafft, haber, eyfer, zorn, zanck, zwytracht, secten, haß, mordt, sauffen, fressen vnd der gleichen. haben wir wol zu achten, der geist der dise gotslesterer leret vnd regieret, denen die heilgen Apo=stel menschen seind, denen nit zu glauben sey mer dann einem andern Babst oder Bischoff. do wider sye doch, wie sye dann aller ding vnbedocht handlen, die stocknarren, in iren eygen Decret, etlich sprüch Augustini eingefürt haben. sye ein geist des fleischs, der lugen, vnd alles irrthumbs, ein geist des woren Antichrists, der mit dem geist d' apo=stelen, des heiligkeit gantz vnuerdunckelt am tag ligt, nichts gemeyn hat, sonder disen lester rnnd verfürischen geist, bald gar verbilken werd. Amen.

Ein andere prob, do bey erkennt würt, welche
schrifft christlich sey welche antichristlich.

In summa. Wer von gott nit gar verworffen vnd ver=blendt ist, der würt in kein zweiffel stellen, von dem geist gottes sein, was er in Aposteln Propheten vnd Mose list. Vnd dieweil der heylig geist ym selb nit kan wider seyn, nach zwo zungen füren, alles das verwürfflich vnd falsch sein, was yetztgemelten schreibern entgegen ist, es hab es

Frucht des teuffel-schen geists

Frucht des heilgen geists.

Worck des fleischs.

IX

Mat. xxij. gleich geſchriben Bapſt oder Biſchoff. Alle geſatz vnnd
propheten hangen an den zweyen gebotten. Hab gott lieb
von gantzem hertzen ꝛc. vnnd dein nechſten als dich ſelb.
was diſem gemäß iſt, iſt göttlich. wz nit, iſt on allen zwei
fel teuffeliſch. Wie ſtot aber mit der liebe gottes, ſagen,
Chriſtus Iheſus, dem wir auß gebott des vatters gehor-
chen ſollen, hab vns nit alles zur ſeligkeit nutz, vnd dem
vatter geſellig gelernet, vnd lernen wider die liebe des nech=
ſten, mit ſo groſſem koſten, do mit man den brüdern helffen
ſolt, kirchen bauwen, meß ſtifften, bruderſchafft vffrichten,
ire gute werck kauffen, wachs brennen, vnd was der vn=
ſinnigkeit mer iſt: Deren ding, dieweil ſye von gott nit ge
botten, keiner ym ſelb vmbs gelt kauffte, d' hunger, durſt,
froſt oder andere not lytte, er würde ym vor helffen, vnnd
an ym ſelb barmhertzikeit, die gott will, vnd nit das opfer
(aber fürnemlich gegen dem nechſten) üben. Aber ſo man
ſoll dem nechſten helffen, ja Chriſto ſelb im nechſten, ſo
muſß man es alles gott, ja gewiſßlich dem teuffel, in dem
ellenden fußfolck, das ſelb zu neren, meren, möſten, opfe-
j. Petri. ij. ren. Warumb? Sye ſeind die geſalbten, das künigklich
prieſterthumb, den yederman ſoll geben, nieman nemen
yederman dyenen, nieman gebyeten. Wo ſtots geſchriben?
Johannis am. xxi. Ich hab eüch noch vil zu ſagen, aber
ir kündents yetzt nit tragen. Wer hatte es dann eüch geſagt
ir laruen träger: Freylich nit der geiſt der warheit, den er
am ſelbigen ort den ſeinen verheiſſen hat, ſonder der geiſt
der lugen. dann auß dem geiſt der warheit hat Chriſtus
zu ſein jungern geſagt. Ein yegklicher vnnder eüch, der
Lu. xiiij. nit abſaget allem das er hat, der mag nitt mein junger
u. xxij. ſein. Der gröſt vnnder eüch, ſol ſein wie der jüngſt, vnd
Io. viij. der fürnemeſt wie der diener. vnnd, So ir bleiben werdt
an meiner red, ſo ſeind ir meine rechte jünger, vnnd wer=

den die warheit erkennen, vnnd die warheit wůrt euch
frey machen.

Welcher art glauben die
heylig schrifft leret.

Also nun liebsten brüder, lasset faren dz faul geschwetz X
mit den gotzlosen platztrettern, vnnd des teüffels möst=
seüwen. halt euch an das gewiß gottes wort, das blei=
ben muß, biß hymmel vnd erd zergang. das werdent ir
durch den geist gottes, so ir darumb bittend den vatter,
wol verston, vnnd do mit richten. Was man euch predi=
gen vnd lernen wůrt, vff dem bleiben, vnd als die seligen
wo ir kündt oder möcht, lasset das gesatz gottes, die göt=
lich schrifft eüwer geistlich übung sein. Sucht, so werden Matt. vii.
ir finden. Selig seind die beweren vnd ersuchen die zeüg
nüß der herren. So ir diß thun werden, als ich den vn=
gezweifelt binn, werden ir leichtlich vernemen dz alle war=
heit, vnd die red vnd leer Christi stot in dem, dz wir durch
yn ein festen glauben vnd hertzlich vertrawen haben zum
vatter, als zu einem gnedigen gott vnd vatter, der vns alles
guts an leib vnnd seel, on allen vnsern verdienst, auß lau=
tern gnaden (aber durch verdienst seins aller liebsten suns
vnsers heylands Jhesu Christi) zu stellen, vnd vor allem
übel behüten, alle sünd verzeyhen wöll. Diß ist der glaub,
auß dem der gerecht lebt, vnnd ist die gerechtigkeit so vor
got gylt. Davon Paulus Ro. v. Wann wir dann seind recht
fertig worden durch den glauben, so haben wir frid mit
gott durch vnnsern herren Jhesum Christum. Welchen
frid wir nun nit haben mügen, wir glauben dann on allen
zweiffel, vnser leben, thun vnd lon gefall ym. vnd was ym
nit gefallen mag (als die sünd seind, der wir nymmer frey
seind. dieweil der gerecht, das ist der gläubig, siben mal Pro. xxiiij.
im tag fellt) das verzeyht er vns. Dann Johannes spricht.

j Jo. iij. Daran erkennen wir das wir auß der warheit seind, vnd
bereden vnnser hertz vor ym, das so vns vnser hertz ver-
dampt, das gott grösser ist dann vnser hertz, vnd erkennet
alle ding. Ir lieben, so vns vnser hertz mit verdampt, so ha-
ben wir ein freydigkeit zu gott. vnd so wir bitten, werden
wir von ym nemen. dann wir halten seine gebott, vnd thun
was vor ym gefellig ist. Vnd das ist sein gebott, das wir
glauben an den nammen seins suns Jhesu Christi, vnd lie-
ben vns vnder einander.

Wo här ein solcher recht geschaffner glaub
geschöpfft würt. nemmlich, von dem das
Christus Jhesus für vns gestorben ist.

XI   Secht, in disen worten sancti Johannis habt ir ob be-
rürte art vnd natur des glaubens gentzlich vnnd klar be-
schriben vnnd abgemalt. Nemlich, das wir ein solch ver
' ' trawen zu gott haben müssen, das vns vnser hertz nit ver-
' ' damm. dann was auß solchem glauben nit geschicht, sonder
' ' es ist sorg do, es gefalle gott nit, es sey vnrecht das wir
Ro. xiij. thun, so ists lauter sünd. Es müß do ein freydigkeit zu
gott sein, ein frey tröstlich vertrawen, als zu vnserm vat-
ter, der vnser weit mer sorg hab, vnd grösser liebe zu vns
trag, dann kein vatter zu seinem sun, oder auch muter zu iren
vnmündigen kindlin. Dann wir sollen also gesichert sein
seins guten vätterlichen willens gegen vns, das wir on
allen zweiffel seyen, was wir yn bitten, wir werden auch
solchs von ym entpfahen vnd nemen. Vnnd darumb, ob
wir schon sünden, als dann nymmer en ist, so wissen wir dz,
Jo. ij. das wir ein fürsprechen haben bey gott Jhesum Christum
der gerecht ist. vnnd der selb ist die versönung, für vnnser
sünd, nit allein aber für die vnnsere, sunder auch für der
Ro. viij. gantzen welt. Vnd weiter spricht Paulus. Gott hat seinen
eigen sun nit verschönt, sonder hat yn für vns alle da hyn

geben. wie folt er vns mit ym, nicht alles schencken? Dar
uff ne steiff stot der glaub, vnd das vertrawen zu gott aller
ding. so er sein lieb gegen vns so hoch gepreyßt hat, das Roma. v.
er vns selig zu machen, sein eingebornen vnd allerliebsten
sun, für vns hat in tod geben, do wir noch feind woren.

Das ein yeder müß achten, vm sey gethon,

was vns durch Christum beschehen, vnd

das der glaub das werck gottes ist

vnd erfüllung aller gebott.

Secht lieben brüder, diß ist der recht glaub. Ein solch XII
gentzlich vnd hertzlich vertrawen muß zu gott sein, das
wir auß rechtem kindtlichem geist mögen in der warheit
zu ym ruffen in allen sachen, Abba, lieber vatter. vnd ist in Ro. viij.
sein weg genug, das einer wolt allein glauben, gott hette
alle ding geschaffen, Ihesus Christus vnnser herr sey
mensch worden, gestorben ꝛc. sunder wir müssen glauben
vns selbs sey solches alles geschehen zu gut, erlösung, vnd
seligkeit. vnd was gott schaff vnd thu, thu er alles durch
Ihesum Christum, vns zu gut, wie ein vatter alles thut
vnd schafft zu gut sein kindern, die hoch zu bringen in gut
vnnd eeren. Vnnd ein solcher glaub ist das werck gottes.
Wer also glaubt würt selig, vnd versucht den tod nimer-
me, halt das gebott gottes, vnd thut sein willen. Dann das
ist sein gebott, das wir glauben an den nammen seins suns
Ihesu Christi, vnd lieben einander. Das erst vnnd haubt
gebott ist, das wir in gott glauben obgemelter weiß. das
dann nit geschehen kann, dann durch den nammen Ihesu Chri-
sti, in dem die liebe vnd gnad des vatters, vns also gepry-
sen ist, das wir vns so kindtlich zu gott versehen vnd trö-
sten mügen. Dann sein namm, nichts lautet, dann heyland vnd
salb der gnaden. wie er dann ist, der sein volck von iren sün Matth. j.
den selig macht. vnd so ein voller brunn aller gnaden, das

c

wir alle von seiner völle genommen haben. Wer an den
nammen glaubt, nimpt an diß lob vnd predig von dem
herren verstot also Ihesum Christum, der mag sich frey
vnd gentzlich in allen dingen vff gott verlassen, den er nun
on allen wanck glaubt, ym auß lautern gnaden Ihesum

j. Ioan. ij.   Christum, als zu einem gnaden thron dargestelt sein, von
dem vatter durch den er von ym alle ding entpfacht, was
er nur begeren mag, vnd mer, gnab vmb gnab.

Vß dem rechten glauben, fleüßt wore liebe.

XIII   Vß disem glauben, wie d'mensch von gott durch Ihe-
sum Christum erkennt auß lautern gnaden vnd vergebens
ym alle ding verluhen sein vnd werden, also dieweil er in
der lieb zu gott, also ein übergütigen vatter entzündt, be-
gert nun nichts höhers, dann ym zu gefallen vnd danckbar
keit auch etwas thun. Vnnd so er vernimpt, das der herr
all vnser thun will zu gut vnd frummen geschehen vnserm
nechsten, so geüßt er sich, vnd ergibt sich gantz zu dienst vnd
guthät des nechsten, on alles hoffen einiger vergeltung,
on alles ansehen einiger person. Sonder wie er sich on al-
len verdienst, erkennt ein kind vnd erb gottes, vnnd miterb
Christi worden sein, also vnangesehen einigen verdienst,
vergebens, allein gott ein gefallen zu beweisen vnnd sich
danckbar zuerzeigen, streckt er seinen brüdern für seel, leib,
eer vnnd gut, mit einem wort, alles so er ym von gott ge-
geben erkennet. Secht, also würckt der wor vnd lebendig

j. Cor. xiij.   glaub durch die lieb. Die lieb, wie Paulus schreibt, ist
langmütig vnd freündtlich, die lieb eyffert nicht, die lieb
schalcket nicht, sye blähet sich nit vff, sye stellet sich nit hö
nisch, sye suchet nit dz ir, sye lasset sich nit erbittern, sye ge
denckt nichs args, sye frewet sich nit über d' vngerechtig-
keit, sye freüwet sich aber· mit b' warheit, sye vertregt alles,
sye glaubt alles, sye hoffet alles, sye duldet alles.

Wider die schrifft gottes reden, so du sagen, der
glaub mache nit allein selig. vnd das solchs
predigen, sey die guten werck verbyeten.

Also secht lieben brüder, seind alle die auß dem geist XIIII
neuw geboren seind. durch den glauben seind sye frumm,
gerecht vnnd selig. Dann wie sye glauben, also geschicht
ynen. nemmlich, das Jhesus Christus ynen gemacht, vnd
geben würdt zur gerechtigkeit vnnd zur heyligung, vnd
zur erlösung. In summa, was Christus ist, hat vnd thut,
ist alles ir. dann sye eins mit ym seind, er in ynen, vnd sye in
ym. Durch die lieb thun sye den andern guts, helffen vnd
dyenen ynen in allen dingen. leeren den vnwissenden, trö=
sten den zaghafften, straffen den yrrigen, helffen den dürf
tigen. Mit eim wort, wie gesagt ist, was sye seind, haben
vnd vermügen, an seel, eer, leib vnd gut, ergeben sye alles
zu dienst dem nechsten. Hye bey merck ir nun wol, was
geist die haben, die vns schelten, wir verbieten gute werck,
vnd sagen der glaub mach vns nit allein selig. Vnangesehen
das sanct Paul zun Römern vnd Galatern, auch andern
örtern so klar bewert, auß den wercken auch göttlichs ge
satz, ich geschweig des natürlichen, ob' menschlichen nie=
man gerechtfertigt werde. Zun Ephesern, Vß gnad Ephe ij.
seind ir selig worden, durch den glauben, vnd dz selb nit auß
euch. Es ist gottes gab nit auß den wercken. off dz sich nie
man rhüme. Dann ir seind sein werck, geschaffen durch
Jhesum Christum zu guten wercken, zu welchen gott vns zu
vor bereit hat, dz wir darynnen wandlen sollen. Was wolt
man hellers begeren, dann diser spruch ist: Vß gnad, durch
den glauben, sagt er, nit auß euch, nit auß den wercken. do mit
sich nieman rhüme. dz dann geschehe, wo etwas an d' selig
keit vnser wer, vnd nit alles auß gnaden. Aber do mit würt
nie erhalten, das wir on gute werck sein sollen, sonder das

vnser gute werck, die seligkeit vnd frummkeit nit erreychen
mügen, oder vns gut, gerecht, vnnd selig machen. Aber
nach dem wir nun, on vnsere werck, auß sein gnaden neuw
geboren, vnd sein werck, geschaffen durch Jhesum Christum
zu guten wercken, zu welchen vns gott zu vor bereit hat,
worden seind, wandlen wir in den seligen doch auch durch
sein gnad. dann er in vns, vnd nit wir, würcket beyde das
Phil. ij. wöllen vnd thun. vnd on nn vermögen wir nichs.

Io. xv.   Welchs die rechten guten werck seyen, bey denen zu
           erkennen ist, was ein reder für ein glauben hab.

XV   Die guten werck aber seind, nit kirchen, altar, meß stif
ten, oder der gleichen, sonder die zu gut vnnd nutz dem
Mat. xxv. nechsten geschehen. als do seind, die er erzelet, die hunge=
rigen speisen, die dürstigen trencken, die nackenden kleiden,
die haußlosen herbergen, die krancken vnnd gefangenen
trösten. Die seind gut. dann sye zu gut kummen den nechsten,
seind gott angenem. dann wir zu vor, als sein werck, ym an
genem worden seind, vnd hat vns, die wir vnser art nichs
guts vermöchten, zu solchen geschaffen, vnnd das darzu
durch Jhesum Christum. do mit wir vns doch des guten
nichs annemen, sonder es alles gott zu schreiben. der es
auch gantz allein ist, zu welchen er vns zu vor hat auch
bereiten müssen, das wir darinn wandelten. das ist, das all
vnser leben in solchen guten wercken geübt vnnd gefürt
würd, da durch dann vnser berüffung bewisen vnnd ver=
sichert würd, vnd der glaub sein art vnnd würckung, die
dann durch die lieb goht, erzeigt vnnd geübet würd. Hye
bey möcht ir nun abnemen, was ir für christen seind, vnd
ob ir ein todten, oder lebendigen glauben habt, wölchs
die rechten guten werck seind, in den ir wandlen solt. Dann
Mat. xxij. so alles gesatz erfüllt würt in disem einigen wort. Hab
Mau. vij. dein nechsten als lieb als dich selb. vnd der herr Mat. vij.

sagt. Was ir wölt das euch die leut thun, das thut nuen auch ir, das ist, das gesetz vnd die propheten. volget, das alle gute werck, so das gesatz gebeut, vnd propheten leren, welche dann allein die rechtgeschaffene gute werck seind, müssen auß brüderlicher liebe, den nechsten bewisen werden. vnd zu gut den leüten, nit gott, den abgestorben heiligen, den todten, stein vnd holtz beschehen.

Zu der liebe hat der glaub diß werck auch, das er
mit casteyung das fleisch zämet, vnd zu solchem
das creütz des herren gern vff sich nimpt.

Noch ist aber ein werck des glaubens vnd geistes, der XVI vns wann wir glauben, verlyhen würd, dz ist, die tödtung des fleischs. Dann was wir von Adam haben, ist nichts Gen. vi. dann fleisch. das ist, natur zum bösen geneigt. in dem auch u. viij. Paulus nichts guts fand Ro. vij. Diß glustet wider den geist, vnd der geist glustet wider das fleisch. vnd seind die zwey wider einander. also das wir nit thun was wir wöl Gal. v. len. Dann ob einer seinem feind gleich freündlich zuspricht, thut vm guts, oder vnderstot ein ander gut werck erfüllen, ' ' so enpfindt er allweg in ym selb etwas wid'willens dran, ' ' das es nit mit lust seins hertzen, seel, krefften vnd gemüt ' ' geschicht, wie geschehen solt, alles das wir wissen gott ' ' gefellig sein. So aber ein solcher ein woren glauben hat, vnd deßhalb auch ein thätigen geist, der dann ein versich erung des glaubens ist, der greifft als bald das fleisch an mit arbeiten, wachen, fasten, vnd andern guten übungen. das er es zäme vnd betemb. do mit es dem geist gehorsam sey. Darzu am aller fürderlichsten hilfft, dz creütz, die an Isaiæ. fechtung vnd widerwertigkeit, die gott vns zusendt. Al xxviij. lein das peinlich üben, macht verstendig. Vnnd hernach im selbigen capitel. Dz er sein werck vollbring, so braucht er ein frembd werck. Sein werck ist frumm machen, vnd als
c iij

ein gnädiger vatter vns guts thun. Aber die weil wir vß
boßheit vnser verderbten natur, so er vns stäts guts thut
vnd das vnser natur angenem ist, so werden wir laß, ver
lassen, vnd auch vermessen, belustigen vns mer in den gü
tern vnd goben gots, dann in gott selb. Do mit wir vn dann
erkennen lernen vnd vns selb, so muß er vns seine guthat
vnd goben nit allein leiblich, sonder auch geistlich entzye
hen vnderweilen. vff das wir lernen weder vff vns, nach
entpfangen göttlich goben, sonder allein vff gott vns trö
sten, vnnd vns seiner blossen zusag halten. ob auch schon
von vm nichts, dann zorn vnd vngenad erschyne, vnd wir
in vns nichts dann sünd fülten.

Wie Paulus, sollen wir vns in schmacheit rhü=
men, vff das in vns die krafft Christi wonet.

XVII.
ij. Cor. xij.
Also was auch Paulo, ein pfal ins fleisch geben, des sa=
thans engel, der yn mit füsten schlug. vnnd diß was gott
ein frembd werck, aber darumb fürgenommen, das er kem
zu seinem werck, das was sein gnad so groß erzeigen, das
wiewol nichs dann schwacheit do was, doch Paulus
durch die einig krafft Christi starck in allem leiden vnd an=
fechten erhalten würd. Vnd darumb, als er dreymal dem
herren gestehet hett, das des sathans engel von vm trete,
warde vm zu antwurt. Laß dich genügen an meiner gnad.
dann kraft würt durch schwacheit stercker. Daruff schrib
Ibidem.
Paulus den Corinthiern. Darumb will ich mich am aller
liebsten rhümen meiner schwacheit. vff dz die krafft Chri
sti in mir wone. Darumb dunck ich mich gut in schwach=
heiten, in schmachen, in nöten, in verfolgen, in ängsten,
vmb Christus willen. Dann wann ich schwach bin, so binn
ich starck. Also lieben brüder, werden ir auch gesynnet sein,
so ir recht glauben, daburch Christi sein, vnd sein geist ha
ben. Ewer fleisch mit sein lüsten werdt ir creutzigen, vnd

ynen kein fürgang laffen. vnd darzu was an eüwer casten
ung. die dann nit ftot in vnderfcheit der fpeiß. zeit oder ftet
ten. funder in worem abrechen fleifchlicher lüft. es fey mit
entzvehung der fpeiß des fchlaffs. andern luftbarbeyten
oder was zu zämen vnfer böfen begird dvenen mag. ab=
gott. das fye zu gering ift das fleifch dem geift gehorfam
zu machen. mit hertzens luft annemen was euch für an=
fechtung gott zufenden würt. eüwer creütz werdt ir mann
lich vff euch nemen. tragen vnd dem herren nachfolgen.
yn laffen in eüch würcken. ym ftill halten. fprechen. herr
dein will gefchech. alfo ein woren fabath vnd feyr halten.
So würt in eüwer fchwacheit. die krafft Chrifti in eüch
deft ftercker. vnnd werdt ir eüch auch gut duncken in
fchwacheiten. fchmachen. nöten. verfolgen vnd ängften
vmb Chriftus willen.

   Des creütz foll man fich freüwen vnd rhümen. nit
   allein das es das fleifch zämm. sonder auch. das es
      ein verficherung ift göttlicher kindfchafft.

Nit aber allein müßt ir auch in leiden vnd anfechtungeu XVIII
gut duncken. dz dadurch das fleifch gezämpt. d' alt Adam
erneüwert. vnd vnfer glid' die vff erden feind tödtet werden.
fond' auch darumb. dz ir durch leiden widerwertigkeit vnd
trübfal gefichert werdt. dz ir kinder gottes feind. vnd liebe
kinder. Dann welchen d' herr lieb hat. den züchtiget er. So Proue iij.
ir die züchtigung erdulden. fo erbeüt fich auch got als den Hebr. xij.
kind'n. Wo ift aber ein fun den d' vatter nit züchtiget? feind
ir aber on züchtigung. welcher fye alle feind. theilhafftig
worden. fo feind ir beftart vnd nit kind'. Es ftot ye übel vmb
vns. wann vns d' herr laßt wie wir feind. dann wir von na=
tur nichs werdt vnd zu allem böfen geneigt feind. Wol ftot
es aber. fo d' herr tödtet vnd creütziget dz vnfer. damit rum
werd den feinen Sol Chriftus in vns vff gon. fo muß zu vor

Adam vndergon. dz ist, was wir seind, haben, vermögen,
vnd heissen, muß alles zu grund gon, vnser vernunfft vnd
gute meynung muß alls thorheit vnd sünd veracht wer
den. gut sitten, vnd das vernünfftig leben, für schand vnd
laster gehalten, gesundtheit in franckheit, reichtum in ar
mut, eer in schmach, ergetzlicheit in trubsal, freud in leid,
vnnd in summa, alles was der natur anmütig ist in sein ge=
gentheil gefert werden. Das auch, das gewissen in grosse
angst kummet, vnd ym nichts vor augen, dann tod vnd hell
vnd der greülich zorn gottes schwebet.

    Wir sollen vns in trübsalen gut duncken. dann
      durch die werden wir des Adams vßzogen,
        vnnd lernen an gott selb, vnnd nit an
          seinen goben hangen.

    Diß alles thut der gütig vatter allein darumb, das wir
nit an vns selb, noch auch an seinen goben, ob sye gleich
geistlich, vnd hoch seind hangend, vnd nit so wir meynten
vn lieben, vnd in ym vnsern lust haben, liebten mer seine
goben, vnd belustigeten vns in den selbigen, weren also
auß der zal deren so gott loben dieweil er on guts thut, dz
sye alles gut entpfinden, sonder das wir vns vff yn allein
verlassen, vff alle andere ding verzyhen, aller ding still ston,
vnd ym ein sabbath, das ist ein feyr halten vnd heiligen.
damit sein will allein (der dann allein gut ist) in vns ein für
Philip. i. gang hab, er in vns wöllen vnd thun würcke, vnnd yetz
Gal. ij. nit wir, sond' Christus, in vns lebe. dardurch dann gewiß
ist, wie Christus in vns lebt, vnd wir Christus seind, das
also wir auch geliebte sün vnnd erben gottes seind. Wie
saur aber nun vns würdt, des alten menschen vßzyehen,
das tödten vnd crützigen des alten Adams, als dann solch=
er des natürlichen weiens vndergang niemant mag leycht
sein. dann sein selbs verleücknen, nit yedermans ding ist,

so es aber do hin reychet, das wir dar durch göttlicher
würckung recht fähig, vnd gleich vergöttet, gewisse kin-
der vnd erben gottes werden, soll sich ye billich ein yeder
gut duncken, so ym vil trübsal vnd widerwertigkeit zu han
den got. Dann freylich wölchen gott laißt gon vnnd seins   Isa. lvij.
willens leben, vunnd nit durch vil trübsal lert von seinem
eygen willen abston, vnd des göttlichen allein gewarten,
vnd alles trosts von creaturen eutblößt, damit ers alls al-
lein in ym sey, d' ist von gott verlassen vnd hyn geworffen
ein gefeß des zorns, zugericht zur verdamnuß. das dann   Roma. ix.
die greülichst vnd erschröcklichste straff vnd plag gottes   ij. Tim. ij.
ist, denen ye welt, so die erkantnuß gottes, so nit dann durch   Romu. j.
widerwertigkeit vns geben werden mag, von ynen hin-
werffen zugeschickt.

Die salbung göttlichs geists, lernet die seinen
alle ding, ob sye schon nit mögen pre-
diger haben irs gefallens.

So dann eüch nit einerley anfechtung vnd trübsal diser XIX
zeit der herr zugeschickt hat, vnder welchen freylich wie
das schwerest, also auch eüch das aller hertest ist, die ty-
rannische gottlose beraubung, täglicher vnd treüwer ver-
kündigung göttlichs worts, gott verzeyh allen denen so
daran schuldig seind, vnd ker sye zu besseren, solt ir eüch
frey trösten, vnd in kein zwysfel stellen, ir seyen geliebte kinder
gottes, die er ym selb zuehen, vnd zu rechtem gottseligem
leben bereiten vnd füren will, vnd möcht also eüch berü-
men diser vnd aller andern trübsal vnd anfechtung. Dann
on zweiffel, ob ir schon nit möcht ewers gefallens vnd der
noturfft nach euangelische prediger haben, sonder müßt
dar zu dulden, das die zuckenden wölff eüch ir geschrey
fürbrellen, würt eüch doch der gütig vatter nimermer ver-
lassen, was eüch nutz vnnd not sein mag, würt eüch die

b

gnabreiche falb feins heiligen geifts, den er euch vnd al-
j. Ioan. ij. len gläubigen geben hat (wie Johannes fchreibt) alles le
Phil. iiij. ren. Allein laßt euwere bitt im gebett, flehen, vnd danck-
fagung zu gott kummen, vnd habt acht off euch felb, das d'
i. Cor. ij. geift in euch, der dann erforfchet alle ding, auch die tieffe
der gottheit, vnd nit das fleifch, das nichts geiftlichs ver-
Gal. v. fton kan, regiere. Die werck aber des fleifchs bey den ir er
kennen folt ob das fleifch in euch den fürzug hab, feind
offenbar. als do feind eebruch, hurery, vnreinigkeit, geyl-
heit, abgöttern, zaubery, feindfchafft, haber, eyffer, zorn,
zanck, zwytracht, fecten, haß, mordt, fuffen, freffen, vnnd
der gleichen. welche folichs thun, werden das reich got-
tes nit ererben. Darumb fye dann auch von dem euangelio
gottes, daburch das reich gottes in vns angot, vnd allem
Gal. v. geiftlichem nichts vernemen. des halb fo ir Chrifti feind,
Ro. vij. ift von nöten, das ir euwer fleifch creützigen, fampt den
lüften vnd begyrden, die dann alle arg feind. dann in vnferm
fleifch, das ift, in vnfer natur fo die durch den geift nit er-
newert ift, ift nichts guts, fonder allein obgezelte ftuck,
vnd deren gleichen.

    Mit arbeiten, wachen vnd faften muß man das
    fleifch zemmen, es muß aber nit mit gleißnery zu-
    gon, wie bey den München vnd Nunnen,
    deren arbeit wider gott ift.

xx Darumb folt ir die hand gottes gern leiden, vnd ym fo
er durch das creütz allerley trübfal euwer fleifch will zem-
men ftillhalten, vnd in aller gedult ein fabbath vnnd feyr
heiligen. Daneben aber auch felbs euwer fleifch mit ar-
beit, wachen vnd faften angreiffen. Soll aber nit arbeit,
wachen vnd faften fein, wie der gleißner zu vnfern zeiten,
die man die Münch vnd Nunnen nennet. Solchs treiben
dann fye, ir fingen vnd gemürmel, des fye nichts, oder gar

wenig verston, für arbeit. ir zur metten vff ston, do für sue
im tag dest mer vnd lenger schlaffen, für wachen. vnd das
sue sich vff ein mal mit fischen füllen, das sue zum andern
nichts mögen, für fasten rechen, vnd auch verkauffen. Von
dem ich eüch offt gesagt hab, vnd ir selbs wol erkennt, das
es ein luter betrug vnnd gleißnery ist, da durch sue wider
das helle göttlich gebott, Im schweiß deins angesichts   Gen. iij.
soltu dein brot nyessen, in müssigondem leben, von den ar
men erhalten werden. denen sue ir geheül vnd gemürmel
so köstlich verkauffen, vnd die einfeltigen druff verwönen,
vnnd also schwerlich am glauben ergern, so es doch gott
in kein weg gefalt. dann es kein besserung bringt. dieweil
es niemant verstot, vnd aber in der christlichen gemeyn alle   i. Cor xiiij.
ding zur besserung geschehen sollen.

Wie der Münch wachen gestalt ist, vnd wie
ein christlichs gestalt sein soll.

Des gleichen ist auch ir wachen, nieman gemüßt sein.   XXI.
So will gott, wie er offt gesagt hat, nit das opfer, sonder   Osee. vi.
die barmhertzigkeit, die dann wir dem nächsten beweisen
sollen. So spricht Christus Matth. vij. Alles was ir wöl   Matt vij.
lent daß eüch die leüt thun sollen, das thüt ynen auch ir.
das ist dz gesatz vnd die propheten. Hört. dz gesatz vnd die
propheten ist, dz ir den leüten thun sollent, nit gott, nit den
heyligen, nit den todten. Den leüten sollen ir thun, vnd alles dz
thun, dz ir wöllen dz sue auch eüch thuen. Dz ist nit meß,
gesang, vnd d' gleichen stifften, sond' wie auch obgemelt, die
hungerigen speysen, die dürstigen trencken xc. Darumb muß
ein christlich wachen, nit wie der Münch metten gesche=
hen. die zu nacht, die gott den menschen zur rug geordnet
hat, vff ston vnd ein stund ob' zwo heülen, on geist, on ver=
stand, vnd on alle besserung, vnd darnach im tag, d' zur ar=
beit verordnet ist, wie die möstseüw schlaffen. sonder man

soll dem schlaff worlich abrechen, vnd die zeyt im gebett
oder anderer nutzlichen ubung. dem fleisch sein lust töbten.
vnd dem nechsten dyenen. Vnd von solchem wachen ha-
ben wir in der schrifft vil ermanung, von yhenen nichs,
Matthei dann daburch es verworffen würt. Wachent, vnd bettend
xxvj. (spricht der herr) dz ir nit in anfechtung gefürt werdent.
,, ,, Betten ist aber nit das gespött, das vnser Münch vnnd
,, ,, Pfaffen im tempel treiben, so sye on allen verstandt vnnd
,, ,, ernst, vmb das schandtlich gelt, die heilgen psalmen vnd
,, ,, ander göttlich schrifft heülen oder brummen, sonder das
Recht bot ernstlich fühnen vnd begeren göttlicher gnaden, durch die
ten. wir gottselig leben mügen. So spricht Petrus. Seyent nü-
j. Petri. v. chter, vnd wachent ꝛc. nit, seyent eüwerm buch also gnug,
füllent den wanst nit so voll dz ir gleich vff das essen wie
die seüw schlaffen mußt, vnd die besten zeyt des tags eüch
verluhen dem nechsten zu dyenen, mit schnarchlen verzer
en, vnd barnach zu nacht heülen ein stund oder zwo des
nieman erfrewet werd, sonder seyent nüchtern, vnnd also
wachent, vff das ir eüwerm widersächer dem teüffel in
rechtem glauben mögen widerstandt thun.

Das der Münch fasten teüffelsch sey. vnd wie ein
christlichs fasten gestalt sein soll. auch wie weyt
in spysen wir vns christlicher fryheit
gebruchen sollen.

XXII Also ist auch ir fasten kein abruch d' speyß vnd leiblicher
ergötzlicheit do mit der leib dem geist gehorsam werde,
sond' allein ein luter nasen spil. das dz sey fisch für fleisch,
vnd vff ein mal fressen, ein häcker hackt zwen tag weingar-
ten darbey, heissen sye gefastet. Ir habt offt von mir ge-
j. Tim iiij. hört, das sanct Paulus ein teüfelische lere schyltet, ettlich
speyß zu verbyeten. dann alle creatur gut ist, vnd nichs ver
werflich, dz mit danckbarkeit entpfangen würt. So spricht

Christus selb, was zum mund eingang, verunreint den
menschen nit. doch dobey dieweil die menschlichen gesäz,
mit denen man doch gott vergeblich dyenet, der menschen
gewissen zu hart gefangen haben, mußt ir euch christlich
er fryheit mit der speyß also brauchen, das ir niemant er,
gern. das ist, weder den glauben, do das höchst anlngt
noch liebe verlezent euwerer brüder, soub' so ir vmm euch
habt etlich gutherzig leüt, aber noch nit im glauben so
weyt kommen, das sye bey dem göttlichen wort sich dörfften
finden lassen, vnd der freyheit so ynen das selbig gibt sich
gebrauchen, biß ir sye durch das wort sterckent, müst ir
mit ynen krut essen. do mit sye nit vilicht euch wolten noch
faren, aber den glauben nit hetten das sye ym recht thäten,
vnnd also wider ir gewissen sündten. Oder vileicht aber
euwer freyheit sich also entsatzten das sye gar scheüwten,
vnnd vom glauben gar ab fielen. Auch allein do mit wir
einhellig leben mügen, wo es die noturfft nit erfordert,
vnd nit von vns als nötig zur frumbkeit erheischt würdt.
Auch nieman vff falschen glauben menschlicher satzung,
als so man die von nöten der seligkeit halten müst, da durch
gefürt würdt, sollen wir gern zu gefallen vnsern nechsten
mit ym essen was er vsset. Seitenmal vnser lieb sich dohin
strecken soll, das einer für den andern bereit sey auch den
todt zu leyden. Solchs auß der ler sanct Pauli, fürnemlich
Ro. giiij. hab ich euch me dann ein mal fürgehalten. hoff
ir habents gefasset. vnd wissent das man allen tag fasten
muß. das ist nüchtern leben, dem fleisch abrechen zu aller
zeyt, so vil mer aber, oder minder, nach dem es dem geist
widerfychtet. Vnd mag dz mit allerley speyß wol geschehen, es sey fisch oder fleisch, eyer oder bonen. Aber hye zu
muß der geist treiben, der dann des fleischs geylheit zum
bösen, vnd tragkheit zum guten nit dulden mag, vnd kans

d iij

Mutt. xv.

Isa. xxix.
Mutt. xv.
` `
` `
` `

Ro. xiiij.

,,　kein gebott, saßung oder gelübd solchs bringeu, das es
,,　frey von hertzen vnd mit lust geschehen muß, keiner an-
dern meynung, dann dz do mit die sünd in vns geschwecht
werd, vnd das reich gottes vffgang. Solche meynnng,
hertz und lust mag kein menschlich gebott ob' gelübd brin-
gen. vom geist (den gott gibt) muß es hár fliessen.

　　Wes das creütz Christi vnd vnser casteyung, vnsers
fleischs zu zámen zu gering ist, sollen wir erstatten
mit treüwen gebett zu dem vatter durch Christum.
der allein vnser fürsprech vnd mittler ist.

XXIII　　Was aber über die zámung gottes durch dz creütz, vnd
vnser casteyung, durch nußlich arbeit, wores, vnd nit des
glenssendens wachens vnd fastens, auch des fleischs vnser
alter Adam an obgemelten christlichen leben hyndern will,
i. Cor. xii.　müssen wir wie Paulus mit emßigem, gläubigem, vnd be-
harrlichem gebett zu gott rüffen vnd schreyen, dz sein reich zu
vns kumm, vnd verstör dz reich der sünden. In disem gebett
Matt. vi.　aber, vnd allein dz wir zu gott thun, sollen wir vns zu vm
als zu vnsern gnedigen vnd barmhertzigen vatter versehen,
vnd kein andern mitler noch fürsprechen suchen dann Jhesum
i. Ioan. ii.　Christum. Der ist, spricht Jo. so wir gesündigt haben, vnser
fürsprech bey gott, d' gerecht ist. Vnd der selbig ist die ver-
sönung für vnser sünd, nit allem aber für die vnsere, sond'
auch für d' gantzen welt. Vnd Paulus zum Timo. schreibt.
j. Tim. ij.　Es ist ein gott, vnd ein mitler. Wie wir dann nur ein gott an
betten, also sollen wir nur ein mitler zwischen vns vnn gott an
rüffen. Vnd freylich welcher sich nit darff vertrösten, dz er
durch disen mitler vnd fürsprechen, so vns doch von keinem
and'n in aller göttlichen schrifft etwas geraten ist, vnd wir bey
d' göttlichen schrifft in allem thun vnd lon allein bleiben sollen,
alles wz ym nuß vnd not ist von gott dem vatter zu erlangen,
d' muß ye kein rechten glauben haben web' zu gott dem vatter,

noch Jhesum Christum vnserm heyland. Dann sye mit iren
vilen fürsprechen, die sie anrüffen gewißlich anzeigen, dz
sye entweb' besorgen, Christus mag ynen allein nit alles was
vn not ist bey gott dem vatter erlangen. oder wölle es nit
thun. dz vn sein werde mutter. vnd die heiligen erst solchs zu
thun erbitten müssen. Welchs aber der zweyen ist. so ist es
ein grewlicher mißglaub. vnd erschröckliche gottes ver=
störung. wid' die helle verheissung die er vns gethon hat.
Warlich warlich ich sag eüch, so ir den vatter etwas bit= Io. xvi.
ten werdent in meinem nammen, so würt ers eüch geben. Was
wölt ir doch mer? Frylich, wer diser verheissung nit glau
bet, dem würt zu sünd gerechnet alles sein gebett, daß es
auß lauterm vnglauben geschicht. Dann so in aller göttlich=
en schrifft, kein gebott, kein rath, kein exempel gefunden
würt, einigen abgestorben Heyligen, auch Mariam die hoch=
würdige muter gottes, anzurüffen, vnnser bey gott für=
sprech zu sein, so mag sich nieman vertrösten dz es gott ge=
fall, ja nit on sorg sein es mißfalle ym. seitenmal er vns ge=
botten hat, bey seiner schrifft zubleiben, vnd wed' zur linck Deu. xii.
en, dz wir minder thun wolten, noch zur rechten. das wir
mer thun wolten, dann sye vns lernet, außweichen. vnd vns
aber die allein Christum Jhesum, zu eim mitler vnd für= i. Ioan. ii.
sprechen dar stelt. an dem alle gläubigen überauß genug
haben, vnd allein die vngläubigen sich nit benügen lassen.

Hye für einander zu bitten haben wir schrifft. Die ab=
gestorbnen heilgen, von denen wir nit me wissen kün=
nen dann das sye im herren schlaffen, vmb fürbitt an=
zurüffen, haben wir kein schrifft. darumb künnen
wirs in keinem glauben thun

Vnnd so yemant saget. die schrifft lernet vns doch hye XXIIII
vff erden für einander bitten, vnd haben die heiligen hye
einer des andern fürbitt begert, warumm solt man der ab=

gestorbnen heilgen fürbitt nit auch begeren? Antwort
aber. Darumb, das jhenes die schrifft lernet, vnd difes nit
lernet. Wie mogen wir ye nit wissen was recht vnd gott ge
fellig, auch vns nützlich sey, dann was vns die schrifft ler-
net, zu der wir nichs, auch nichs daruon thun sollen. Nun
die schrifft die vns zuheyl vnderwyset, vnd zu allem guten
ij. Tim. iij. gerüst macht, die lernet vns hye für einander bitten, halt
vuns egempel für, das einer den andern hye für sich zu bit
ten ermane. Aber wie es vmb die abgestorbenen gestalt, ob
sye in den herren also schlaffen, das sye weder gott für vns
bitten, oder wissen mügen was wir zu ynen ruffen. oder
aber solchs erkennen, vnd ir gebett zu gott thund on vn-
derlaß für vns, künnen wir kein wissen haben. Dann vns
die schrifft von ynen nit weiter berichtet, dann dz sye schlaf
sen im herren, vnnd rugen werden, biß das der herr selb,
j. Thes. iiii würt mit einem feldt gesdrey vnnd stymm des ertzengels,
vnd mit der pofaunen gottes hernider ·summen vom hym-
mel. als dann werden sye offersten, vnd hingezuckt werden
in den wolcken, dem herren entgegen in dem lufft vnnd
,, werden also by dem herren sein allzeyt. So vns dann gott
,, nit weiters hatt wöllen wissen, warumb lassen wir dann
,,· nit vnsern fürwitz vnd bleiben bey seinem wort? Haben wir
,, doch kein verlierens dran. Dann also spricht er selb, der nit
liegen kan Jhesus Christus vnser einiger meister vnd hey
lo. xv. landt. So ir in mir bleibt, vnd meine wort in eüch bleiben,
werdent ir bitten was ir wölt, vnd es würt eüch widerfaren.
wann irs nun alles habt was ir begert, was wölt ir mer?

Der Heylgen anruffen hat als lang gewärt, als der
genant geistlich hauff dz gots wort verlossen, vnd
sich off reychtum, pracht vnd lust geben hat.

XXV Ich will auch hoffen, ir werdent eüch wenig lassen an
fechten des plaudern ettlicher dollen leüt, die nichts mer,

wiſſen dann von alter gewonheit vnd langem bruch ſagen.
Wenn gut wer was in langem bruch geweſen iſt, wer die , ,
ſünd ein koſtlich ding. dann ſye vnd ir anfenger der teüfel, , ,
gar ein alt herkummen haben. Eben als lang das Heilgen , ,
anruffen, brüderſchafften, vnd des weſens mer gewert hat,
als lang hat auch gewert, das Bapſt, Biſchöff, Aept,
Pfaffen vnd Münch haben das gots wort laſſen faren,
des ſye allein warten ſolten, vnd noch der welt reichtumb,
der ſye ſich entſchlahen ſolten, ſo ſye ſye vor hetten, mit al
lem irem thun gerungen, vnd nochmals wie das dz gelt
geſuch vff vm hat, gefallen in alle ſchand vnd laſter wie
es der heütig tag bezeügt, das vnder taußenden nit einer
des göttlichen worts treüwlich wartet. ſo ir keiner von d'
gemeyn erhalten werden ſolt, dann ſo er im wort vnd der
göttlichen leer arbeitet. j. Timoth. v. Was ſye aber für ein
leben füren mit täglicher beſchwärung der armen, über-
ſchwencklichem geyz, offentlichem eebruch, hurery trunck
enheit, vnd was der tugent mer ſeind, iſt leyder ſo klerlich
vor augen, das es zu erbarmen iſt. Solt aber nun diß alles
gut ſein, dieweil es lang gewert hat?

    Die göttlichen prophezyen haben müſſen erfült werden.
       darumb haben groſſe irrthumb müſſen überhand
          nemen. wie leyder wir nezt klerlich ſehen.

    Der herr hat vns diſe zeit alſo beſchriben, dz vil falſch- XXVI
er chriſten vnd propheten kummen ſolten, die auch groſſe Matthæi
zeichen vnd wunder thun würden, das verfüret würden xxiiij.
in irrthumb auch, wo es müglich were, die vßerwelten.
Vnd Paulus ſchreibt, des widerchriſts zukunfft geſchicht ij. Theſ ij.
noch der würckung des teüffels, mit allerley verfürung zu
vngerechtigkeit. vnder denen die verloren werden, dafür,
dz ſye die lieb d' worheit nit haben vffgenommen, dz ſye ſelig
wurden. Darumb würt yn gott ſenden krefftige irrthumb,

                                        e

dz sye glauben d' lugen. vff dz gerichtet werden, alle die d' war
heit nir glaubt haben, sonder haben lust gehabt an d' vnge-
rechtigkeit. Diß seind entel göttliche wort, haben müssen
erfült werden. vnd seind leyd' vil zu vil erfüllt d' falschen christ
en, die sich für Christum, d' vns allein selig macht, dargeben
als ob sye vns selig machten. Ein theil durch sein gewalt.

, ,   als Bäbst, Bischöff, sampt and'n, so vns durch iren abloß
, ,   den himmel verheissen, vnd verkaufft haben. Der ander theil
, ,   durch ire eigene gute werck. als Münch, Nunnen, vnd alle
, ,   beschoren, so nit feißt pfrunden haben die selben haben yetzt ein

lange zeyt nit and's überhand genommen dann vor zeyten in
Egypten, die plag d' hewschrecken. allein dz die selbigen nur
ein kleine zeyt an früchten vnd gewächs des erdtrichs schad
ten, vnd durch dz gebett Mosi bald hinweg geschafft wur
den. Vnsere aber Antichristischen hewschrecken verzeren nun
so vil hundert jar, nit allein alles grüns vff dem feld, alle zeit
liche narung, als sye dann die gantze welt gar nah verschlun=
den haben, sonder das dz kleglichest ist, alle gute frücht, vnd
grüns der gewissen (dz ist woren glauben, vngeferbte lieb,
rechtgeschaffne zucht, vnd beharrende gedult) verhören vnd
verwüsten sye. vnd haben wir doch kein Mosen, d' vns mit
seinem gebett von gott erlang den wind göttlichs worts, vnd
göttlichs geists, d' dise hewschrecken vnd verderbliche lerer
vnd falsch prediger von den angesicht des erdtrichs in das
mör werffe vnd vmbring. Vnd wiewol gewißlich dise seind
die heüschrecken so vom rauch d' vom brunnen des abgrunds
vff steigt, herkommen, vnd macht haben die menschen zu beley
digen mit qual, d' gleich ist dem qual wenn einen ein scorpion

Apoc. ix. hauwet, von welchen kumpts dz die menschen den todt suchen
vnd nit finden, begeren zu sterben. vud der todt fleücht von ynen.
Wie dann solcher jomer in maugen gewissen täglich gesehen
würt, die durch menschlich satzung in sünde bracht, von
allem dem dz sye yn zu hilff dargeben kein trost entpfohen, vnd

also gequelt werden, dz sye suchen zu sterben, vnd gedyht vn
nit. Noch dennest seind dise vnsere hewschrecken in allen eeren
vnd gewalt, da durch dann vil betrogen vnd verfürt werden.

> In diser geferlichen zeit, in der auch die erwölten
> irren, muß man dest fleissiger vff Christum acht
> haben, vnd sein wort, so würt vns der wider-
> wertigen gewalt vnd pracht nit irren.

Aber ich hoff ir solt von den erwelten sein, die ob sye schon XXVII
auch verfürt werden vnd offt lang irren, wie ir dann auch ver- Matthæi
fürt, geirrt haben, so würt es doch nit müglich sein, dz ir xxiiij.
in irrthumb gefürt, beharrlich darinn bleiben. Dz werdt ir
erlangen, so ir vff Christum den weg, dz leben, vnd die worheit Io. xvij.
also ein vffsehen haben, dz ir allein seiner stimm achtnemen,
vnd folg thuen. weder zur rechten, dz ir mer thun wolten dann
er euch geheissen hat, d' doch nüt guts euch zu heyssen ver
gessen hat. noch zur lincken, was er euch gehenssen hat,
nochzulassen vßwichend. Als dann würt euch auch nit er-
gern d' verderblichen hewschrecken pracht od' gewalt. Da-
rumb hat vns solchs der herr vorgesent, vff das so es ge-
schicht, wir vns nit ergern. dz ist ym glauben, an ym nit
schwach werden, gleich als ob vnser ding nüt wer, vnd wir
bey dem das er vns gelert hat nit beston möchten. Dann
on allen zwenfel, hat er vns alles solchs künnen vor sa-
gen, vnnd ist nun in dem selbigen von vns worhafftig er- Matt. ult.
kant, so muß auch on alle zwenfel wor sein. das ym aller Matt. xi.
gwalt in hymmel vnd erd geben sey, vnd alle ding in sein hand Psal. cix.
gestelt, vnd alle seine finde mussen zu einem schemel siner füß
werden. so würt er bey vns sein alle tag biß ans end, vnd
würt vns wie er verheissen hat wol erhalten werden. Dann
er worhafft ist, vnd hat gesprochen, Solchs hab ich mit Io. xvi.
euch geret, dz ir in mir frid haben. in d' welt habt ir angst.
aber sent getröst, ich hab die welt überwunden. Ir secht

 yetzt bey eüch, das die gewältig vnnd prächtig ben eüch
feind, die dem göttlichen wort entgegen leren vnd leben.
Es ſeи daun das das göttlich wort lere, das die Geiſtlich
en ſollen dohyn trachten das man ynen vil geb, do mit ſye
gewältig vnd prächtig ſeyen, vnd in ſtätem praſſen vnd
ſauffen, ſampt anderm luſt ire tag verzeren. Laſſt eüch
aber das nit anfechten. ſye müſſen ye auch etwas haben.

Pſal. cxiij. Gott hat das erdtrich den menſchen kindern geben, ſeinen
kinderen wúrt er das hymmelrich geben. Abraham gab ſein
Gen. xxv. kinderen die er mit den mägten gehebt hat nur ſchenck. das
erb aber dem Iſaac den er mit der freyen eelichen frawen
Gal. iiij. Sara gehebt hat. Wir aber lieben brüder, ſpricht Paulus
ſein Iſaacs der verheiſſung noch kinder. Vnnd her=
nach. So ſeind wir nun lieben brüder, nit der magt kin=
der, ſonder der freyen. vnd darumb hört vns das erb zu.
das iſt aber nit von diſer welt. Die ſchencke ſeind von di=
ſer welt, vnd die welt kinder genyeſſen ir, vnd entpfohen
, , alſo ir gut hye. Laſarus aber, vnd alle die durch ein woren
, , glauben Abrahams ſün ſeind, die mangeln ſolcher ſchenck,
, , vnd haben hye übel zeit. daun ſye erwarten der ſchoß Abra=
he, in der werden ſey iren troſt entpfahen.

Die widerſächer göttlichs worts, ſeind gleich den
heüſchrecken in Apocalypſi. iу. mit erſchrecklichem
pracht vnd verderblichem ſchaden der menſchen.

XXVIII
Apoc. ix. Diewеyl faren vnſer heüſchrecken daher, gleich (als ſye
in Apocalypſi abgemalt ſeind) den roſſen die zum kryeg
bereyt ſeind, vnnd haben off irem haupt wie kronen dem
golt gleich, vnd ir antlitz gleich der menſchen antlitz, vnd
haben har wie der weyber har, vnd ir zen wie der lewen, .
vnd haben pantzer wie yſern pantzer, vnd das raſſeln irer
flügel, wie das raſſelen an den wagen der roſſ die in kryeg
lauffen, vnd haben ſchwäntz gleich den ſcorpion, vnd ſeind

stacheln an iren schwäntzen. vnnd ir macht ist zu belendi-
gen die menschen. v. monat. vnd haben über sich einen kü
nig, einen engel auß dem abgrund, des namm heißt off he
breisch, Abaddon. vnnd off kriechisch hat er den nammen,
Apolyon, zu teütsch Verderber. Dann sye stätz streitig
seind vnd vollen kriegs, gekrönt vnd gezierdt vor andern
vnd prächtig. Haben menschen antlits. dann alle ir erkant
nüß vnd leer nur menschlich ist, von göttlichem wissendt
sye nichs. Lang har haben sye wie die weyber, das all ir
ding weybisch, vnd sye in fleischlicher wollust vnd weych-
eit ersoffen seind. Vnd ire zen wie der lewen, zu zerzerren,
zu greiffen vnd zermalen den armen. Vnnd all ir ding ist
mit geschrey, bochen, rosslen, vnd poltern, bannen, don-
deren vnd pligen, die leüt mit gewalt zuerschrecken vnd zu
überschreyen. dann mit vernunfft vnd schrifft sye nichs zu
thun wissen, noch vermögen. Haben schwäntz wie die
scorpion. also was sye mit gewalt nit mögen vnder sich
bringen, das verwunden vnnd vergifften sye mit irem
schwantz. An den sye stacheln haben, irs falschen beredens,
so sye sich vornen här gütig vnd freündtlich erzeygen. do
mit sye die armen gewissen verseren vnd verwunden. zum
theil, das sye yn vnträgliche, vnd darzu vnötige bürden
menschlicher satzung offlegen, vnd sünd machen do kein
ist. zum theil, das sye die sündigen gewissen zu vnbüchti-
ger artzney der menschlichen werck, die den schaden nur
böser machen, wysen vnnd füren, vnd die einig heylsam
artzney des Euangelij nit allein verhalten, sonder wo die
nemants anders ynen gern mitteilen wolt, solchs in alle
weg verhyeten vnd abstellen.

 Die erwölten, ob sye schon irren, so bleiben sye doch nit
  im irrthumb, kummen zu der worheit. vnangesehen, was
   prachtes oder gewalts die widerwertigen treiben.

XXIX   Aber gott sey lob. sie haben disen gewalt die menschen
also zu quelen allein fünff monat lang. das ist, über die so
synnlich leben. das in bruch vnd üben sey der funff synn.
vnd noch des glaubens regiment, dz mit frummkeit die vor
gott gult, frid vnd freüd im heiligen geist stot, vnerfaren
seind. Ir aber, hoff ich, habt in eüch das reich gottes,
durch den rechten glauben, vnd bleibt also vnder Christo,
vnd laßt eüch mit menschlichen gebotten nit verstricken.

j. Ioan. ij.   Auch so ir sündigen, sucht ir bey Christo, der für vnser
sünd die versünung ist wor vnnd krefftige artzney, laßt
menschen menschen sein, das ist, lugenthafft vnnd eytel.
Mit dem, so seind ir frey der verderbnüß, so gedochte
hewschrecken, von irem künig haben, der do heißt der ver
berber, welcher ist d' wore Antichrist. Halt eüch an Chri-

Matth. j.   stum, der do ist der einig vnd wor heyland, der sein volck,
das auch ir seind, heylt von sein sünden. Aber wie diser

Isa. liij.   ewer heyland den sündigen gleich geacht worden ist, also
must ir auch geacht werden. Dann ne sein wort wor sein

Matthæi   müssen do er sagt. Es werden falsch christen vnd prophe
xxiiij.   ten kummen. Für Christus vnd propheten werden sye sich
selb dargeben, vnd auch dafür gehalten werden von dem
merern vnd gröffern theil. die wenigen so erwölt seind, die
mit den augen des glaubens sye ansehen, die werden allein
sye als falsch erkennen vnd sich vor nnen hüten. Bß diser
kleinen zal der erwölten, hoff ich solt auch ir sein. des halb
werdt ir eüch iren pracht, geschren, noch gewalt nit lassen
anfechten. An fruchten (die weyl sye allenthalb dz ir such-
en) erkennt ir wol wes gesynds sye seind. Werdt euch auch
in keinen weg entsetzen, das sye gewaltig seind vnd ire ty-
ranney ein fürgang schynt haben. dann das ist ir theil. Diß

Luc. xxj.   welt ist ir hymmelreich. Ewer seelen werdt ir in der gedult
besitzen, vnd steiff glauben. wie der herr hat vor gesagt ir

wesen wie das geschaffen sein werd. Vnd wir sehen, das
es ist vnd godt wie er gesagt hat. Also werde auch ir wesen
gewißlich mit ewiger schand vergon, wie er solchs auch
vorgesagt hat. Ist er in einem wahrhafftig erfunden, er
würt freylich im andern in keiner lugen gefunden werden.
Darumb lasßt euch nit kümmern ir pracht, ir geschrey, iren
troß, den sye euch nun vileicht byeten, sye werdents nit
lang treiben. Jeßt ist die zeit, das (wie Paulus schreibt ij. Tim. iiij.
alle die gottselig leben wöllen in Christo Jhesu, müssen
verfolgung leiden, die bösen menschen aber, vnd verfüri=
schen faren fort zu dem ergesten, verfüren, vnd lassen sich
verfüren. Aber dise zeit würt bald ein end nemmen. Also
spricht Dauid im. xxxvj. psalm. Wart vff gott, vnd halt Ps. xxxvi.
sein weg, so würt er dich erheben zu besißen das land.
Wann die gottlosen werden vßgereüt, würstu sehen. Jch
hab gesehen einen gottlosen der was greülich, vnnd hat
sich heruß gemacht wie ein grunender lorbaum. Jch gieng
fürüber, vnd sahe zu, do wz er dohin. Jch fragt nach ym,
er ward aber nyergent funden. Halt dich nur onschuldig
vnd sühe was vffrichtig ist. dann dz letst eins solchen manns
ist frid. Die abtrinnigen werden vertilget einer mit dem an=
dern, vnd das letzt der gottlosen würt vßgereüt. Das heyl
der gerechten ist von gott, der ist ir sterck in der zeyt irs ge=
drengs. Vnd gott würt yn helffen, vnd würt sye erretten
von den gottloßen, vnd würt sye selig machen. dann sye hab
en in yn vertrawet.

  Mit falschen wundern vnd zeichen hat man die
   leüt vff des Anti.christs leer gefürt vnd behalten,
    die dann krefftig yrrthumb brocht vnd erhalten
     haben bey allen so die liebe der war=
      heit nit haben vffgenommen.

Nit aber allein mit zytlicher seligkeit, gewalt, vnnd XXX
pracht vnderstot der Antichrist die leüt von der leer Chri

ſtl, die mit jn bringent allen ſo ir anhangen, armut, ſchand,
ſchmoch, luden vnd den zytlichen todt, das iſt das creütz,
ſonder auch mit lugenthafften zeychen vnd wundern, vnd
mit allerley verfürung zur vngerechtigkeit. vnder denen
die verloren werden, da für, das ſye die liebe der worheit
nit haben offgenummen das ſye ſelig wurden. Darumb

ij Theſ ij. würt yn gott ſenden krefftige irrthumb, das ſye glauben
der lugen. vff das gericht werden alle die der worheit nit
geglaubt haben, ſonder haben luſt gehabt an der vnge-
rechtigkeit. Diſe irrthumb würt auch ſo krefftig ſein, vnd
die lugenthafften zeychen vnd wunder alſo groſß, das (wie

Matthæi ob citiert) der herr geſagt hat, verfürt werden in den ir-
xxiiij. thumb auch (wo es müglich were) die erwölten. Syhe,
ſpricht er druff, ich habs euch zu vor geſagt. Mit welchen
worten er vns verſichert hatt, das es alſo hat müſſen zu-
gon, vnd da bey vff vns groſß acht zu haben, vnd die lie-
be d' worheit nit vß zu ſchlagen, ſonder mit groſſem flerß
vnd ernſt vff zunemen, erweckt, gereyzt vnd getriben. Nun
aber, ſeitenmal wir nit leücknen mögen, das wir in allen
ſtänden der worheit, die dann iſt gott, durch den glauben
als ein vatter erkennen, vnd halten, wie wir yn im Vatter
vnſer anſprechen, der vns gnedig durch Iheſum Chriſtum
vnſern he·land, alles guts in leyb vnd ſeel nötig vnd nutz-
lich, ryhlich, zuſtellen, vnd vnſern nechſten von hertzen vnd
mit der warheit als lieb haben als vns ſelbs, wenig ge-
acht haben, vnd die lieb diſer worheit ſo gar nit vffgenom-
men, das wir mit allem vnſerm weſen, dargegen gehan-
delt vnd gelebt haben, was mag ſich nemant verwund'n,
das gott der allmechtig, des wort vnd treüwe warnung
wir ſo ſchmählich vnnd leichtfertig veracht haben, vns
ein krefftige irrthumb mit vil falſchen lugenhafften, aber
doch groſſen vnd mercklichen wundern vnnd zeichen zu

gefant hat. Seine wort müssen ye wor sein. so ist er gerecht.
nichs vnbillichs mag er handlen. noch einig plag vns vn-
uerdient zuschicken. Das wir aber seiner warnung vnnd
seins theüren worts nichs geacht, ja alles veracht haben,
mögen wir ye nit widersprechen. Dann das weiß ich, gar
wenig seind vnder eüch. denen ye gemelte vnsers heylands
so hefftige warnung predigt sey worden. die vns doch nie-
mer mer vß hertzen vnd oren solt kummen sein. ich geschweig
ir gelernt worden weren. vor den falschen zeichen vnd wun-
den eüch zu hüten. vnd die lieb der worheit vff zunemen.
Man hat eüch mer die selbigen falschen wunder vffgemutzt , ,
vnd groß gemacht. dann mit der weiß hat man eüch men- , ,
schen knecht behalten, vnd das gelt von eüch bracht. Vnd , ,
ist in disem allem erfüllt vnnd wor bey vns worden das
Isaias schreibt. Seine Bischöff seind alle blind, wissen Isa. lvi.
alle nichs, seind stummende hund, mögen nit bellen, sehen
nichtige ding. schlaffen. vnd haben die träum lieb, vnnd
seind die vnuerschamptesten hund. die nit satt künden wer-
den. Auch die hyrten selbs haben kein verstandt. Allesampt
haben abtretten. vff iren weg, ein yeder vff sein gentz. vom
obresten an biß zum vndersten. Kumment, lasst vns des
weins zu vns nemen. vnd voll werden. wie heüt also würt
es auch morgen gon, vnd fürtan

     Die der worheit nit glaubt haben. das sye sich vff
     Christum verlassen, vnd dem nechsten geholffen
     hetten. die hat gott durch falsch zeichen lassen
     verfürt werden. das sye ir gut vergebens
     haben hyn geben, vnd vmb sunst sich
     vff die Heylgen verlassen.

Mit disen falschen wundern vnd zeichen, ist nun dz ein XXXI
seltig volck. auch groß fürsten vnd herren verfürt worden.
ir gut. do mit die armen solten versehen sein worden, an
                                   f

Stifft vnd Clöster gegeben. die do mit gebuwen, vnd ryhlich
begobet. das alles dann in bruch kummen ist, wie ir secht, dz
durch die genanten geistlichen, die Christum nit erkennen, die
übrig armut dem gemeynen volck, auch den leyschen herr-
schafften, wo die nit zu gar mächtig seind, abzyehen, vnd sye
do für nichts thun, dz göttlich, ob' erschießlich sye, sonder
dz mer seel vnd leib verderb. Vnd hat dz gerecht vrteil got-
tes den leidigen vnglauben, vnd die vnmilten hertzen gegen irem
nechsten also gestrafft, dz do mit sye irem nechsten nit haben
helffen wöllen, vnd sich frey vff Christum allein vnd sein ver-
dienst verlossen, die haben ir gut denen geben, die yetzt ire
nochkummen verderben an leib vnd seel, vnd sye solchs auch
kein gnoß entpfangen haben. dann sye sich selb, vnd nit die eer
gottes mit irem geben gesucht haben. Dann sust hetten sye dz
yhen so vnen gott verluhen hat, seinen wenigsten, den türfftigen
geben wie er vn gebotten hat, vnd nit an stein vnnd holtz
gelent vnd vnnütze leüt. Aber sye haben die liebe der wor-
heit nit vffgenummen, dz sye selig wurden durch den glauben
an Christum allein, der vns alle ding verdienet hat, vnd er-
wirbt vom vatter, so wir yms vertrawen. Darumb hat
vnen gott gesent ein krefftige irrthumb, das sye der lugen
glaubten. nemlich das vnen, ob sye schon vnchristlich leb
ten vnd regierten, die abgestorbenen Heiligen, die würdi-
ge muter gottes gnad erwerben würd, wo sye ir kirchen
vnd clöster baweten, meß stifften, vnd gesang anrichten.
von welchen dingen Christus vns nüt gelernet hat, vnnd
doch alles guts gelernet. Also hat gott gericht, wie Pau-
lus schreibt, die der worheit nit glaubt haben, sonder ha-
ben lust gehabt an der vngerechtigkeit. der dann zu vnen sa
Mat. xxv. gen würdt. Mich hat gehungert, gedürst, ich bin nacket
gewesen, on herberg, gefangen, vnnd kranck, ir habt mir
nichs gethon, darumb get hyn ins ewig feür. Wann sye
dann ir kirchen, clöster, messen, singen, klingen vnd orgel,

brüderſchafften, bilder vnd gemåld, vnd was des dings
mer iſt, herfür znehen werden, wůrt vnen der herr zu ant-
wurt geben wie denen die ſich berůmen werden ſye haben
in ſeinem nammen geweiſſagt, teüffel vßtriben, vil thaten ge
thon, ſprechend. Ich hab eüch noch nye erkant. weichent
alle von mir ir übelthåter. Dann er nur ſeine ſchåflin erken   loan. x.
nen wůrt. die ſeinds aber, welche nu auch erkennen vnd ſeine
ſtymm hören vnd folgen, welchen dann obgemelter bing keins
lernet, vnd d' frembden ſtumm kennen ſye nit folgen vnen auch nit.

Wo bey die woren wunderzeichen vor den
falſchen erkant werden.

Nun ich hoff aber, ir ſollend nit von denen ſein die verlo   XXXII
ren werden, vnd' des Antichriſts kzuunfft alſo iſt (wie
Paulus ſchreibt) mit lugenthafften zeichen vnd wundern, vnd
mit allerley verfůrung zur vngerechtigkeit, ſond' von den
erwölten, denen wie d' widerſecher gewalt vnd pracht, kein
hind'nuß gibt an d' worheit ſich zu halten, alſo ſoll es auch
nit můglich ſein, dz ir durch die falſchen zeichen verfůrt wer
den. bann ich d' hoffnung bin, ir ſollen von mir behalten ha-
ben, vnd ſelbs auch tåglich leſen, wo bey ir die woren wun
der vnd zeichen vor den falſchen erkennen ſolt. Marci am letſten
ſtot geſchriben. Die apoſtel gingen hyn, vnd predigten an allen   Marc. ult.
orten, vnd der herr wůrcket mit nn vnd bekrefftiget dz wort
durch mitfolgende zeichen. Vß diſen worten leert ir, dz gott
die woren wund'werck, zu bekrefftigung ſeines worts thut.
Vnd wo ir ie in d' ſchrifft leſen, dr durch nemant gott zeichen
thon hat, hat ers allweg gethon, zu bekrefftigen ſein wort.
dz dem ſelbigen als ſeinen wort wůrde glauben geben. Alſo
do gott Moſen ſchickt zun kindern Iſrael, vnd zu Phara-
on, gab er nm wunderzeichen zu thun. vff dz ſein worten ge-
glaubt wůrd. alſo auch Helias, vnd alle die ye wund' durch
göttlich krafft thon haben, denen iſt ſolchs geben, do mit

f ij

ire wort (die dann nit ir, sonder gottes woren) bekrefftigt vnd
angenumen würden. Die falschen wunder aber seind al=
weg geschehen, das göttlich wort hinder sich zu treiben
wie Jamnes vnd Mambres vor dem Pharaone thetten.
Moses vnd Aaron wurffen ir rut dahrn, vnd ward zur
schlangen. darnach mit der selbigen ruten schlugen sye das
wasser, vnd es ward blutig. vff das Pharao die göttlich
krafft sehe, vnd also glaubte das ymim nammen gottes Mo
ses vnd Aaron sagten, nemmlich das volck Israel zulassen.
Do stunden die gemelten zauberer entgegen, thetten die
zwey stuck ietzt gemelt auch. vff das dem göttlichen wort
vnd befelch, den Moses vnd Aaron dem Pharao verkundten
nit glaubt würde. Aber noch dem Moses vnnd Aaron
zeichen thetten, die sye mit irer zaubern nit vermochten· er
kanten sye die krafft gottes, vnnd sprachen zu Pharaone.
Hye ist der finger gottes.

Die zeichen so man fürgibt, das sye in nammen der
abgestorbenen Heilgen geschehen, seind falsch,
so durch der irrthum erhalten wurd, sye seyen
vnser fürsprechen vnd mitler bey gott, dz
doch allein Christus ist.

Nun habent acht vff alle wunder vnd zeichen die man
euch offt für predigt hat von den abgestorbnen Heylgen,
vnd die ir noch hörent das sye an etlichen örtern geschehen
sollen. als zun Einsideln, Ach, Regenspurg, Grymmental,
vnd anderswo mer, do die muter Christi, oder ander Heil
gen (als sye für geben) geert werden. Dann in der worheit
nyenen würdt gott, Maria die hochgelobte junckfraw,
vnd alle liebe Heiligen die von hynnen geschelden seind,
mer geschmächt vnnd geuneert, dann eben an den vnd der
gleichen örten. Es ist ye gewiss, das alle zeichen die an
solchen orten geschehen, oder die man fälschlich fürgibt

Exod. vij. u. viij.

xxxiij

das sye geschehen anders nüt bringen, auch keiner and'n
vrsach fürgeben werden, dann das man glauben soll, die
abgestorbnen Heilgen, vnd die hochwürdig muter got-
tes, seyen vnsere mitler vnn fürsprechen vor gott, zu erlan-
gen gnad vnd barmhertzigkeit von gott an leib vnd seel,
vnnd das gott wölle solche geert haben an einem ort mer
dann an dem andern, darumb er an einem ort mer dann an
einem andern ynen zu eer solche zeichen thu. Dise beyde
stuck aber seind nit allein in keiner schrifft gegründt, sond
seind auch klärlich wider die schrifft, vnd wer ynen glau-
ben gibt, der verlaßt das göttlich wort, vnd handlet im
entgegen. Darumb die zeichen die solchen glauben vffrichten
vnd erhalten, müssen gewißlich der falschen antichristischen
wunder sein, durch die auch die erwölten verfürt werden.
Dann das erst, das Maria die muter gottes, vnd ander ab-
gestorben Heiligen vnser fürsprechen seyen vnd mitler, ist
wider den hellen spruch Pauli ob angezöigt. j. Timot. ij. j. Tim. ij.
Es ist ein gott, vnd ein mitler zwischen gott vnd den men-
schen, nemlich der mensch Jhesus Christus, der sich selbs
geben hat für yederman zu erlösung. Nieman anders mag
vns vor gott vertretten, dieweyl nieman anders für vns,
dann allein Christus, bezalen mag. Nun müssen wir ein für
sprech haben, der vns nit allein mit worten, das dann nit
helffen würd, sonder mit der that vnser sach bey gott dem
vatter werbe. Diß ist, vnd vermag allein Christus, durch
den auch sein liebe muter, vnnd alle Heiligen, vätterliche
huld vnd gnad erlangt haben. Er on alle sünde, der dann
nit von dem vergifften männlichen somen, sonder auß
dem heiligen geist, von Maria der junckfrawen geboren
ist, hat sich zu erlösung für vns geben, vnd ist (wie Johan j. Johan. ij.
nes schreibt) die versünung für vnser sünd, der hat vnnd
vermag vns das wort zu thun bey gott dem vatter. vnnd

f iij

dem verſagt auch der vatter nichs. iſt auch allein genug,
vns alle ding zu erwerben. Gylt auch gar nichs die gau-
gelred etlicher vnſinnigen gots leſterer, die do ſagen, Chriſtus
ſey vnſer mitler on mitel, aber die heiligen vnd muter gottes
durch mittel ſein. Paul. ſpricht, er ſey ein mitler zwiſchen
gott vnd den menſchen, nit zwiſchen gott vnd ſeiner muter, ob'
and'er heiligen. ſuſt mußt Paul. geſagt haben, es iſt ein gott
vnd ein mitler zwiſchen gott vnd den heiligen, vnd die heiligen
ſeind mitler zwiſchen Chriſto vnd den menſchen. Es iſt plub'
werck deren die ſich annemen der Heiligen eer zu verſech
ten, vnd ſchmehen Chriſtum vnnd alle ſyn Heiligen. dann
aller heiligen eer iſt die eer gottes vnnd vnſers heylaubs
Iheſu Chriſti. die würt re verletzt ſo man lernet, Chriſtus
Iheſus, den vns der vatter allein zu einem meiſter vnd für
ſprechen geſetzt hat, dem wir allein gehorchen, vnd vff den
wir vns allein verlaſſen ſollen, ſey vns nit genüg, oder
wölle vns nit gegen dem vatter in allen ſachen helffen. ſo
vns doch kein Heilig, noch ſein würdige muter mag lie-
ber haben, vnd vnſers heyls dürſtiger ſeyen. So hat er vnſer
meiſter vns zu ym ſelb gelocket vnd berüfft, vnd alle ſachen
vnſers heyls in den glauben, an yn, vnd durch yn zum vatter
geſtelt. Anders würdt in aller ſchrifft nit gelert. Den weg
des heyls haben auch geſucht vnd gangen alle Heiligen. So
ſollen wir allein bleiben bey dem göttlichen wort, dz weißt
vns aber allein vff Chriſtum, vnd zu keinem Heiligen. Darumb
wie obgemelt, iſt kein zwyfel, d' glaub zu Chriſto, iſt ſo vil
ſchwecher, ſo vil mer du Heilgen anrüffeſt. Des halb nit
verneynt werden mag, alle zeichen vnd wunder, die machen dz
die leüt ir vertrawen vff die heiligen ſetzen, ſtreiten wid' dz göt
lich wort. Darumb ſeind ſye auch gwißlich vom tüffel vnd
endtchriſt do. Der art ſeind aber vaſt alle von denen man zu
zeiten ſagt, vnd die eüch von heilgen re predigt worden ſeind.

Falsch vnd antichristlich seind alle zeichen da durch
das volck verfürt würt, an einem ort mer gnad
dann an dem andern zu erlangen. Vnd
dz die walfert vnchristlich seind.

Das ander aber dz solche zeichen bringen, dz die leút ver⸗ **xxxiiij**
verwönt werden, gottes hilff vnd gnad sey durch fürbit der
heiligen an einem ort mer dann am anderen zu erlangen, bewert
noch vil alarer vnd gewisser, das solche zeichen falsch vndt
vom teüffel seind. Dann sye wider das vsgedruckt gebott
vnd wort Christi streiten. Christus hat gesagt. Es kumpt **Ioan. iiij.**
die zeit, dz ir weder vff disem berg, noch zu Hierusalem
werden den vatter anbetten. vnd bald hernach spricht er.
Aber es kumpt die zeit, vnnd ist schon yetzt, das die wor⸗
hafftigen aubetter werden den vatter aubetten im geist vnd
in d' worheit. Dann der vatter will auch haben die yn also
anbetten. Gott ist ein geist, vnd die yn anbetten, die müssen
yn im geist vnd in der worheit anbetten. Nun im geist anbet⸗
ten, ist gott geistlich eeren vnd anrüffen. in d' worheit anbet⸗
ten, ist das solch eer vnd anrüffen von hertzen gang, nit im
mund vnd geperden steh wie d' gleißner. Hye zu darff man
ye keiner statt, keins geleüffs hyn vnnd hår, sunder soll
vnnd mag fruchtbarlich an allen orten geschehen. wie
der. ciij. pfalm sagt. Dancket dem herren, alle seine werck, **Psal. ciij.**
an allen orten seiner herrschafft. So hat der herr auch ge⸗
warnt vnd gebotten, sprechend. So dann neman würt sagen **Matthæi**
zu eüch. Sohe hye ist Christus, oder da, so solt irs nitt **xxiiij.**
glauben. dann es werden falsch christen vnd falsch prophe⸗
ten vffston, vnd groß zeichen vnd wunder thun, das ver⸗
füret werden in den irrthum, wo es müglich wer, auch
die vsserwölten. Sohe ich habs eüch vor gesagt. Darumb
so sye zu eüch sagen werden, sohe er ist in der wüsten, so
geet nit hynauß. syhe er ist in der kamern, so glaubts nit.

Was hette doch der herr klårlichers sagen künden wider
die walfert vnd sonder stette, do zu das vnwissend volck,
durch die falschen zeichen verwönt, lauffet? Dann so man
sye fraget, warumb sye gen Ach, gen Eynsidlen oder an-
derswo hyn lauffen? sagen sye, vnser Fraw rastet do. So
man sye dann weiter fragt. Wennstu bz dir vnser fraw helf
en künd? Die dann etwas verstendig seind, sagen als bald,
neyn, ir liebes kind hilfft vns durch iren verdienst vnd für
bytt, vnd an disem ort für eim andern. dann vnser fraw will
an manchem ort, vnd an einem vor dem andern geert wer
den. Was ist das anders nun, dann so man saget, Christus
sey hye, oder dort, das selbig glauben vnd hinach lauffen?
Was bringt aber solchen missglaube? Die falschen zeichen
vnd wunder, die an solchen orten geschehen, oder (als offt
geschicht) für geben werden mit lügen als ob sye geschehen
dann man ye nit hört, das an solchen orten wore blinden
gesehen, lammen gerad, oder vssetzigen rein weren worden.
Zu dem, verlossen die einfeltigen leüt ire arme freünd vnd
nochburen, offt auch weib vnnd kind wider das gebott
gottes, vnnd lauffen an solche stett, tragen das ir do hyn.
do mitt dann, über das man an holtz, stein, wachs, vnnd
müssigond leüt legt, vil grosser bübern erhalten würt. als
dann gemeynlich an solchen heiligen stetten ein verruchter
leben gefürt würt dann anderswo. als zum Rhom, Compo-
stell, Eynsidlen, Ach, Widerstorff, vnd gar allenthalben
wol schyn ist.

> Wie man die Heilgen vnnd die muter gottes
> christlich eer. Vnd das die gelübd von
> walferten nochzulossen seind.

xxiv Darumb lieben brüder, lasst euch kein zytlich gewalt,
kein falsch gleissen, noch lugenthafftige zeichen verfüren.
Seind ir schäfflin Christi, so hören seine stymm, vnd volgent

vm. haben kein zweifel, ir werden des ewigen lebens werdt
finden. Laßt der frembden stymm, die das ewer vnd nit euch
suchen, die euch stelen vnd metzlen wöllen, für oren gon.
Seht nit an weder iren gewalt, noch alten bruch, auch
nit die falschen wunderwerck. Der herr hat solchs alles
vor gesetzt, wie gemelt ist, also hat es auch müssen ergon.
Widerumb hat er aber auch gesetzt, das euangelium seins
rychs ee das end kumm, müsß vor wider predigt werden.
Das wöllent annemen. dann ichs auch worlich predigt
hab. das ir so irs lesen wölt, selbs wol finden werdt. als
eüwer vil es gefunden haben. Seyent von den erwölten,
die ob sye schon irren, doch im irrthum nit bleiben. So ir
dises thun werdt, werdt ir worlich Mariam die muter
gottes, vnd alle wore Heilgen zum aller liebsten vnnd yn
zum angenemsten eeren. dann sye höhers nit begeren, dann
das ir gott eeren, vnd yn im geist vnd der worheit anbet‑
ten. Also hat gesungen Maria die muter gottes. Mein seel Lucæ. j.
erhebt den herren, vnd mein geist freüwet sich in gott mei‑
nem heylandt. Vnd on zweiffel diß mit höchstet begird,
das höhers gefallens ir niemant beweisen mag, dann das
er mit ir den herren erheb vnd groß mach. Das dann durch
den rechten glauben geschicht, so wir ym vertrawen vnd
glauben alle gnad vnd barmhertzigkeit, wie vnserm vat‑
ter. So wir ym die eer geben, werden wir von ym worlich
als sein kind erkant, vnd vor sinen engeln geprisen, welchs
so wirs im glauben vernemen, würdt vnnser hertz so vol
geistlicher freüd vnd wunn, das wir mit Maria sprechen
mögen. Vnd mein geist freüwet sich in gott meinem heu‑
land. Der massen seind gesynnet auch alle Heyligen. Ein
yeder spricht. In den herren würt mein seel gelobt. das ist, Ps. xxxiiij
so der herr gelobt vnd gepreißt würt, der ich am höchsten
begirig bin, so würd ich gelobt. dann so ich sein eer allein

j Reg ij.

llebr. xiij.

Rom. viij.

Matt. vi.

such, vnnd nit die mein, so eert er mich in ym selb. dann er
spricht. Alle die mich eeren, die würd ich herrlich machen.
Darumb wölt ir den Henlgen wol gefallen, vnd sye recht
eeren, so schawent iren vßgang an, vnd folgent irem glau=
ben. Glaubt wie sye gott der vatter hab auch so lieb, wie
er eüch sein eingebornen sun zů eüwer erlösung geschenckt
hat, vil mer werde er eüch alles anders schencken. Eüwer
kirchen dörffen sye nit, deren wonung in gott ist. Eüwer
zyerd achten sye nit, die do gewißlich warten der kron
der gerechtigkeit. Eüwere lyechter seind yn ein schmach,
denen leüchtet das ewig liecht gott selb. Eüwers lyblich
en hyn vnnd här lauffens wöllent sye nit. dann gott wills
nicht. aber das ir im geist wie sye zu gott lauffent, dz wer
ynen das gröst gefallen so ir ynen beweisen möcht. Vnnd
ob ir schon zu iren gebeynen, oder do ir gebnechtnüß son=
derlich gehalten würt, fert gelobt habt, werdt ir yn doch
ein groß gefallen thun, so ir da für, wie Christus gelert
hat, in eüwer kemmerlin gon werdt, vnd in der geheym gott
eüwern vatter bitten. Was man vnrechts gelobt, sol man
on alle scheüwe faren lossen, vnnd leyd tragen, das man
solchs verheissen thon hat. Nun möcht ir wol mercken, wie
ich dann solchs durch helle schrifft bewert hab, das die
walfert wider die wort gottes seind, vnnd den glauben.
Darumb ob ir ein fart hundert mol gelobt hetten, solt ir
des nit achten, vnnd do heymen bleiben. dann das gelübb
vß dem vnglauben vnd wider das verbott Christi gesche
hen ist. Dem seind ir aber also verlobt im tauff, das ir kein
gelübbt thun möcht, das wider sein leer sey. wie dann das
gelübbt der walfert gewißlich ist. Vnnd ob ir eins oder
mer thon hetten, seind ir schuldig solche nit zu halten.
Wie einer der ein Fürsten geschworen het, vnd darnoch
etwas gelobt zu thun, d' meynung, es würde den Fürsten

wol gefallen, erfür aber das solchs wider sein herren wer,
schuldig wer er in krafft seins ersten eyds, das nochgend
gelübd faren lossen, möcht auch yn nieman des halb ge-
lübbbrüchig schelten. Hye bitt ich euch aber durch Chri
stum, sehend mer an was er euch gelernet hat dann das
euch die Ablaß kremer, oder Heyligen schaffner predigen,
die doch leyder nit der Heyligen eer, sonder iren genyeß,
vnn ir buchfuter suchen. haben sich der Heiligen schaffner
gemacht, des sye doch kein schyn nimermer dar thun
werden. Gott schend alle die, die euch an dem rechten glau-
ben verletzen, vnd behalt euch vff der richtigen strassen.

Wie ein grosser betrug vnd verfürung sey,
das man das volck von hilff der lebendi-
gen zu helffen den todten, do von alle
schrifft nichs lert, gefürt hat.

Noch ist ein mercklich erschrocklich verfürung durch **xxxvi.**
den Antichrist vffgangen, das der gemeyn hauff, abge-
wendt ist, von aller liebthot der lebendigen, von denen
vns gott allein gebotten hat, vnnd will yederman alle sei-
ne barmhertzigkeit im Fegfeür den todten beweisen. so
doch in aller göttlichen schrifft mit einigem wort solchs
nit gedocht wurdt. Dann das die Todtenpriester singen
in den Seelämptern vß dem andern buch Machabeorum,
das Judas Machabeus habe zwelff tusent silbern zehen-
der gon Hierusalem geschickt, ein opfer zu thun für die
sünd der erschlagnen, mag nichs beweren, den todten et-
was noch zu thun. dann diß kein Biblisch buch ist. Aber
die falschen erscheinungen der seelen, vnnd annder lu-
genthafftige zeichen, haben disen irrthumb so tweff ynge-
fürt, das yetzt wo ein gulden vff die lebendigen gewendt
würt, so kert man vff die todten zweintzig. Diß geschicht
aber, vrsach das wir die liebe der worheit nit wöllen

g ij

offnemen, vnd bleiben bey der göttlichen schrifft, die vns allenthalb barmhertzigkeit gegen den lebendigen zu üben, vnd nichts den todten noch zuthun lernet. Alles was wir thun, des sollen wir vß der schrifft gut grund vnd vrsach haben, das es gott also gefalle. wo es vß solchem glauben nit geschicht, so ist es sünd. So dann der herr nun hat allenthalb geheissen den lebendigen helffen, vnd zu dem jüngling gesagt, Wiltu volkommen sein, so gee hyn vnd verkauff was du hast, vnd gibs den armen. wie wöllen wirs verantworten, das wir die selbigen lassen hunger, frost oder andere not leiden, vnd gebens ein theil vmb wachs geleüt vnd ander gepreng, tz and' den müssigonden München vnd Pfaffen ires mutwilligen lebens dest baß vß zu warten? Erfordert nun ein volkommen christlich leben, dem wir all schuldig seind noch zu trachten, das wir alles den armen geben, deren wir auch allweg die menge haben, was bleibt vns dann über, todten gepreng, Münch vnnd pfaffen zech zuzurichten, fresvolck zu mösten: Hetten wir des göttlichen gebots geachtet, do er vns verbeüt Deut. gviij. vnd Jsaie. viij. von todten einiger sach bericht zu nemen vnd weren bliben bey Mose, vnd den propheten, auch euangelisten, nit geacht der rumpel geist, die gewiß lich des teuffels gewesen seind, die sich die Münch vndertweilen, oder ander vnnütz vnd vngelert pfaffen haben beschweren lassen, walfart, den todten gepreng, meß vnd psalmen keüff, auch etwan gelt in die abloß kysten begert, vnnd darnach nit me erschinnen seind, so weren wir viles grossen irrthumbs vnd vnwiderbringlicher beschwernüß sampt verderbnüß viler menschen wol über.

Ro. xiiij.

Mat. xix.

De. xviij.
Isa. viij.

Was die Meß sey, vnd mit was ernstlicher
begird die zu üben sey.

xxxvij   Dann worlich vß disem betrug die allerschwerest sünd

vnnd gottslesterung mit verschlundung gar nahe des
gantzen ertrichs in die welt geschwembt seind. Dann so
nichs mer wer, dann allein das erschröcklich Meß vnnd
Vigilg verkauffen, mit dem gar nah alles zytlich gut vff
die kummen ist, die (als vor augen) vil schadens an seel vnd
leib menigklich zufügen, vnd keinen nutz bringen, so möcht
doch das übel nit genug bedocht vnd bejamert werden.
Ir denckt noch wol, wz ich euch etlich mal von d' Meß
gesagt hab. das die, als vns sye Mattheus, Marcus, Lu
cas vnd Paulus beschreiben, and's nichs ist, dann entpfahung Die Mess
des leibs vnd bluts vnsers herren Jhesu Christi. also das
wir sein yndenck sein sollen, der den seinen leib für vns ge
ben, vnd zu verzyhung vnser sünd, das selb sein blut ver=
gossen hat. welchs das blut ist, da durch das neüw vnd
ewig testament, das ist, verschaffung vätterlicher gnaden
verzyhung aller sünd, bekrefftiget ist. Dann durch den tod Heb. viij.
des testators der das testament gesetzt hat, würt das testa
ment krefftig. Nun so vnser herr hat gesagt, Nempt hyn
vnd esset, diß ist mein leib. vnd vom kelch den er yn gab,
Drincket alle druß. das ist ein blut des neüwen testa=
ments, welches vergossen würt für vile, zu vergebung
der sünd. ists ye klar, das wir sein leib vnd blut entpfahen
sollen, wie auch sein Aposteln. Von vffopfern, als nun die
genanten Priester zuthun vermeynen, sagt er nichs. Wie
wirs auch entpfohen sollen ist lycht zu verston, so wir sei=
ne wort, wie wir ye billich sollen, als die letzte red vnsers
allerliebsten heylands recht erwägen. Nempt hyn spricht
er, diß ist mein leib der für euch geben würt. vß welchem
er ye zu verston gibt, das wir sein leib entpfahen sollen,
wie das opfer das er selb für vns in todt geben vnd vff ge=
opfert hat. mit welchem einigen opfer er in ewigkeit hatt Hebre. x
vollendet die geheyligten, das ist von sünden gereinigten.

dann biß opfer gylt vor gott, wie auch zu den Hebreern
geschriben stot, ewiglich. das ein yeder glaube, das solch
opfer auch für yn gott dem vatter vffgeopfert sey, für sei=
ne sünd, also das er ym genedig in ewigkeit sein wöll, vnd
vm keine sünd nimerme rechen. Zu erwecken aber vnd be
festigen solchen glauben, hat er vns das brot, dz sein eigner
worer leib ist, geben zu nyessen. on zwiffel, vff dz wir durch
diß leiblich vnd überkostlich worzeichen, am glauben, dz
solcher leib für vns gott dem vatter vff geopfert sey, vns
in ewigkeit von allen sünden zu reinigen, bestätigt vnnd
bekrefftigt wurden. Vß disem folget nun, das wir dises
brot, den woren leib Christi, wir seyen priester oder leyen,
also nyessen sollen, das wir da durch stercken den glauben
an Christum. als den, der für vns ein ewig opfer für vnser
sünd sein leib, den wir im brot vnessen, gott dem vatter vff
geopfert hab, dardurch in ewigkeit vns die sünd kein scha
den bringen. Vff dise weiß aber mag sein leib niemant ent=
pfahen, yn beissen vnnd trucken dann seine sünd, entpfind
am glauben mangel, vnd nachfolgend gebrechen an allem
guten. dz ym dann von hertzen leyd ist, vnd wolt gern solcher
kranckheyt vnd gebrechen artzney entpfahen. vff dz er dann
denckt, du wilt den leib entpfahen deins heylands Jhesu
Christi, den er dich hat heissen nyessen, mit der zusag, er
sey für dich geben. Ist er dann für dich geben ein ewigs op=
fer, dz vor gott also gylt, das es hyn nimpt aller sünd die
solchs glauben, so wiltu nit verzagen. diewyl er doch yn=
der dem brot sein eigen leib bir zu einem pfand vnd worzeichen
geben hat. dz ye vil mer ist, dann het er dir ein ring, sigel, ob'
brieff geben. Wie aber die sünd dz höchst übel ist vnd der
hertest jomer, so sye durch anzeyg des gesatz recht leben=
big worden, vns beissen vnd drucken, welchs der tobt vnd die
hell ist, also möcht ir wol verston was ernstlicher begyr

sähnen, vnd hohes achten zu disem hochwirdigen vnd heil=
samen sacrameut erfordert werbe. On welche, sonder zwy=
sel, er ley oder pfaff, wer diß brot neüsset, neüsset ym   J. Cor. xi.
solchs zu ewigem gericht. als der do schmäht vnd veracht
den leib vnsers herren Jhesu Christi.

Vß den worten des kelchs würt auch anzeygt,
mit was hoher achtung vnd begyrd die
Meß solt entpfangen werden.

Das aber solche hohe achtung vnnd ernstliche begyrd   xxxviij
erfordert würt, on sünd vnd gotts lesterung meß zu halten
vnd diß sacrament zu entpfahen, dz dann noch der schrifft
ein ding ist (wiewol in disem, wie in vil anderen dingen
mer, sich die genanten geistlichen, über ire brüder die ley
en, deren dyener, vnnd nit herren sye sein solten, noch dem   Luc. xxij
gebott Christi gezogen vnd gesetzt haben) weißent auch
vß die wort Christi gesprochen als er sein jüngern den
kelch bodt, nemlich dise. Drincket alle druß, das ist mein
blut, des neüwen testaments, welches vergossen würdt
für vile, zu vergebung der sünd. Zun zeiten Mosi, machet
gott den Jsrahēliten ein testament, dz was leiblich. dann er
ynen setzet, vnd verschaffet das gelobt land, mit leiblicher
wolfar, wo sye in sinen gebotten gewandert hetten. Wie aber   Ex. xxiiij.
nur ein zeitlich ding was vmb diß testament, also sturben   Hebre. ix.
darüber nur die vnuernünfftigen zergengklichen thyer, kel=
ber vnd böck. Vnser testament aber das vns Christus ge=
macht hat, ist ewig gnad, vnd verzyhung der sünd. darumb
ist er selbs, der auch ewig ist drüber gestorben, vnd durch
vergiessung seins bluts vns solchs testaments versichert,
das befolhen zu nyessen. do mit wir in kein zweyfel stel=
ten, durch sein blut sey vns der ewig vatter genedig, vnd
wölle vns vergebung aller sünd nymmermer entzyehen.

Was höhers aber, oder heylsamers hette vns vnser herr
vnd heyland Jhesus Christus setzen oder verschaffen mö
gen? Daruß ir wol mercken möcht, mit was hoher begird
vnd ernstlichem sähnen (da zu allein erkantnuß der sünde
treibt) wir disen kelch das blut Christi entpfohen solten.

Mat xxvj.
Darzu hat er befolhen, so offt ir diß thut, so thut mirs
j. Cor. ij.
zur gedechtnuß dz ist wie Paulus schreibt, so offt ir von
disem brot essent, vnd von disem kelch trincket, solt ir des
herren todt verkündigen biß er kumpt. Sein todt aber,
durch den vnser tod vmbracht, vnd das ewig leben vns
verdyent ist, bedencken vnd verkündigen, das ist, wie bil=
lich, von hertzen loben vnd preysen, mag noch kan nit ge=
schehen dann von einem hertzen das seine sünd, tod vnd hell
ängstigen, vnd das also göttlicher gnad gantz hungerig
vnd dürstig sey, vnd möge die grosse gnad vnd barmher=
zigkeit gottes recht erwägen vnd erachten, der sich also
tieff über vnser sünd erbarmet hat, das er sein eingebor=
nen sun vns zur erlösung geben hat. welcher sich dann selb
mit grossem willen, für vns in todt geben. vnnd off das
wir nur gantz sicher weren der gnad die er vns mit seinem
tod vnd blut erworben hat, hat er vns zu eim worzeichen
versicherung, vnd freundtlicher letz, sein eigen leib vnd blut
zu gedechtnuß seiner also vnermeßlichen güte verlassen
vnd geben, täglich. das ist so offt wir diser gnad dürstig
seind, in brot vnd wein zu nyessen.

Was grewlicher sünd die Meßling thun mit irem
Meß verkauffen, der sich teilhafftig machen
alle die sye zu meßlesen mit gelt bestellen.

xxxix
Nun meine lieben brüder, kündt ir wol vß disem, das
alles nichs ist, wann der luter innhalt der wort Christi ver
nemen, das christlich Meß haben, das ist, den leib vnd
das blut Christi, mit ob angezeigter begyrd, achtung vnd

danckſagung entpfahen, nit yedermans ding iſt, daß es
kůnde ein tåglich hantyerung ſeyn, deren leůt, in denen
ſchlechter angſt der conſcientz vnnd gewiſſen gar loůwe
begird. zu diſer göttlichen artzney, noch vil kleinere danck-
ſagung diſer groſſen gnaden beſchynt. Wie raſt mögen
doch ſeind ſůnd den bringen, der in offentlicher hurerey
ſitzet, mit dem man doch noch dem gebott Pauli, nit eſſen j. Cor. v.
ſolt? Oder was jamers mag der über ſein ſůnd haben, der
alle tag im würtzhus zecht vnnd ſpylt, zur wochen zwey
mol ins bad gott, vnd die übrige zeyt vff dem marckt ver
zert, neůwe marlin zu erforſchen. vnd die leůt vß zurich-
ten? Was hefftiger begird aber mag zu diſem hochwür-
digen ſacrament haben, der ein gantz jor ſolchs nit ent-
pfing noch meßhyelt, wo nit die ſchamm yn dar zu drung,
vnd laßt ſich doch vmb ein batzen beſtellen, tåglich meß- Batzen
halten? Lieben brüder, man kaufft ſolche begird vmb kein meſſer
gelt. Der geiſt gottes der bringt ſye. Darumb ſeind beyde
Meß keüffer vnd verkeüffer, die ergeſten ſymoniſten vnd
verfluchteſte geiſtliche wucherer, als ſye das ertrich tregt.
Dann ſye achten wie Symon der zauberer, die gottes gab Act. viij.
werde durchs gelt erlangt. In was achtung meynt ir aber
das die haben den leib vnd das blut Chriſti oder wie be
dencken ſye den tod des herren, oder was lob vnd pryß ſa
gen ſye ym von hertzen, die ſo bald über einander ge-
ſchlappert haben ire Seel meſſen, von ſtund an ins würtz
huß lauffen, freſſen vnnd ſauffen den gantzen tag, ſpilen
vnd treiben die vnzüchtigſten wort, als von keim reůter
noch kriegs knecht gehört würdt? Vnd ob aber ſchon di
ſer groben ſůnd keine geſchicht, vnd iſt allein do ein glaub-
loß vnd liebloß leben, als leyder bey allen Meß verkeüffern
gefunden würt, noch wurdt ſchwårlich geſchmåht diß
heilig ſacrament, vnd zu ewigem gericht genoſſen. dann ſye

                                        h

,, die Meß für ein opfer halten, nit das Christus ein mal
,, für vns alle geopfert, vnnd genugsam mit dem selbigen
opfern, vns in ewigkeit aller sünd gereiniget hab, sonder
das sye gott dem vatter vffopfern für lebendig vnd todten,
,, des sye ein wörtlin in aller schrifft nummermer vff bringen
,, mögen. des halb sre die Meß für anb'e als ein gut werck
,, vnd ynen für die sye sye lesen nutzlich on glauben lesen. Da
rumb es ynen auch zur sünd gerechnet würdt. Dann was

Ro. xiiij. vß dem glauben nit geschicht, das sich der mensch trösten
mag es gefalle also gott, der sündiget. Wo wir aber sein

Deut. iiij. wort nit halten, vnd er vns doch gebotten hat seinen wor-
ten weder zu, noch von zu thun, sonder bey den selbigen
allein zu bleiben, w'e mag dann ein hertz sicher sein, oder
sich trösten sein thun gefalle gott? Mag es dann sollichs
göttlichs gefallens sich nit trösten in einer sach, vnd thut
doch die selbig, so sündiget es on allen zweyfel. dann es ist
glaublos. Also seind aber alle Meß verkeüffer glaublos
sye seyen joch sust im schyn als heilig als sanct Johans d'
teüffer. Dann das ir meß lesen für andere gut vnd nützlich
sey, vnd gott gesellig, mögen sye sich nit vertrösten. Dann
mit einem wörtlin hat sye der geist gottes sollichs nit ge-
lert, vnnd solten aber sye nüt fünemen dann was sye diser
schulmeister lernet. Darumb ist all ir ding glaublos, sün-
dig, vnd verunreint, also, das auch ir meßlesen, vnd alle
ir thun verworffen vnd gotzlesterlich ist. Vnnd wee allen
,, den, die ynen zu solchem grewlichen sündtlichen Meß-
,, lesen vrsach geben mit irem gelt, da mit sye iren brüdern
,, beholffen sein solten. Zu dem aber das ir, diser Meßver
keüffer leben glaublos ist, vnd also ir Meßhalten sündig,
so ist auch ir gantz leben lieblos. Nun ist diß vnuerneyn-
lich, wo die liebe nit ist, do ist auch nüt guts. dann d' glaub
durch die liebe sich enget, vnnd worlich nit do ist wo die

liebe nit ist. Die lieb aber sucht das ir nit, sonder allein **j. Cor. xiij.**
des nechsten nutz vnd frummen, bereyt ym zu gut, gut, eer
vnnd leib dar zu strecken. In wie vilen aber der Meßlin-
gen spürt ir nun solche liebe, sye seyen Münch oder Pfaf
fen? Sye suchen alle das ir, vnd gar wenig seind iren, die
eüwer, vnd nit iren nutz meynen. Vnd ist zu besorgen, sol- **, ,**
ten ir allein solche Meßleser haben in eüwer statt, die in **, ,**
kein weg das ir, aber allenthalb eüwern frummen meyn- **, ,**
ten vnd suchten, ir solten kum zun fuer hochzeyten Meß **, ,**
mügen überkummen. Nun eracht aber ir selb, wie ein grew
lich vneer sey dem heiligen leib vnnd blut vnsers herren
Jhesu Christi, solche mit gelt zu bestellen, dises zu entpfo
hen. Dann noch dem gebott des heyligen geistes, durch
Paulum verkündt, solt man mit ynen kein gemeynschafft **ij. Thes. iij.**
haben. des halb, das sye on ir eygen arbeit, von der ge-
meyn Christi in mussigondem leben, erhalten werden,
die, diewey! sue mit treüwer predig göttlich worts, das
geistlich nit säheu, solten sue auch das zeytlich nit schnei- **j. Cor. ix.**
den. vnnd diewey! sue sust auch nit arbeiten, nichts essen.
Oder wie gesagt ist, solten die christen mit vnen kein ge-
meynschafft haben, vnnd sue als bennig, wie sye dann vor
gott seind, als die on glauben vnnd liebe seind, halten.
Nun wie ein schäntlich ding wurd es sein, wo einer solt
zu Meßlesen bestelt werden, der allein vmb schuld oder
anderer vntüchtigen sachen halb, von einem menschen
in bann thon wer, der doch gott vor in keinem bann wer?
vnd es soll für nicht gehalten werden, mit gelt zur Meß ☞
bestellen, die der geist gottes in bann thut. als dann seind **, ,**
alle buler, gytzige, abgöttische, schelter, trunckenbölt, **, ,**
reüber, vnnd die fürwitzigen müssigenger. **j. Cor. v.**

h ij **ii. Thes. iij.**

Wiewol die meſß in ir ſelb gut iſt, noch ſündet ſchwer
lich der vmbs gelt i Meſßliſßt, oder zu leſen beſtellt.

So wöllent nun men allerliebſten brüder, diſe ſachen
XI. wie ſye in ir geſtalt ſeint, vnnd dem göttlichen wort
noch erachten, das eüch nit fülen kan, vnd eüch kein ge-
wonheit, noch langen brauch, laſſen anfechten. Ir habt
vernummen genugſam, vnnd möchts täglich leſen, das es
alſo hat ſollen vnnd müſſen zu gon. dann des herren wort
hat müſſen vor werden, das ſolche böſe antichriſtiſche
preüch vnd gewonheit hat gewiſß geſagt. So wöllent ir
nun von den erwölten ſein, die in ſolchem irrthum nit blei-
ben, ob ſye ſchon darinn geweſen weren. Vnd vor allen din-
gen huten eüch, vor beſtellung d' Meſßen vnd Vigiligen.

, , Ich weiſß eüch ſo gotsförchtig noch, das vnder eüch kei
, , ner, oder gar wenig ſeyent, die alſo täglich ein batzen ne-
, , men, vnd giengen zu dem heilgen ſacrament. Nun iſt es in
Prieſter der worheit mit einem prieſter nit anders, dann das er wy-
ampt. ter ſolt alles ſeins lebens vnſträflich ſein, vnd in göttlicher
ſchrifft ſein übung haben tag vnnd nacht. das er möchte
eüch heylſam die Meſß vßlegen, das iſt, die verheiſſung
Chriſti, das ewig teſtament, recht zu verſton geben. damit
eüwere hertzen im glauben geſterckt, vnd in aller danckſa
gung gegen gott dem vatter, vnd vnſerm heyland Iheſu
Chriſto entzündt würden. O wie klein iſt aber die zal ſol-
cher. Es gylt auch nichs, das ſye ir Meſſen in gutem kauff
zu halten, fürgeben, ob ſchon der pfaff böß ſey, ſo ſey die
Meſß denneſt gut vnd das gebett auch krefftig. dann es ge-
ſcheh in perſon gemeyner chriſtlichen verſamlung. Es
, , ſeind loße vßzüg. Die Meſß iſt ja gut, d' prieſter ſey wie
, , er wöll. ſo du durch die Meſß verſtoſt den leib vnnd das
, , blut Chriſti. Noch ſo du mit deinem gelt zurichteſt, dz der
prieſter ſolchs durch ſein meſßhalten vnwürdig entpfa-

het (das dann von allen denen geschicht die vmbs gelt
Meſß leſen) dz ſye ſuſt nit thåten. Dann ſolche vnderſchei-
den nit den leib vnd das blut Chriſti. das iſt, ſye achtens
nit als hoch als ſye ſolten. dann ein Batz iſt bey yn mer ge-
acht, vmb den ſye die Meſß leſen, die ſye ſuſt nit leſen, dann
die meſß. So vnereſt du das heilig ſacrament, vnd machſt
dich ires gottsleſterlichen meſßleſens teylhafftig, vnd er-
langeſt on zweyfel mit deinem beſtellen vnud hören, eben
das er mit ſeinem meſßhalten, nemlich, das ewig vrteil.
Wo wöllen dann die bleiben, die nunme wiſſen was die
Meſß iſt vnd wie ſye gehalten werden ſoll, vnnd das ſye
gemeynlich on glauben geleſen werden, als für ein opfer
das der prieſter vffopfere für lebendige vnd todten, vnnd
allein darumb, das die gemeyn noch nit ſolcher meynung
iſt, vnd er nochred leiden müſte? Stirbt ym yemant, oder
kumpt ſuſt etwas, do er vor hat laſſen Meſßleſen, thut
ers noch wie vor. gibt mit ſeinem gelt den armen Meſß-
lingen orſach, Chriſtum Iheſum vnſern herren vnd heyland
zu verkauffen. Den ſye ſo lycht achten offt, das nur ein
geſpött druß machen. Ja, ſagen ſye, ich muſß gon ein her
gott eſſen. Mein herrgott gylt mir do heym nichs, ich
muſß zu eúch kummen. Kúpfern gelt, kúpfern ſeelmeſß.
Ich muſß einer junckfrawen ein kindt haben. vnd ſolcher
ſpötiſcher goßleſterlicher vnuerſchampter ſprúchwörter
bruchen ſye noch vie ander mer. O der armen hilff, ſo hye
mit geſchicht den lebendigen, den abgeſtorbnen, aber
grewliche leſterung göttlicher gútigkeit vnd erſchröcklich-
er ſúnd deren die ſolche meſß halten, oder laſſen halten.

  Menigklich ſol ſich húten vor Vigily vnd andern
   gebett, ſo vmbsgelt laufft wúrt. dann ſolchs ein
    ſpott gottes iſt. Vnd wie man ſich der Meſß
     chriſtlich vnd nutzlich gepruchen ſoll.

         h iij

Mit iren Vigilien, gesang vnd gebett erlangt man eben
das, das sye nur gottes spotten. diewyl sye die allerheylig=
gisten psalmen, vnd andere gottes wort, on allen geist, vnd
verstand pludern vnd murmeln, welche von hertzen vnd
mit ernstlichem sühnen gesungen vnnd gesprochen wer=
den solten. Entschuldigt auch nit, das man solchs in der
person christlicher gemeyn thut, sonb' mert die sünd wol.
Dann gottes spotten, als sye thun mit irem plappern, das
sye nit verston, auch nit darnach trachten das sye es ver=
stünden, in person christlicher gemeyn, deren gesponß
Christl, wol schwerer ist, dann spotten sye gottes in ir ey=
gen person vnnd nammen. die doch gottloß, vnd gottes

Esa. xxix. seynd seind. dann sye yn mit den lefftzen loben, vnd ist doch
, , ir hertz so weyt von ym, das es hang an eim ellenden par
, , creützer. das sye entpfahen wann sye gottes vßgespottet
, , haben, mit irem geheül vnnd gemürmel. Darumb mein
allerliebsten brüder, spart eüwer gelt, helfft den eüwern
vnnd andern armen da mitt wie eüch gott gebotten hatt.
vnnd hüt eüch vor den Meßen vnnd Vigilien die vmb
gelt feyl seind. dann sye on zweifel antichristisch, teüffelisch
vnnd gotzlesterlich seind.   Was eüch aber anlugt, so habt

Ro. viij. ir bey gott dem vatter ein fürsprechen Jhesum Christum,
Hebr. vij. der vertrit vnnd verspricht eüch allweg. Der ist vnser eini
j. Ioan. ij ger meyster, dem sollen wir gehorchen, in des worten so
Mat. xvij wir bleiben, was wir mer wöllen (spricht er) das werden
Io. xv. wir bitten, vnnd es würdt vns wider faren. Item weiter
Mat. xviij. sagt er. Wo zwen vnder eüch eins werden vff erden, wa=
rumb es ist das sye bitten wöllen, das soll ynen widerfa=
ren von meinem vatter im hymmel. Dann wo zwen oder
drey versamlet seind in meinem nammen, do binn ich mit=
ten vnder yn. Was wölt ir doch mer? Beissen eüch dann

eüwer fünd, feind ir in anfechten, ift eüwer glaub fchwach
(als wol etlich bey eüch feind, die auch die höchften an-
fechtung des tods vnd der hellen, von deren der gemeyn
huff wenig weiß lyden vnd erfaren) wöllent dann ir, vnd
vorab, wie von nöten, follichen angefochtenen vnnd be-
fchwerten hertzen troft fuchen vnd fterckung des glaubens,
die als bald mit ir bringt frid des gewiffens vnnd freüd
im heiligen geift? fo gott hyn, begert das heylig facra-
ment, entpfaht das mit bedencken, das das der leyb fey, , ,
der für euch gegeben ift in todt ein opfer. vnnd das das , ,
blut des neüwen vnd ewigen teftaments, welchs für eü- , ,
wer vnnd viler fünd vergoffen ift, fye abzuwefchen. vnnd , ,
vertreüwet dann, diß opfer fey krefftiger göttlich hnld vnd , ,
gnad eüch zu erlangen, dann alle eüwere fünd fein mögen , ,
fein vngnad vnnd zorn zu verdyenen. Vnnd wo eüch , ,
nit gelegen, facramentlich den leib vnnd das blut Chrifti , ,
zu entpfahen, fo ir dann fuft Meß hört (wiewol der me-
rer theyl vnnder eüch mer die Meß fycht dann hört. des
halb, das man die wider die leer Pauli haltet in fremb- j. Co. xiiij.
der fproch, die ir nit verfton, auch offt die felbs nit die
fue lefen) fo bedencken vorgemelte wort vnd verheiffung
Chrifti, das das brot fo ir fecht, der leichnam Chrifti
fey, der für eüch geben, vnnd der kelch fein blut das für
eüwer fünd vergoffen fey. da durch ir eüwer hertz ver-
fichern möcht, eüwer fünd feyen eüch verzygen, vnd ha-
bendt ein genedigen gott vnd vatter durch vnfern herren
Ihefum Chriftum. Vnd vff die weiß fo fey der pfaff böß
oder gut. fo würdt doch eüch die Meß, das ift entpfa- , ,
hung des leibs vnnd bluts Chrifti, facramentlich, oder , ,
allein geiftlich, nutz, gut, vnnd heylfam fein. Der tobten Von todten
halb, weiß ich eüch nichs zu rathen. dann die fchrifft

vns von den nichs lernet. Der liebe, die ſich etwan eins
vnmöglichen vermiſcht, will ich doch nit abgeſchlagen
haben, mit treülichem gebett, dem almechtigen die abge-
ſtorbnen zu befelhen. doch alſo, das man ym vertruwe er
erhör ſollich gebett. da mit nach dem es ein mal oder drey
geſchehen iſt, das man dann glaub, gott hab vns erhört
irenthalb, vnd hynfürt zu rugen ſeyen.

Beſchluſß diſer ſummary predig, mit vilfeltigem er-
byeten, das Martinus Butzer zu Weiſſenburg
thon hat, vnd noch thut, diſe ſummary vnd
alle ſeine predig mitt göttlicher ſchrifft
zu behalten, ſampt kurtzer antwort
gegen ſein verleümbderen.

XLII   Alſo nun mein aller liebſten brüder, will ich beſchlieſ-
ſen diſe mein ſummary predig, vnnd erinnerung des ſo ich
euch ein gantz halb jar mit vil predigen, die lenge vnnd
breyte erklert, vnd durch helle ſchrifft dar gethon vnd be-
zeügt hab. Bitt vnd erman euch vor gott den vatter, durch
vnſern herren vnd heyland Jheſum Chriſtum, ir wöllent
in diſem allem ſton vnd bleiben. dann ſolch nit meine wort
ſeind, ſonder gotes wort. nit mein leer, ſonder gewiſßlich
die leer Chriſti. das weiſß ich menigklich zu bezeügen, vnd
protestatio.   klärlich dar zu thon, mit dem beding. Mag nemant bey
bringen, das diſes hye ſummiert vnd mit kürtze begriffen,
ob' dz ich bey euch zu Weiſſenburg, vil wytleüffiger pre-
digt vnd gelernet hab, nit vßgedruckt in göttlicher ſchrifft
ſtande, das man mich tödte vnd verſteinige noch dem ge-
bott gottes Deute. giij. wie ich mich dann offt bey euch an
der cantzel erbotten vnd begeben hab. Binn zu dem, wie
Barfusser   ir wiſßt, perſönlich zun Barfuſern gangen (die dann für
zu Weissen   andern mich vnd meine predig ver ketzery allenthalb vß-
burg.   trugen vnd verleümbten) ſye omb gotts willen gebetten,

mir durch schrifft an zuzeigen wo sye meynten dz ich mich
irrete. Do haben sye mir, das sye mich also vßtragen ha-
ben nit gestanden, wider die helle worheit, vnd also abge
schlagen, sich mit mir in disputation zu geben. der vrsach
(als sye für gaben) ich were darzu gerist, dz weren sye nit.
also das ich bey ynen nichts dann ein vnnütz geschwetz er-
langt hab. Do seind ewerer des Raths, vnd etlich and'en
bey gewesen, als ir wißt, des sich auch die Barfußer vor
grosser gedult vnd demut nit genug kundten beklagen. als
ob wir iren geist durch vnnser menge gar verstört hetten.
Werffen mir für, ich wölt durch menge die leüt sygen,
der ichs durch die schrifft nit verhoffen dörfft. vnd bot ich
vn doch an, allein mit schrifft gegen yn zu handeln, vnnd
vnsere gemeyne brüder die beyder predig gehört hetten,
vnd die die sach anging, solten allein zeügen sein. Als dann
von nöten gewesen. Dann gleich darnoch haben sye sich
nit geschampt zu lyegen bey den von Dan, sye haben mir
viiij. tag gesetzt wider zu kummen, als dann wöllen sye mir
genug zu disputieren geben. Das so gar nicht ist, wie ewer
so vil wissent, die mit mir bey yn gewesen seind, das sye
hernach ein gut mal für. iij. gulden haben wider iren pruch
vßgeschlagen. allein der vrsach, das ich dar bey solt gewe-
sen sein, vnd sproch mit ynen gehalten. Noch dem hab ich
irem prouincial, als der mit etlichen (als sye für gaben)
vßenbeissern, war gon Weissenburg kummen, gemelten han
del vnd vil anders zu geschriben, vnd vffs höchst ermant,
mit seinen brüdern zu verschaffen, eyntweders mein pre-
dig vnnd mich vngesetzert lassen, oder aber mich durch
schrifft der setzery überzeügen. Do schrib er mir ein kleins
briefelin, Er lobet nit was seine brüder vnrechts thäten.
ym gefuel aber auch nit, das ich, wie Saulus etwan, all
mein fürnemen dahin richtet, das sye vßgereüt wurden.

Prouinci-
al der bar
fusser.

I

Der andern sachen halb, vnser leer vnd glauben betreffen,
wiß er mich vff ein büchlin, hat er etwan gemacht, das
ich nit hat, auch nye gelesen hab, dann an eim ort. oder
zweyen in einem bücherladen zu Cöll. daruß ich wol ver=
nommen hab, das der gut Pater, weder die schrifft, noch
die ding, wider die er schreibt ye recht verstanden hat. Di=

M. Butzer
vßschrei
ben

sem noch hab ich ein hefftige schrifft offentlich vff der
cantzel verkündt, vnd an die kirch vnd spital angeschlagen,
sye vnd alle widersprecher meiner predig, ermant, gebet=
ten, vnd mit ernstlichen worten der schrifft, berüfft, vnnd
yn vßbotten, vff den Oster mitwoch jüngst verschinnen,
oder wann es einem yeden gelegen sein möcht, vnd mir am
vngelegesten, Christlich gespräch von vnnser leer, predig
vnd glauben zu halten. Zu welchem anschlagen vnd be=

, ,
, ,
, ,
, ,
, ,
, ,
, ,

rüffen die Barfüßer fürnemlich mir vrsach geben hatten,
dz sye nit genug hatten in der statt vnd vff dem land mich
vß zu tragen vnd zu verlyegen, als groblich als ichs mein
lebtag ye gehört hab. des sye auch an etlichen orten übel
bestanden seind, sonder in d' Fasten den leüten die beycht ab=
schlugen vnd vil and'e antichristischer stuck mer triben. Dann
wie biß här nyemant größer gleissen getriben hat, vnnd
dadurch in allem vollen, eeren vnnd pracht über andere
Münch alle gewesen. also ist nyemant dem Euangelio
hefftiger vnnd mit grösserer vngeschicklicheit zu wider.
Wiewol gott sey lob, vnnder ynen auch seind nit wenig
die Christum erkennen. sye halten aber auch solche, das
sye teglich sich müßen von yn thun. Gott geb dz sye ein
mol alle barmhertzigkeit erlangen, vnd vffhören den weg
gottes zu verlesteren. Nach disem allen, binn ich auch zun
Predigern zangen, wiewol ich nit gantz wilkumm kam,
ist aber doch hye die sach etwas freündtlicher zugangen.
dann allein, dz die göttlich schrifft do nüt gylt als sye gel-

ten folt. Dann ir Prior mir bekant, wann ich allein bey göt= Prediger
tlicher fchrifft bleiben wolt, vnnd nit auch der menfchen zu Weiffen
fatzung annemen, fo wißt er mir nichts an zu gewinnen. burg.
das dann auch etlich Barfußer bekant haben. Do ich aber
faget vnnd bewiß, das die göttlich fchrifft allein ift an zu
nemen, als die vns überflüffig alles guts lernet, vnd fuft ij. Tim. iij.
nichs anzunemen, es werde dann durch die göttlich fchrifft
bewert, do kundt er feiner menfchen fatzung keine durch
die fchrifft erhalten. Difer ding aller habt ir vnnder eüch
felb zeügen genug, die bey vnnd mit gewefen feind. Nun
über diß alles, fo binn ich hue zu Straßburg bey zwen mo= Butzer zu
nat gewefen, das fye meine, oder mer göttlichs worts wi strassburg
verwertigen wol gewißt haben, dz fye etlich geleytert wägen , ,
vol mit lugen mir här noch gefchickt haben, ftot auch druff ,
ich werde lenger da bleiben. Nun hab ich hye vor meinem
gnädigen herren, dem Rath difer loblichen ftatt, meins vatter=
lands, auch vor dem Vicario m. g. herren von Straßburgs
mich erbotten, wie obftot, mein leer vnd leben zu verant=
worten. Was foll ich mer thun? Ich weiß wol, dz fye netzt
groß glorvieren, vnd nit mit kleinen lugen fechten, vil mer wann
vor. dieweil yn nun mer rum vnd platz worden ift. Ir möcht
aber wol erachten, wie lär fye der fchrifft vnn worheit feind.
dz fye über mein fo vilfeltig anfuchen, erbyeten vnd bege=
ben, fich noch nye haben dörffen in gefpräch mit mir von d'
worheit zu geben. Mit gewalt die leüt zu über difputieren Gewaltig
künde der Thürck am beßten. Ich hör auch, dz etlich bey disputation
eüch gewältig, doch vnd' den befchornen gefund (wölt abe‚
gott dz d' vnbefchornen ettlich denen d' zeytlich luft etwas lie
ber ift wann Chriftus vnd fein wort, nit zum wenigften mit=
ftimpten) fürgeben, mein prebig hab nur zum vffrur gedyent, Nit vffrü
vnd dz man d' oberkeit nit gehorfam fey. Darwid' ich doch rigpredigt
wie ir wißt, allweg predigt, vnnd ernftlich ermant hab.

als dann von wegen etlicher vngöttlichen, vnd die leng nit
wol leidlichen tyrannyen, wol von nöten gewesen ist, auch
wol erschossen ist. dann daburch angehalten ist das, als zu
besorgen sust gangen wer. Diß wißt ir, vnd habt mirs be
zeügt zum offtern mal. Aber meine widerwertigen, so (als
ich hör) ir mich auch also versprecht, wie dann die war=
heit, vnd auch allen kundtlich ist, Ja sagen sye, hat ers nit
vff d' cantzel gethon, so hat ers aber sust heimlich gethon
bey den vffrürischen, zu denen er sich gesellt hat, vnd mit
vn gessen. Seht lieben brüder wie ein ellend ding ist es,
vmb einen der Christum verleügnet, die worheit, wie mit
schantlichen lügen muß er sich behelffen. Ich hab mit
manchem von den eüwern gessen, drunden vnnd geredt.
wölt gott, ir meiner widersächer vnd falscher verleümbdt'
beywoner hetten nit me, dann das mein zwytracht, schand
vnd laster bracht, so solten ir wol baß ston. Ir, bey den ich
gewesen bin, gessen vnd truncken hab, wißt, das all mein
red wie vff der cantzel, anders zu nit gedyent haben, dann
dz ir an Christum gäntzlich glaubten, all eüwer heyl von
seiner gnaden warteten. den nechsten, auch die seynd lyeb
ten, eüch züchtigs wandels hyelten, vnd in allen dingen
, , gedultig weren. dann das gots wort, nur in gedult sein
, , frucht bringt, vnd ein christlich leben vil mer in lyden dann
, , thun stot, das ich, wie ir wißt bey eüch allweg im mund
hat. Aber es darff nit vil verantwurtens gegen den leüten,
ir wißt was sye für leüt seind. Kein gott, kein worheit,
kein eer, kein schamm haben sye. Als ir leyder nur zu vil er-
, , faren habt. Gott wend es alles noch seinem gefallen. Sye
, , sye seinds die vffrur vnd zwytracht anrichten, vnd die göt
, , lich gehorsam vnderston zu vertilgen. damit ir gottloß le-
, , ben vnuerhindert bleib, vnd sye ir suffen, fressen, hurery
, , vnd eebruch, sampt andern solchen händlen, im suß, vnd

gewonlichem pracht hinuß füren. Achab warff auch dem iij. Regum xviij.
Helia für, er machet Israel unrůwig. Do saget Helias.
Ich hab Israel nit unruwig gemacht oder bekümert, son
der du vnnd das huß deins vatters, die ir die gebott des Da stekts
herren verlassen habt vund Balaam noch gefolget. Also
seind auch dise. Sye haben verlassen die henlsame leer Chri
sti, vnnd vnderston sye gar zu vertilgen. folgen noch dem
Antichristo. dz macht vnrug, vnraů vnd alles übel. Doch
nit von den christen enthebt sich solchs. dann sye allweg zu
leiden bereit seind, sonder von den Antichristen, das ist,
den widerchristen die, so die woren christen, von irem tru-
wen hyrten Christo, nit wichen wöllen, allein syne stymm
hören im allein volgen, vnd die antichristischen mörder nit ,,
wöllen mer hören, noch ynen volgen, so richten sye alles ,,
vnglück an. wie wir sehen. Vnnd diß ist das feür das der
herr hatt vff dem ertrich wöllen anzünden, vnd dz schwert Luc. xii.
das er ist kummen off das ertrich zu senden, das sich der Matth. x.
mensch reg wider seinen vatter, vnd die tochter wider ir
muter, vnd die sůnßfraw wider ire schwyger. also, dz des
menschen feind sein eygen hußgenossen seind. Matth. g.
Luc. gij. Wolan es hatt sich einer berümpt, er sey bestellt ,,
bey euch, mein predig zu widerlegen. noch dem ichs erfa ,,
ren würd, will ich euch weyter trösten. Yeçund will ichs ,,
hye bey lassen bleiben. Ir wißt mein leer, ir wißt mein le
ben, es darff wider die lugensäher gegen euch nit vil ver
antwortens. ir kennt sye, so kent ir mich. Allein, wölt bey dem
Gottes wort bleiben, das ich eüch predigt hab. das ich
dann also zu erhalten weiß, das ich mich in todt will ge-
ben, wann yemant in hymmel, erden, oder hell sey, der anzey
gen mög, das meine predig die ich euch gethon hab nit
das klar vßgedruckt gottes wort seind. Aber wie ich eüch
gebetten hab, lesent eüwere Testament, vnnd was ir der Epilogus.

i iij.

göttlichen schrifft mer habent. als ir dann solt vnd schuldig
seind, laßt euch do von nyemant abtreiben. so werdt ir
wol erfaren, welchs christlich, oder vnchristlich leer sey.
Glaub.   Ja vngezweyfelt werdt ir lernen, das alles am glauben
Liebe.   ligt zu gott, der dann bringt mit vm liebe zum nechsten,
,, ,,   zucht an vm selb, gedult in aller widerwertigkeit. und was
,, ,,   der geist zu schwach, vnd das fleisch zu frech ist, sucht vnd
,, ,,   erwyrbt er mit worem gebett bey gott. das er durch Chri
stum allein, vnsern einigen vnnd genugsamen mitler vnd
fürsprechen, zum vatter schickt, ob zweyffel in dem nam-
men Christi, vnd durch sein verdyenst. seyen bey dem vat
ter alle ding zu erwerben. Hye här kumpt dann auch die
Gnad.   gnad, dz der gläubig vß aller antichristischer verfürung
errettet würt. bleibt allein bey göttlicher schrifft, d' volget
er, laßt faren alle falsche wunder vnnd zeichen, die er dann
wol vnderscheyden vnd erkennen kan. übt sich auch allein
Werck.   in den woren guten wercken, gegen seinen nechsten. Laßt
gott die abgestorbnen befolhen sein, der ynen eer vnd hilff
thun kan, noch seinem rechten vrteil vnd grundlosen barm
Sacramen   hertzigkeit. Der zeichen auch die wir zu latin Sacramen-
ta.   ta heissen, vnnd fürnemlich der Meß brucht er sich, wie
die Christus hat eingesetzt, zu merung vnd sterckung des
glaubens, do von dann zunimpt das gantz gottselig le-
ben. Ein solchen woren gesunden glauben, mit al-
len seinen früchten, lieben herren, freünd vnnd
brüder verleyh euch der vatter aller barmher-
tzigkeit durch Christum Jhesum vnsern her-
ren vnd heyland, durch den sey ym eer,
herrlichkeit, vnd alle macht in
ewigkeit, Amen.

Vrsach des abscheydts Martin

Butzers, vß Weissenburg.

Nun aber mein lieben herren vnnd freünd, damit weder ir, noch yemant annders sich meins von eüch Abscheydts ergere, oder des gegen mir ein vnwillen trag, will ich eüch mit kürtz, wie der ge schehen, vnd vß was vrsach, anzöygen. doch vor mit kür-tzem anrüren, wie ich zu eüch kommen bin, vnd was anfech tung ich vom Speyrschen Vicario vnd Official erlitten hab. Ihr wißt zu guter maffen wol, wie ein lange zeyt eü-wer Pfarrer zu sanct Johann, mit vntüchtigen perfonen verfehen, großen mangel an verkündigung göttlichs worts gelitten hat, auch an andern pfärrlichen ämptern. das offt die francken on beycht vnd sacrament, die kindlin on tauff gestorben feind. Allein das der pfarrverfeher zu sanct Steffan bey eüch, der presentz nit habe wöllen ent-beren, ee, als vil an vm gelegen, die armen feelen laffen zum teüffel faren. Bilicht hat fye da zu etwas verurfacht, das die Münch bey eüch Zehenden vnd anders nemen, vnd doch da von den pfarrbyeneren nit genugfam verfehung gethon haben. Difen ellenden jomer, des ir eüch offt be-klagt, vnnd vmb befferung bey der genanten geiftlichen oberkeit gefunnen, aber nye etwas erlangt haben, folten ir felbft gewendt, vnd eüch für die wölff, trewe hurten beftelt haben do nyemant angefehen. Dann fanct Paulus vß dem geift gottes gebeüt, fo in Chriftlicher Gemeyn dem zu- j. Co. xiiij. hörer etwas geoffenbart würdt, folle der erft fchweigen.

Soll nun die Gemeyn platz geben dem, der vnder vnen
ein offenbarung entpfahet, ſo noch andere do ſeind, die
dann auch ſchweigen ſollen. wie vil mer gebürt platz zu
geben, berüffen vnd beſtellen einen, der das Euangelium
treülich vnd wol lerne. ſo doch die andern alle nur menſch
en tandt, vnd vff iren ſack predigen. wie ir ſye dann gehebt
haben, vnd noch zum theil, als zu beſorgen, haben. vnd nie
mant do iſt der das göttlich wort eüch treülich fürtrage.

Heinrich
Motherer Als ir aber hyeran ſeümig geweſen ſeind, hatt Heinri‐
chum Motherer eüweren mitburger vnd prieſter, der eü‐
wer pfarr zu ſanct Johann bey. xij. jar treülich vnd wol ver
ſehen hat, ſolchs greülich ſeins vatterlands ellend (dann ye
beraubung göttlichs worts, vnd verſumung der armen
ſeelen, das gröſt verderben iſt) wie billich erbarmbt. Deß
halb er ſich zu befreyen die pfarr zu ſanct Johann, do mitt
ſye chriſtlich hynfürt, vnd nit antichriſtlich wie vor, verſe
hen würd, vnderſtanden. Zu dem ym rath vnd hilff auch
von etlichen den eüwern zugeſagt, vnnd zum theil ge‐
leiſtet iſt. Noch dem er aber, gegen ſeinem widertheil etlich
ſententz erlangt, das jn ob den. cccc. gulden geſtot, vnd er
dem rechten noch hoffen möcht, der gegentheil vermöcht
nun me ym kein yntrag an gedochter pfarr thun, die
chriſtlich zu verſehen, hat er ſich fleiſſigklich beworben,
wo er überkommen möcht ein chriſtlichen gelerten mann, d'
eüch, zum merern theyl ſeine ſchäflin, mit göttlicher
M. Butzer
beſtelt. ſchrifft möcht weyden. Vnd als er der zeyt kein andern ha‐
ben mocht, hat er mit vielfeltiger bitt vnnd fleh, mich be‐
wegt, das ich ym ein halb jor zu geſagt, mit predigen zu
dyenen. des er, über das, das ym ſolchs vß göttlichem
rechten zuſtünde, auch gewalt von Rhom hette.

Noch zu einem überfluß, ſchickt er ſein gelt an Speyr‐
iſchen Vicary, vnd begert ym zu vergünnen, das ich ſeinem

volck, wie er mich bestelt hett, dz Euangelium predigte. Der Vicary aber schlug ym solchs ab. ich stellete mich dann ym zu vor, vnnd liess mich examinieren. Was aber mir dozu mal on mein schuld, wie ir wisst, nit sicher zu wandern, der vehd halb, die vff die zeyt in hefftiger handlung stund. Diss zengt eüwer gedochter pfarrer herr Heinrich mit aller demütigkeit dem Vicario an vnnd batt, er wölt examinatores, zu Weissenburg verordnen, oder vff sein kosten von Speyr gon Weissenburg schicken, die mich examinierten, wo ye etwas an meiner examination gelegen, den man doch zu Speyr also kennet, das es vilicht nit hoch von nöten were gewesen. Diss ward ym auch abgeschlagen zum andern mal. Vnd vnlangs hernoch, komen zwo Citatz (als man vns bericht) gon Wissenburg, das wir beyde in. vj. tagen zu Speyr erschynnen solten. die mir doch nye zu sehen worden seind. Herr Heinrichen gab der pfarrer zu sanct Michael zwo copy allein daruon, wie sye ein yeder schuler hette schreiben mögen. Noch damit nyeman möchte klagen, wir hetten sein oberkeyt veracht, schreiben wir beyde dem Vicario demütigklich, herr Heinrich auch m. g. h. von Speyr selb, das also coppyen ym weren überantwurt worden, aber kein rechte citatz. hofften es were solch vnbillich vmbtreiben ir geschefft noch geheiss nit. wo es aber ye wer, seytenmal wir nit sicher wandern möchten, wer vnser vnderthenig demütig bitt, vmb Christus willen, Commissarien vff vnsern costen gon Weissenburg zu schicken, do dann vnsers predigens vnd thuns am besten fug vnd vnfug erfaren werden möcht. wölten wir vns keiner straff weygern, wo erkant wurd das wir einige verwirckt hetten. Zöigt ich do bey an, was meine predig weren. ermant durch vil schrifft den Vicary. was eins christlichen bischoffs ampt das er verdritt, erfordert.

Vicari zu Speyr.

Citatz.

Schrift an vicary vnd Bischolf zu Speyr.

f

Aber es was alls vmb ſuſt. wiewol ſye müßten, das wir
nit wie recht citiert woren, noch ſuren ſye für, vff clag des

Fiſcal zu Fiſcals, der von chriſtlicher leer vnd predig als vil weiß,
Speyr. als ein ander thürck oder heyd, vnnd ſuſt zu Mentz auch
gefaren iſt wie man weißt.

Bald aber hernoch, ward an eüch mein günſtige herren

Schrifft den Rath geſchriben, in nammen m. g. h. von Speyr ein
des Biſch- überauß hefftige ſchrifft, in welcher begert ward, das ir
offs von mich von eüwer ſtatt hynweg ſchafften, der vnder keyſer
Speyr. lich mandat, lutheriſche ketzerey prediget, vnd nichs dann
vffrur machet, vnd kein hyndernuß thäten an ſtraff ſo do
würde gegen herr Heinrich, das er mich zu predigen hat
vffgeſtalt, fürgenommen. Vff diß ſchreiben, noch dem ir
mich mit der worheit entſchuldigt hatten: das ich allein
das heylig Euangely, vnd kein ketzerey noch vffrur pre-
bigte, auch das wir nit wie recht weren citiert, vnd gebet
ten, genediger weiß mit vns zu faren. ward wider geſchri-
ben als ir wißt, vnnd die brieff noch bey eüch habt, das
m. g. herr von Speyr wölt nyeman vnuerhört verdampt
werden laſſen, darumb weren vns off ein neüwes citation
überſchickt, vff die ſolten wir erſchynen. Der citation ha-
ben wir (wie ir wißt) nye geſchehen, beyd herr Heinrich
vnd ich, noch iſt man wider vns zu Speyr fürt gefaren,

Apelliert. vns ercomuniciert, aggrauiert vnd reaggrauiert. Der vn-
billichen beſchwerdt, vnd gantz vnchriſtlichen, haben wir
mit einer appellation an ſtul zu Mentz begegnet.

Mitler zeyt iſt der Stett tag worden zu Speyr, haben
etliche der Fryen vnd Rychſtett lobliche botſchafften bey
meinem g. h. von Speyr durch ir vilfeltig vnd flöhlich an
halten, erlangt, dz ſ. g. alle proceß wider vns gangen, hat
vff geſchürtzet ein monat, vnnd verheuſſen in dem monat

Geleydt. vns loſſen gon Speyr mit ſ. g. vnd b' Pfalz geleydt citieren.

Daruff haben wir, wiewol solchs nit abgeredt was, vnser appellation noch zu profequieren vnderloſſen. der hoffnung, zu Speyr zu erſchynen, vnd alle ſachen alſo verantworten, das der appellation noch zu kummen nit wurde von nöten ſein. Aber der monat iſt verſchinnen, vnd ſeind wir doch nit citiert worden, ſonder hernoch, do wir der Pfalß geleybt nit me haben mochten, hat man vns gon Vbenheym, vnd nit wie abgeredt was gon Speyr, darzu on d' Pfalß geleybt citlert. vnd das gerad vff die zeyt, do vmb Weiſſen burg des kriegs volcks halb ſchier nyemant ſicher wandern mocht. So was m. g. herr von Speyr auch nit anheymiſch. Diewenl dann wir von ſeiner g. Vicary vnd Official, noch irem geſchwinden, vnd biſchöfflicher gütigkeit vnd langmut gar vngemäßem handlen, das ſne zu vor gegen vns geübt hatten. nüt billichs noch Chriſtlichs warten mochten, vnd alſo nit ſahen, was fürderung wir göttlichem wort mit vnnſerm gefärlichen erſchynen fürdernuß hetten ſchaffen mügen, haben wir gefolgt viler guter freünd, vnd verſtendiger leut, deren auch etlich vmb vnſer widerwertigen fürnemen vnnd meynung, gut wiſſen gehebt haben, rath vnd treüwem warnen, vnd haben beſchloſſen, nit zu erſchynen· nemmlich do auch ir vom Rath vns ſolchs weder rathen, noch heiſſen wolten.

Noch dem aber, ab vnſerm bleiben vilen von den eüwern greüwet, vnd beſorgten es würde eüch zu groſſem nochtenl gerencht haben, deſſthalb ſie ſich auch gentzlich zu vns verſahen, wir wurden ee vßtretten ein zeitlang, dann gemeyne ſtatt in ſolche far furen. Noch dem wir vns doch alweß hetten hören loſſen, wir wollten nit, dß vnſert halb ye mant in nochtenl keme. So wiſſt ir alle, dß ich offt vff der cantzel geſagt hab, wenn man mich nit gern hab, das man mir ſolichs nur zu verſten geb, ſo wölle ich bald weichen.

Math. x. wie ich auch geſolt hab, noch dem befelch Chriſti Matt.
x. So ir mich aber gern wolten hören. ſo wölt ir nichs
anſehen, vnd eüch das wort gottes verkünden, vnnd ſolt
der hymmel brechen. Wol weiß ich, das eüwer vil ſeind,
die bey Chriſto vnnd ſeinem wort gern alle far beſtanden
hetten, aber auch deren ſeind nit wenig. die Jheſum gern
hetten. wann die weiſen von Orient kämen, vnd brechten
vm ire ſchenck vnnd goben. aber ſo bald vn Herodes ver=
folgt in Aegypten. vnd erwürgt alle ſo vm nur gleich ſeind,
wöllen ſye nichs mit vm zuthun haben. Ir habt gemeyn=
klich alle eüch mercken laſſen, ir hören meine predig gern,
vnd erkennen dz ſye das göttlich wort ſeyen. hat ſich auch
ſolchs wol erſchinnen bey eüwerm fleiſſigen zuhören. Aber
ich hab do bey auch wol geſehen, wie eüwer vilen das
hertz gar entpfallen geweſen iſt, als das gotts wort, wie
ſein art iſt, das creütz mit vm bracht hat. Do dann der für=
nemſten bey eüch beſter rath irs bedunckens was, dz wir
ein weyl vßträtten, vnd der andern nit wenig, die etwan
vil wolten verloſſen ee dann ſye ſich wolten des gotts wort
laſſen berauben, ſolchen rath mer beklagten, dann wider=
ſprochen, was ſolten wir thon haben? Lieben brüder, ob
ſchon eüwer etlich, laſßt ſein bey, oder ein wenig über
den halben theil geweſen ſeind die vns nit hetten wöllen
faren laſſen, ſo wir ynen zu verſton hetten geben, was der
andern rath, beger, vnnd freüntlich ſonnen geweſen, vff
welchs wir dann zu weichen fürgeno.amen hatten, was
wer druß worden? Als bald ein vffrur, oder ſorgklich zwy
tracht, als etwas anders. da durch dz göttlich wort hoch
verleſtert worden wer, vnd ſeine widerwertigen als bald
gloryiert hetten, ſyhe, das iſt die frucht des Euangelij.
ſolch ding richten die neuwen euangeliſten zu. wie ſye on
Act. xiiij. das liegen. Wir leſen am riiij. in Actis, do Paulus vnnd

Barnabas zu Jconion ein zeitlang predigten, das sich die
statt spaltet. durch anrichten der vngläubigen Juden, also
das sich erhub ein sturm der Heyden vnnd Juden wider
die apostel sye zu schmähen vnd steynigen. Do sye des yn
nen wurden, flohen sie dar von. Der gleichen wich Pau= Act. xix.
lus auch von Epheso, als sich über dem gotts wort ein
vffrur erhaben, die dann auch was angericht von denen,
deren geniesß vnd gewinn durch vffgang des rechten glau=
bens abnam. Von Damasco ließ man yn zu nacht in ein
korb über die muren vß. Act. iß. Von Thessalonica ward
er auch zu nacht byn geschaffen von den brüdern, do man
vn allein sucht. Also auch Petrus, so bald er durch den en Act. xij.
gel gottes zu nacht von der gefengknuß Herodis erlößt
was, macht er sich dar von. Des gleichen Christus selbs,
ist zum offtern mal gewichen dem gewalt Herodis. Mar.
vj. der Juden, Lu. iiij. Jo. iiij. vnd. iß. Dise exempel Chri
sti vnd seiner aposteln haben wir beyde herr Heinrich vnd
ich angesehen, vnd vns ir getröst, seind also auch von eüch
abtretten noch dem wir vil bey eüch also gesynnt gesehen
haben, das sye dem gotts wort, dem vnschuldigen Chri=
sto zugemessen hetten, was ym widerwertigs von gott
vmb irer sünd willen were zugeschickt worden, des halb
vnser bleiben ou mercklich zwytracht nit zergangen wer,
wo anders vnsernt halb einige ansproch an eüch gethon
worden wer. als vns dann grosse warnung zugeschriben
vnnd gesagt ward, vß wes anrichten wissen wir nit. Die
sach hat sich ye als ir wißt, nit so hefftig erzöigt. dann ir
vnsernthalb von nieman angesprochen worden seind. Nun
lieben herren vnd brüder, habt ir vrsach warumb wir von
eüch gewichen seind vnd das nyemant dann vnsern gün=
stigen herren dem Rath zu wissen gethon. Haben wir hye=
rinn gesündt, als wol müglich, vnd wir vns auch nit ent=

f iij

ſchuldigen wöllen, ſo bitten wir, gott vnd ir wöllent vns
ſolchs verzyhen, die wir worlich onwiſſendt geſündt ha
ben. dann vunſer gröſter kummer was, das wir vns nit wol
entſcheyden kundten, wo mit wir gott des gröſſer gefallen
bewiſen, mit vnſerm bleiben, oder abſcheiden. Vns ge=
ſchah auch ein zuſag. ſo der würdt nochkummen, ſo hette
onſer abweſen, dz dann nit lang gewärt hatte, fürnemlich
eüwers treüwen pfarrhers herr Heinrichs eüch nit mögen
groſſen nochteyl bringen, ir weren mit eim töglichen vnd
treüwen verkünder göttlichs worts gar bald wider verſe=
hen worden. vff welchen troſt vnd zuſag, wir auch vßzu=
tretten ein zeytlang vns des leichter begaben. Nun es ha=
be hye geſündigt wer do well, on zweyfel iſts zu beyden
theilen on ſünd nit zergangen. Dann wir nichs ſo gut ye=
mermer thun mögen, do bey das fleiſch, der alt Adam nit
auch ſein geſchäfft hab, das dann nichs wann ſünd iſt. So
iſts doch nun mer klar, das es gott alſo hat haben wöllen.
Darumb ſolten wirs vns auch gefallen laſſen, vnd vmb
gnad bitten, was wir hyerin geſündigt haben. Aber das
würdt eüch von nöten ſein, ſeytenmal wor iſt, wie Pau=
j. Cor. iij. lus ſchreibt, das es alles eüwer iſt, es ſey Paulus, oder
Apollo, es ſey Cephas, oder die welt, es ſey dz leben oder
der tod, es ſey das gegenwertig, oder das zukünfftige, al=
les iſt eüwer, ir aber ſeind Chriſti, Chriſtus aber iſt got=
tes, dz ir eüch daran nyemant hindern laßt, es ſey Babſt,
oder Biſchoff, künig oder keyſer, vnnd verſecht eüch mit
einem oder mer, die eüch das göttlich wort treülich und
luter predigen. Kein gewalt iſt, der eüch verhindern ſoll
an dem das eüch Chriſtus lernet. Der hat eüch befolhen
Matt. vij. acht vff eüwer prediger zu haben, vor den falſchen eüch
Matth. x hieten Mat. vij. den woren aber folgen Mat. x. vnd. xxiij.
u. xxiij. Vß welchen worten klärlich folget, das bey eüch dz vrteil

sto welche wor, oder falsch seyen, auch die macht die fal=
schen ab, vnd die woren einzusetzen. Wo bey aber die zu er
kennen seyen, hab ich eüch oben in meiner Summary pre=
digt anzöigt. Zu welchem nempt auch das sanct Paulus
den Philippern schreibt. Volgent mir lieben brüder, vnd *Philip. iij.*
sehent vff die, die also wandeln wie ir habt vns zum für=
bild. Was fürbild nun hat yn Paulus fürtragen? Das er *j. Cor. ij.*
sich nichs vßgeben hat zu wissen, dann allein Jhesum Chri
stum den gekreüßigten, den hat er allein gepredigt vnd ver
kündigt, das er in diße welt kummen ist, die sünder selig zu
machen. Also dz er alle welt zu sündern erst gemacht hat, *j. Tim. ij.*
vnd durch den glauben allein vff Christum gewisen, der
sye dann allein auch von sünden erlößt, vnd mag sust nichs
überal der sünden vnd abhelffen. Mit diser predig, hat er
so gar nit sein nuz gesucht, das er tag vnd nacht mit sein *j. Thess. ij.*
henden hat gearbeyt, do mit er nyemant beschwerlich *Act. xx.*
wer, wiewol er macht hat das zeytlich zu schneiden, die
weyl er das geistlich sähet.

    Darumb wo eüch prediger geben werdent die in keinem iren *Was predi*
eigen nuz suchen, sond' so sye narung vnd kleidung haben sich *ger anzu=*
benugen lassen, vnd predigen allein Jhesum Christum, dz d' al= *nemen.*
lein, alle so ym glauben selig mach, vnd keine menschliche
werck solchs vermögen, es sey eüwer, ob' d' pfaffen werck,
solche nemet an, vnd folgent vnen. Stellt man eüch aber
dar, die dz ir, ob' anderer menschen suchen, vnd vff ir Meßle , ,
sen vnd and'e werck weisen. die solt ir meyden vnd fliehen als , ,
dieb vnd mörder. dann sye nit durch Christum in den schafstall , ,
gon, sond' anderßwo hynein steigen zu metzlen vnd verderben *Ioan. x.*
die schaff. Dieweil ir aber für das höchst achten sollen von
Christo recht gelert zu werden, zu erkennen den ewigen vatter
dz er allein d' wor gott ist, vnd Jhesum Christum den er gesant
hat vns zu erlösen, welche erkantnüß das ewig leben ist,

solt ir nichs ansehen, vnnd euch ein prediger bestellen der
euch vß göttlicher schrifft solchs trewlich lere, vnd hyeran
kein gewalt scheůwen. dann irs vß göttlichen gebott schul=
dig seind, dem můß man me geborsam sein, dann allen
menschen. So habt ir vß dem obangezeigten spruch das
aller gewalt eůwer ist, der euch zu Christo fürdern, vnnd
in kein weg abznehen soll. So habt ir solchs auch gut fug
auß Keiserlichem mandat jüngst vßgangen, in welchem
gebotten würt, das man das Euangelium predigen soll
nach schrifft von Christlicher kirchen angenummen. das
dann allein die Biblischen bücher seind. Darumb wo sol=
chem nit noch kummen würde, vnd euch für das Euange=
lium, menschen leer fürtragen, oder das Euangelium
noch menschen treumen wolten ziehen vnd verkeren, vnd
nit luther noch Biblischer schrifft, die die christlich kirch
allein angenommen hat, euch an tag legen vnnd verkleren,
so seind ir bey eůwer seel seligkeit vnnd schwerer vngnad
vnsers herren Jhesu Christi schuldig, solche falsche pre=
diger abzusetzen, vnnd worhafftige christliche einsetzen.
Deren findt ir vetz genug (gott sey lob) die vil mit höhern
gnaden begobt find dann ich, dz ir gar leycht euch erstat=
ten möcht, was euch an mir ist abgangen. Ich hab ein
gantz halb jar bey euch mein müglichen sleiß noch maß
des glaubens mir verluhen, in verkündigung göttlichs
worts nit gespart. gott dem herren gefalt nun, das ich an=
derßwo auch den brüdern im herren mein dienst bewiße.
Gott der almechtig verluh sein gnad, das ir bleiben bey
dem so ir von mir gehört habt, so hab ich bey euch nit
vergebens gearbeit, vnd ir mich auch nit vmb sust gehört.
Aber herr Heinrichs eůwers mitburgers, vnd treůwen
pfarrhers, der euch zu gut also ein groß über sein narung
verthon hat, vnd nichs noch gelassen, do mit ir Christum

Io. xvij.
Act. v.
Keiserlich
mandat
, ,
, ,
, ,
Heinrich
Motherer

möchten erkennen, vnd vß dem vilfeltigen irrthumb des
Antichriſts erlöſt werden, doran geſetzt hat eer vnd gut,
vnnd deßhalb, das er euch zu erkantnuß Chriſti brächt,
vnbillich yetzt verjagt iſt von vatter. muter, bruder, vatter
land vnd allem dem ſeinen, gepürt ſichs vß chriſtlicher lie
be vnd danckbarkeit. in gutem nit zu vergeſſen, vnd hyeran
aber niemant anſehen. Dann man ye gott mer gehorſam
ſein muſß dann den menſchen. Hye mit will ich euch alſo vr=
ſach vnſers abſcheyds, vnd wie wir auch zu ſamen kummen
ſeind, mit dem das vns bey einander widerfaren iſt, kurtz
lich anzöigt haben, wie es die worheit vff ir hat. Gott der
herr geb euch in allem, ein rechten chriſtlichen verſtandt.
vff das ir ſeinem wort volgen vnd anhangen, vnd nit et=
lichen bey euch im geytz, wolluſt, vnd antichriſtiſcher ty=
ranney erſoffen, die wie ſie von grund arg ſeind, alſo kün=
nen ſye auch nichs guts reden. Aber ir vnſinnigkeit kumpt
an tag, vnd ſye werdens nit hinuß füren. Diſen zu geſa=
len, ſye ſeyen bey euch, oder anderſwo, vnd zu offentlicher
bekanntnüß chriſtlicher worheit ſo ich bey euch geprediget
hab, vnnd das ir vnd menigklich ſehe, das ichs ſein kein
cheüwe trag, vnnd weiſß das ich darbey beſton mag
(man wölle mir dann die göttlich ſchrifft leügnen) ſo hab
ich hye bey loſſen trucken mein artickel vnd vßſchreiben dz
ich bey euch öffentlich angeſchlagen, vnnd vff der cantzel
geleſen vnd verkündt hab. Vnd will hye ob' wo hin mich
noch gott berüffen würt, erwarten, aller vnd yeder ſo mein
predig zu widerlegen verneynen, bereyt ynen freundtlich=
en beſcheyd vnd antwort zu geben. mit dem geding, das
man mich verſteinige, wo ſolchs nit in göttlicher ſchriff
gegründt vnd vßgedruckt gefunden wurt. Auch will ich
mein leben menigklich zu verantworten alſo bereit ſein,
mag bey brocht werden, das ſolchs chriſtlicher leer vn=

l

gemäß ſey, ſo weit menſchlicher vrteil gepürt zu richten,
will ich alle mal für ein ſtraff drey tragen. Hye mit befylh
ich eüch dem wort göttlicher gnaden. das wölle eüch im
glauben ſtercken vnd erhalten, zu lob vnnd ewigem preiß
gott dem vatter durch vnnſern herren Jheſum Chriſtum
in ewigkeit. Amen. Ich vnd eüwer lieber bruder Heinrich
wünſcht eüch die gnad Chriſti Für vns beyde wölt auch
ir gott den allmechtigen bitten. das er vns lerne thun ſei-
nen willen. Der geiſt Chriſti ſey allzeit mit eüch. vnd be-
halt eüch in aller einigkeit vnd gedult. Dann vns zuſtot vil
vnbillichs leiden, vnd doch yederman guts thun feynden
vnd freünden. damit der namm Chriſti vnd ſein leer durch
euch gepryſen, vnnd die feynd des Euangelij geſchendt
werden, die nichs mer vns künnen fürwerffen, dann das
wenig euangeliſcher frücht vnd werck an vns beſchynen
die ſye doch vnangeſehen, das ſye durchs Euangelium
in allem pracht erhalten werden, ſich geiſtlich ſchelten,
vnd des vor andern ein ſcheyn tragen, tag vnnd nacht
in allen teüffeliſchen wercken, als zorn, neyd, haſß,
mordt. geytz, hoffart, meyneid, hurery, eebruch,
ſauffery, freßery, vnd was des gleychen mer
iſt, ir ſtete übung haben zu ewiger vnſin-
nigkeit vnd verdamnüß. Gott zer-
ſtör ir verkertes leben. Amen.

Martin Butzers vßschreiben

vnd Artickel, offentlich zu Weissenburg angeschlagen.

Artinus Bucerus prediger, der Gemeyn Christi zu S. Johann zu Weissenburg, entbeüt allen brüdern in Christo Jhesu, die gnad vnnd frid gottes zu erkennen, verjehen vnd beschirmen die heilig heylsam, vnd euangelisch warheit. Bittend durch die eer gottes, vnnd wolfart aller brüder, so mein predig hören alle vnd yede, so diß mein schrifft lesen werden, oder hören lesen, wöllen dise nachgeschriben artickel sampt meinem vßschreiben, berüffen, enbieten, vnd begeben christlichs gemüts vernemen, ermessen, bewägen, vnd also gegen dem göttlichen wort, seinen widersprechern, vnd mit aller christlicher gebür sich halten, würt Christus Jhesus vnnser herr vnd heyland gnedigs gefallens von yn vffnemen, vnd ich durch hilffe seiner gnaden, müglichs fleiß vnderston zu beschulden, mir meinem gebett an dem hymmlischen vatter stölich sünend, das er erstatte was mein danckbarkeit vnd dienst zu gering ist.

Der erst artickel.

Christus vnnser einiger meister, dem wir alle allein gehorchen sollen, hat seinen jüngern, als er sye Apostel der welt hyn sante, vnd verordnet, gebotten, die völcker zu lernen alles das er ynen befolhen hatt. Matth. am letsten.

Der ander artickel.

Dises alles stat im glauben zu gott, vnd liebe zum nechsten, vnd mit nichten in osserlichen dingen. als das bezeügt alle göttlich schrifft, sonderlich vßdruckt die euangelische. das dann kuntlich sein muß yedem, so allein das sechst vnd. das funffzehend capitel Jo. lesen würt, oder gelesen hatt

Der drit artickel.

Iſa. xxix.
Matt. xv.
i. Tim. iiij.
Titum. i.

Darumb alle ſatzung von vnderſcheydt der ſpeißen, be
kleidung, perſonen oder ſtetten, habendt die menſchen er=
dicht vnd geſatzt, in welchen man gott vergeblich dyent.
Iſaie am xxix. vnd Matth. xv. das ſye ſanct Paulus bil
lich vnd von nöten ſchwach, dürfftige, weltliche, loſe, ver=
fürige, vngeweicht, vnnd alt vettelſch fabeln, ſchiltet, die
do abwenden von der worheit.

Der vierd artickel.

ij. Cor. x.

So dann aller gewalt in chriſtlicher gemeyn, nur zu beſ=
ſerung geben iſt. ij. Cor. x. ſchleüſt ſich, das niemant vnder
den chriſten macht hat zu lernen, ich geſchweig zu gebiet
ten, menſchen gebott halten. als dann ſeind von etlichen
ſpeißen zu meiden, dergleich wie im erſten obgeſchriben
artickel beſtimpt iſt.

Der fünfft artickel.

Coloss. ij.

Deßhalben ſchreibt ſanct Paulus den Coloſſern. Laßt
nun nyeman euch gewiſſen machen über ſpeiß ob' tranck,
oder über eins theils tagen. dann welche ſollichs zu thun
ſich vnderſtondt, als am ſelbigen ert vßgedruckt iſt, die
verrucken den rechtgläubigen das zyel, gond vnhär nach
eigner wale, in demut vnd geiſtlicheit der engel, des ſye nie
keins geſehen haben, on vrſach vffgeblaßen in irem fleiſch
lichen ſynn, vnd halten ſich nit an das haubt Chriſtum.

Der ſechſt artickel.

i. Tim. iiij.

Ja zum Timotheum ſchreibt er vß gewiſſem anzeigen
des geiſts, das die do verbieten eelich zu werden, vnd ver
meiden ſpeiſe von gott geſchaffen, zu nemen mit danckbar
keit den gläubigen, welchs vm der geiſt gottes anzeigt in
letſten tagen künfftig ſein, ſeyen abtrinnig vom glauben,
yrrige geiſter, teüffels lerer, in gleyßnerey lugen redner.
die ein brandtmale in iren gewiſſen haben.

Hyerumb ich Martinus Bucerus obgemelt, vß grun-
de göttlichs worts, dem alle creaturen weichen müssen vnd
sollen. für das wir gut, eer vnnd leyb zusetzen pflichtig
seind, schreib hye mit diser schrifft, mit meiner hand vn-
derzeichnet, offentlich, vnd sag So etlich Barfusser hye
zu Weissenburg, als mir dann gläublich fürkommen ist, ha
ben etlichen die beicht abgeschlagen, allein der vrsach hal-
ben, das die selbigen eyer vnd milchspeiß in diser Fasten
geessen haben, die yn gott gegündt, vnd die menschen nit
verbyeten mögen, auch bey keiner peen verbotten handt-
welche Münch doch wie ander, wo sye anders christen
sein wöllen, schuldig seind vß göttlichem gebott die ab-
solution nyemandt d' ir begert abzuschlagen, ich schweig
der beicht, dz sollich abtrünnig vom glauben, seind irrige
geister, gewisse Apostel des entchrists, widersecher Chri-
sti, teüffels prediger, schwechen vnd felschen göttliche ge
bott, verbrucker des heiligen Euangelij. die den herren ver
leügnen, der sye erkaufft hat, und neben einfüren verder-
blich secten, die schedigsten gifftigsten gleißner, seelmörder
vnd gotzdieb die das ertrich tregt. die allem rechtem vnd
billichem, göttlichem, natürlichem vnd menschlichem zu
wider seind vnnd handlen. Disen will ich gleich geacht
vnd vßgeschriben haben, alle vnd yede wer die seind, die
mein predig als falsch vnd ketzerisch verwegen vnd vßtra-
gen, die leüt dauon abziehen, auch verbyeten, ynen trawen
das sacrament nit zugeben, was sye sollichs hören, vnnd
vil anders vnfuglichs vnd allem rechten entgegen üben,
mein predig zu verlöstern. so sye doch vff mein als vilfel-
tig erbyeten, bitten vnd flehen, nye kummen seind mich bes-
ser zu weißen, vnd noch nit kummen wöllen. das yn doch
von gott gebotten vnd natürlich billicheit erheischt. Difes
alles erbeüt ich mich mit diser offentlichen schrifft, mit

l iij

meiner hand vnderzeichet, ſye offentlich vor einer gantzen
chriſtenlichen Gemeyn diſer erbern vnd gottſeligen ſtatt
Weiſſenburg, oder ſo yn das nit geſellig vor etlich weni-
gen, verſtändigen frommen leüten zu erzeigen, vff ſye bringen
vnnd beweiſen durch die göttlich ſchrifft, wann nur ſye
ſelbs mein widerwertigen wöllen vnd begeren. Aber die
weil zu beſorgen, ſeittenmal ſye vff mein vnd anderer erbern
chriſtenleüt, von meinet wegen ſo offt zugegen, vnd durch
ſchrifft geſchehen bitten, flehen, entbieten vnnd begeben
ſich noch nye mit mir in freuntlich geſpräch von göttlich-
er worheit, haben begeben wöllen, iſt zu beſorgen, ſye wer-
den aber zu ſollichen ſchuldigen vnd göttlichen, auch nö-
tig vnd hochnutzlichen befragen vnd geſprech, kein gele-
genheit finden. wie Marcolfus kein baum finden kund
daran vn geluſt zu haugen. Deßhalb benenne ich yn den
Oſtermitwoch nechſt künfftig, vnd bitt vmb der eer gottes
willen, das hewle onſerer brüder, für die wir vnnſer leben
zu ſetzen ſchuldig ſeind, ſye wöllen vff den genannten tag
zu zwelff vren, oder dobey in ſanct Johans kirchen hye zu
Weiſſenburg erſcheinen, ire meynnung vnd gut bedncken
darthun. will ich ſye gütlich hören, freüntlich beſcheyden.
vnd das allein durch die göttlich ſchrifft. Wo ich ſye dann
nit gnugſam mit der heiligen ſchrifft überzeüge, beweiß,
vnd aller der ding, ſo ich yn hyeob zugemeſſen hab (ſo an
ders ſye wie oben angezeigt wider mein predige, die nit
mein, ſonder gotts iſt, gehandelt, vnd iren brüdern alſo on
vrſach göttlich gnad verſagt haben) will ich ſton in ſtraff
vnnd peen, deß ich mich yetzund begib, die ſye ſelbß an
mich forderen mügen. Betzeüg aber vnd beweiß ich ſye,
wie ich das mit göttlicher gnad durch heilig ſchrifft zu
thun weiß vnnd gewiß binn, beger ich nit meer an ſye,

dann das fye hynfurt Chriſtum Jheſum mit mir bekennen,
predigen, vnd dem Entchriſt widerſagen. Es mögen auch
ſich ſollich nit beklagen ab kürtze des znis. wann nyemant
etwas verdammen ſoll, als dann ſye mein predig vilfeltig
vnnd vorlangſt verdampt haben, nach dem ich bericht
wurd, er wiſſe dann zuuor gut grund vnd vrſach, fürnem=
lich in ſachen den glauben betreffend, das an gar nit von
nöten etwas vff ſollich geſpräch zu leſen. Dann was alſo
offentlich falſch vnd ketzeriſch iſt, als ſye mein predig ver
leſtern, iſt leucht on alle müh zu widerlegen vnnd zu ver=
werffen. Jedoch wem es ye nit gelegen vff benanten tag
ſein würd, der verſtändige mich allein, das er mit mir
gedachter ſachen geſpräch haben wölle, vnnd kumm dar=
nach wenn es vm gleich wol gelegen ſein wölle, vnnd
ſo er dencken mag es ſey mir ſchon am aller vngeleg=
ſten. Dann mir nichtz höhers zu achten iſt, dann das
göttlich wort, welchs zu verantwurten mir allweg gele=
gen iſt. ſo weiſß ich was ich red, vnnd hab des bey mir
guten grund wie billich vnnd von nöten, ee ichs predi=
gen, das ich alſo. nach dem ſanct Peter lernet. bereit j. Pet. iij.
kündt ſein, grund vnnd vrſach der hoffnung, ſo in mir
iſt, einem yeden der das begert anzuzeygen. Es mag
ſich auch keiner behelffen mit dem das etlich ſagen, yn
ſey verbotten mit mir zu diſputieren. Dann man muſß Act. v.
gott mer gehorſam ſein, dann den menſchen. Gott ge= Jo. xiij.
beut aber, das einer den anndern als lieb hab als er vns
hat lieb gehabt. das iſt, das einer für den anndern bereit
ſey den tod zu leiden. ich geſchweig über eins menſchen
gebott ſein bruder, der ſo ernſtlich begert vnnd darumb
bitt die worheit zu lernen. Wo aber nun über ſollich vſ
ſchreiben. bitten, flehen, begeben, anmuten vnd erbyeten

mein vnd meiner predig verlümbder, vff beſtimpten tag
von göttlicher worheit zu der eer gottes vnd wolfart vn=
ſerer nechſten vnd brüdern zu befragen vnd ſpruch halten
nit erſcheinen wurden, auch mich nit verſtändigen vff an=
der zeit, mit mir von den dingen ſich zu beſprechen, bitt
ich durch die eer Chriſti, vund meerung ſeins glaubens,
alle chriſtgläubigen, vnd des euangelij gottes liebhaber,
ſye wöllen ſolliche hynfürt meyden, vnnd flyehen als die
geuerlichen wölff vnnd gꝛfftigen ſchlangen, die von gott
vnd alleu gottſeligen verdampt vnnd vermaledent ſeindt
ſeynd des liechts, freünd dꝰ finſternüß, ſäher vnd pflanʒer
der lugen, verderber vnd vßreüter der warheit. Ich erbeü,
mich auch hyemit vff benauten tag, oder wann es einem
yeden gelegen vnd fuglich ſein möge, grund vnd vrſach,
genugſam anʒuʒeigen vnd geben, allen vnd yeden die das
begeren, aller ding klein vnd groß ſo ich hye predigt hab
vnd predigen werde. vnd das durch die göttlich ſchrifft,
vnnd dem beding. ſo es erfuuden wurde, das ich anders
gelert oder gepredigt hab dann die göttlich ſchrifft innhalt
das man mich verſtennige vnnd dötte. Seind aber vnder
and'n, die mein widerwertigen, hoch verdrieſſeu, diſe nach
geſchriben articfel mit den fürnemſten.

Matt. vi.
Io. xvi
Matth. v.
Vom Gebett, dʒ ſolchs nach der leer Chriſti, allein ʒum
vatter in ſeinem nammen geſchehen ſoll. doch vnuerneynt,
das alle die in gott leben, es ſey im leib, oder vſſerthalb des
leibs, wiewol von diſen vns kein ſchrifft ſollichs bericht,
bitten ſampt vns den vatter auch vmb vnſer heyl, yedoch
j. Ioan. ij.
ſo iſt Chriſtus allein vnſer fürſprech vnd mitler.
i. Timo. ij.
Item von der Meſß, das die nach der einſaʒung Chri
ſti, iſt allein ein entpfahung der ʒeichen die do ſeind der
wore leychnam Chriſti. vnd ſein wores blut, ʒu ſicherung
des neüwen vnd ewigen Teſtaments, ʒu ſeiner gedecht-

nüß. Deßhalb ein greülich vnnd erschrecklich sünd ist, Matthæi
vmbs gelt die als ein opffer für lebendig vnnd todten zu xxvi.
kauffen vnd verkauffen.   Mar. xiiij.

Item von abgestorbnen, das vff die kein kosten, sonder   Luc. xxij.
vff die lebendigen zu wenden sey, vnd sye dem almechtigen j. Cor. xi.
mit gleübigem gebett (wiewol auch dises die lieb on be-   Deut. iiij.
richt der schrifft thun würt) sollen befolhen werden. seitten- Deu. xviij.
mal vns kein schrifft einiche hilff vn nach zu thun lernet. Isa. viij.

Item von genanten geistlichen, das die im wort vnd der i. Tim. v.
leer arbeyten, vnd also die leyen sollen vorston, welchs so j. Petri v.
sye vnderlaffen, haben sye kein fug vß göttlicher schrifft,
das zeitlich zu schneiden. sonder wo sye nit wöllen in der Matth. x.
still arbeiten, vnd also ir brot nieffen, dz man mit ynen kein j. Cor. ix.
gemeynschafft haben solt, als sanct Paulus gebeüt.   ij. The. iiij

Item von gesang in tempeln, das solchs alles nach der
leer sanct Pauli. solt in gemeyner sproch zu befferung der j. Cor. xiiij
gantzen gemeyn geschehen, oder ye als bald verdolmetscht
werden. Vnnd ist (sonder zweiffel) ein erschrocklich sünd
gemeyner christenheit, das die theüren vnd allerheiligsten
Psalmen also on geist, verstand, vnd achtung, allein vmb Ioan iiij.
des schandtlichen geltz, so gemeynklich nit gelesen oder Matth. x.
gesungen, sonder geheült vnnd gemurmelt werden. das Acto. viij.
leider zu vil war sagen die solchs die übelen zeit heiffen.

Item das alle die so von gott nit mit gob der keüscheit
begobt seind, das sye allein darumb on Ee bleiben, vff das i. Cor. vii.
sye gott, vnd göttlichen dingen defter vnuerhinderter an-
hangen, als dann sollichs gnad nit yederman verluhen würt, Matth. ix.
on übertrettung göttlichs gebotts vß der Ee nit bleiben   Ge. i. et ix.
mögen, daran sye auch keins menschen gebott hindern soll. i Cor vii.
                                                            Act. iiij.
Item von Ordens leüten, das deren glübb vnd leben,   et v.
als es yetzt der zeit gemeynklich gefürt würt. ist wider all Deut. iiij.
göttlich vnd natürlich satzung, glauben, vnd alle erberkeit. Isa. xxix.

m

Leu. xviij. Item vom Zehenden, dz der vß der Gemeyn verwilli-
gung, vnd ſeim göttlichen gebott vff kummen, von den mit
Matth. x. recht entpfangen wúrt, die darumb denen ſo yn geben,
j. Cor. v. treúlich dyenen, eintweder in geiſtlichem dienſt göttlichs
i. Tim. v. worts, oder in weltlicher oberfeit, zu frid vnd vnderhal-
tung des rechtens. Den anderen, wo er mit fug nit mag
Ro. xiij. vorgehalten werden, ſoll man yn geben vß dem gebott.
Matth. v. So yemant mit dir rechten will, vnd deinen rock nemen,
dem laß auch den mantel.

i. Tim. vi. Item von Zynſen, dz ſich vor den hyeten ſoll wer do mag.
Matt. vi. die dann, wo ſye nit vff beſonder ermant guter geſchlagen,
Matt. vii. dz d' feúffer mit den verfeúffer zu gleicher gefar vnd verluſt
Phil. ii. ſtande erlauffter vff den ſelbigen nutzung, auch das nach
gebott der lieb, d' feúffer halte den verfáuffer, wie er wolt
i. Co. xiii. gehalten ſein, eygennützig ſeind vnd deßhalb vnchriſtlich.
Ro xiii. Item von Faſten, dz diſes iſt ein feſtigung des fleiſchs,
ii. Cor. vi. vnd ſoll zu ſolcher zeit vnd mit ſolcher maß geſchehen, do
Gal. v. mit vffs bequemſt das fleiſch dem geiſt gehorſam werd,
i. Cor ix. darzu dann der geiſt treiben muſſ, vnd fein gebott helffen
Rom. iiii. mag. ja gebott von vnderſcheid der ſpeiſen, vnd beſonder
Gal. iiii. zeit zu faſten, ſeind der ſchrifft vnd geiſt gottes zu wider.
Matthæi Item von Walfarten, wo die der hoffnung fürgenom-
xxiiii. men wurden, an einem ort mer hilff von gott zuerlangen
Luc. xvii. dann an dem andern, das ſye wider gott ſeind. vnd gelúbd
Ioan. iiii. darüber gethon, nit ſollen gehalten werden.

Matthæi
xxviii. Item von der oberfeit, das in Geiſtlichen ym Chriſtus
die ſelbs vorbehalten hatt, der dann allein über die geiſt ge
i. Cor iiii. walt hatt. Vnd alle geiſtlichen ſeind ſeine diener, ſeinem
i. Petri v. volck in aller dienſtbarkeit pflichtig das göttlich wort für
Ro. xiii.
Titum. iii. zutragen, vnd mit nicht über ſye zu herſchen. Aber in welt-
Act. v. lichen vnd leiblichen, ſoll yederman geſetzten oberfeiten,
i. Petri. ii. ſo ferr ſye nicht wid' gott gebyeten, als verordneten gottes

vicarien gehorsam leysten bereit, auch aller creatur vmb
gotz willen vnderthenig zu sein.

In summa, All mein predig nach bericht göttlicher ge-   i. Io. iii.
schrifft stond daruff vnd werden daruff ston, das wir von
gott durch den glauben, on verdienst alle ding begeren
vnd entpfahen sollen, vnnd durch die liebe gleicherweiß
dem nechsten mit allem von gott entpfangem gut, on hoff
nung, vergeltung oder dancks dyenen. des fleischs aber,   Ioan. vi
das ist offerlichs dings als des, das ,kein nutz ist, gar nit
achten. kein leer auch, dann die göttlich schrifft annemen,   ii. Tim. iii.
bericht zu suchen, in sachen vnser heyl betreffend.

Hierumb bitt ich alle priester vnd münch diser statt, ru
rals, capitels, bistumbs vnd all andere, auch die leyen wes
stands, würden oder wesens die seind, durch die lieb Chri
sti Ihesu, vnd seines heiligen Euangelij, auch ir der ge-
nanten geistlichs ampts vnd pflicht, die dann allein zu für
derun göttlichs worts, von den armen erhalten werden,   i. Tim. v.
in müssigondem leben, welchen etwas an mir oder meiner
predig felet, wölle mir sollichs vff benanten tag, ob' wann
es nm gleich wolgelegen sein wölle, berichten vnd versten
digen. wil ich yn mit aller freüntlicheit hören, vnd beschey
den Auch wo er mich bessers berichten kunde, willigklich
folgen. Das erheyscht die eer Christi vnd seiner warheit,
brüderliche lieb vnnd alle billicheit. Welcher es aber nit
thun wolt, vnd mich doch orteylen, vnnd lestern, kan me
niglich ermessen, das ein sollicher verkert, vnnd würdig
mit dem nyeman esse, drinck, oder einiche gemeinschafft   i. Cor. v.
hab, als das sanct Paulus in der ersten epistel zun Corin-
thiern an dem fünfften capitel, vnd sunst an mer orten lernt
vnd gebeüt. Gottes gnad sey mit vns allen. Amen.

Die worheit sucht das liecht   Ioan. iii.
Die lugen aber scheihet es.

m lj.

Zu dem Christlichen leser.

Diße mein artickel vnd vßschreiben, bey denen ich mit der gnad gottes biß in tod beston will, dann ich gewiß bin, das es göttlicher schrifft gemäß ist, durch die ichs auch weiß zu erhalten, es sey gegen engel, teüffel oder menschen, hab ich darumb lassen im truck außgon, das menigklich gut vnd böß sehe, dz ich dz liecht nit scheüwe. Zwyrent hab ichs zu Weissenburg vff der cantzel, vor gantzer christlicher gemeyn, in beysein auch vil frembder verlesen. Sechs gantzer wochen in meinem beywesen do selbet ist es offentlich an sanct Johans kirchen angeschla gen gestanden. Härnoher nach meinem abscheyd, auch wol sechs wochen. Ich habs auch Barfußern, Predigern vnnd Augustinern do selbet in ire klöster überschickt. So hab ich vff den Oster mitwoch, ludt meins vßschreibens, menlgklich disputation anbotten vnd gewartet, wie dann auch hernach lenger dann ein monat zu Weissenburg, vnd noch heüt bey tag hye zu Straßburg warte, aller vnd ye-der, die vermeynen mein leer vnd predig zu Weissenburg gethon, seyen nit christlich. biß vff den heütigen tag aber ist keiner erschinnen, der mir zu gegen mit einem wort het te vnderstanden, mein artickel vnd predig zu widerlegen. Nun so ich nit me zu gegen bin, hör ich, das das gottloß heüfflin zu Weissenburg, das schmal vnd breyt beschoren *Roma i.* gesynd, mitt ettlich wenig anndern, die auch gott in ver-kerten synn geben haben, die die finsterniß lieber haben dann dz liecht, ersoffen im geitz, eeren vnd verfluchtem lust, vil wider mein predig vnnd leben schreyen, vnd alle ire wort von mir ketzerisch vnnd seürin seind. die doch mir als ich noch zu gegen was, der merer theil glatte gute wort gaben, die andern nit dorfften mit recht zusprechen. Do bey sye

erzeigen, das ſye nichs dann wie die böſen weiber übel re=
den kunnen. ledig vnd lår aller worheit. Vnd was ſolten
ſye anders kunnen, die nichs wann auß des armen blutigen
ſchweyß ſauffen, freſſen, vnnd was vß dem volget gelert
haben, vnd täglich treiben? Deßhalb. do mit die ſchwach
en durch diſe nit verfürt, vnnd die ſtarcken haben das ſye
den ſchendern vnd teüffels kindern entgegen werffen, hab
ich wöllen durch den truck mein obgeſchriben artickel vnd
rßſchreiben laſſen vßgon. Die ſye (als ich vernymm) zu
Weiſſenburg in einer nacht allſamen verantwort haben.
dz iſt. wie es an ſanct Johans kurchen thür iſt angeſchla=
gen geweſen. mit dynt vnd kot überfaren. Wolan nun ha
ben ſye etlich hundert darfür. ſo wart ich ir hye zu Straß=
burg. wiſſen ſye etwas wider mein leer, kummen ſye hår.
Vberwinden ſye mich einer falſcheit mit göttlicher ſchrifft,
ſo ſollen ſye mich verſteynnigen. Wie kunen ſye nun mich
baß ab der erden bringen? dieweil ſye mir doch ſo feyndt
ſeind. Das ſye mir aber ſo vaſt verargen mein abſcheyd,
do iſt yu nit ernſt. Dann ſye wiſſen wol, das ſolchs geſche=
hen iſt in allem guten, vß rath vnnd freündtlichem ſynnen
des gantzen Raths daſelbſt, d' ſich auch ſolchs abſcheyds
zu meinem lieben bruder. pfarrherr zu ſanct Johann, vnd
mir der maſſen verſah, d: wir yns nit mochten, noch ſol=
ten abſchlagen. ſeytenmal ſye anzeigten vrſach, das ynen
in den geſchwinden leüffen, ſo dozumal vor augen wo=
ren, vnſerthalb etwas beſchwård durch gewalt, vnd kein
recht hette begegnen mögen. Dann welcher maſſen der ge
nant geyſtlich gewalt, ſich gegen dem göttlichen wort,
vnd ſeinen verkündern ſetzet, iſt augenſcheinlich am tag.
Sye bekanten vnd veryahen auch in irem vollen rath, das
ſye ab meiner predig gentzlich gefallen trügen, als die irs
verſtands gerecht vnnd Chriſtlich wer. weren auch der

hoffnung ſo bald die geſchwinden leüff ſich ſtilten, das
wir wider zuſammen kummen ſolten, vnd ſye mein predig
noch lang hören. dar zu ſye möglichs fleiß gern rathen
vnd helffen wolten. Diſes alles haben ſye meine ſchelter,
gut wiſſen. acht auch ſye werden nit ſagen, das ſolchs vns
ein erſamer weiſer Rath zu Weiſſenburg babe on war-
heit durch iren ſtattſchreiber vor irem vollen geſeſſnem rath
ſagen laſſen. Aber wie d' herr geſagt hat, ſo ſye böß ſeind,
wie wolten ſye guts reden? ſo ſye nichs wann teüffels kind'
ſeind, wie wollten ſye wor ſagen? Menigklich mag auß
diſem allein, dz die lutere worheit iſt, wol vernemen,
das ich wie bißhär ſuch die worheit, ſye aber
meine widerwertigen flyehen vnd verleſtern
ſye. Gott der herr beker ſye, vnnd laſß
vns alweg ben ſeiner worheit ge-
funden werden. Amen.

Ε Ξ ΟΥ Σ Ι Α.

πᾶσα ψυχὴ ἐξουσίαις ὑπερεχούσαις ὑποτασσέσθω.

כׇּל־נֶפֶשׁ לְרַשֻׁיּוֹת הַגֹּבְרוֹת תִּכָּנַע׃

Parcere Subiectis, & debellare Superbos.

Bemerkung.

Betreffs des Verhältnisses des vorstehenden Neudruckes zum Urtext sei auf Folgendes aufmerksam gemacht:

1. Alle û sind durch u, alle Â, ô und û durch ä, ö, und ü ersetzt worden.
2. Die alten Kommata und Fragezeichen sind durch moderne ersetzt worden.
3. Die Initiale auf S. [3] ist durch eine andere ersetzt worden.
4. Die Abkürzungen (außer d' = der) sind ausgesetzt worden.

Im übrigen ist der Neudruck, auch in Seiten- und Zeileneinteilung, genau nach dem Original hergestellt worden. Auch die orthographischen Eigenthümlichkeiten, sowie Druckfehler und Unrichtigkeiten sind beibehalten. Von letzteren hier ein Verzeichniß:

Seite 6, Zeile 2 v. u.: glaubt haben st. glaubn habt.
 "   7,   "   8 v. o.: nach st. noch.
 " 23,   "   5 v. o.. lustbarheyten st. lustbarkeyten.
 " 28,   " 19 v. o.: erfrwet st. erfrewet.
 " 28,   "   6 v. u.: sey st. sye.
 " 39,   " 14 v. o.: xxvoj st. xxvij.
 " 43,   " 14 v. o.: tzuunft st. zukunft.
 " 47,   " 6/7 v. o.: ververwönt st. verwönt.
 " 47,   "   9 v. o.: alarer st. klarer.
 " 49,   " 20 v. o.: höchstet st. höchster.
 " 50,   "   6 v. o.: auch st. euch.
 " 53,   " 11 v. o.: Paulûs st. Paulus.
 " 58,   " 23 v. o.: fünemen st. fürnemen.
 " 60,   "   3 v. o.: ist das i überflüssig, gehört jedenfalls zu dem in der folgenden Zeile stehenden men = mein.
 " 64,   "   3 v. o.: vermischt st. vermißt.
 " 65,   "   3 v. o.: irretr st. irrete. (Im Neudruck verbessert.)
 " 69,   "   1 v. o.: iij. Regum st. i. Regum.
 " 73,   "   1 v. u.: verbritt st. vertritt.
 " 77,   " 17 v. o.: ix st. viij.
 " 81,   "   6 v. u.: verneynen st. vermeynen.
 " 86,   "   2 v. o.: vnderzeichet st. vnderzeichnet.
 " 89,   " 15 v. o., Randnote: ij The. ij st. ij The. iiij.

Bibliographische
Zusammenstellung der gedruckten Schriften Butzers.

Vorwort.

Eine neue Bibliographie der gedruckten Schriften Martin Butzers könnte angesichts des von Baum seinem Werke „Capito und Butzer" beigegebenen Verzeichnisses der Bücher dieses Reformators vielleicht überflüssig erscheinen. Wenn der Verfasser trotzdem eine solche unternehmen zu sollen glaubte, so bewogen ihn dazu vorwiegend drei Gründe: 1. Die Schriften Butzers verdienen wegen ihrer großen Seltenheit und ihres deshalb auch für die Geschichte der Buchdruckerkunst, namentlich der Straßburger Buchdruckergeschichte, nicht zu unterschätzenden Wertes eine genauere, den bibliographischen Forderungen der Gegenwart mehr entsprechende Beschreibung, als sie in Baum's Absicht lag. 2. Baum beschränkt sich sehr häufig darauf, von einer Butzerischen Schrift nur eine Ausgabe namhaft zu machen, während mehrere erschienen und auch noch erhalten sind. 3. Verschiedene Werke Butzer's fehlen bei Baum.

Diesen Mängeln der Baum'schen Zusammenstellung möchte die vorliegende Bibliographie abhelfen und hofft, wenn ihr dies einigermaßen gelungen, einen nicht ganz unwürdigen Teil einer Festschrift zum Andenken des großen Reformators zu bilden. —

Im Einzelnen sei noch Folgendes bemerkt: Die Schriften werden nicht wie bei Baum nach dem Jahre ihres Entstehens, sondern nach dem Druckjahre chronologisch geordnet aufgeführt, doch so, daß spätere Ausgaben eines Werkes immer mit bei dem ersten Drucke ihre Erwähnung finden. Was also z. B. im Tomus Anglicanus zum ersten Mal gedruckt erschienen ist, suche man, wenn es auch vorher entstanden und vielleicht auch bekannt gewesen ist, doch erst unter 1577. — Die Titelcopien sind, wenigstens wo mir die Bücher selbst vorlagen, natürlich möglichst bibliographisch genau hergestellt worden, doch sind aus typographischen Rücksichten die in Kapitalbuchstaben gedruckten Wörter in Minuskeln gesetzt und statt der langen ſ der Antiqua kleine s genommen worden. Für die Zeichen û, â und dgl. iſt ſtets, auch in Titeln mit Frakturſchrift, Antiqua angewendet worden. Die verſchiedene Höhe der einzelnen Zeilen jedes Titels in der Copie wiederzugeben, wie es anfangs des Verfaſſers Wunſch geweſen war, ging leider nicht an.

Die am Schluſſe jeder Titelbeſchreibung hinzugefügte Angabe wenigſtens einer Bibliothek, in welcher ſich der betreffende Druck befindet, wird denjenigen, die eins oder das andere der Bücher einzuſehen wünſchen, vielleicht von Nutzen ſein. Ueber die Bedeutung der dabei angewandten Abkürzungen gibt das dem Schluſſe der Bibliographie beigefügte Abkürzungsverzeichnis Auskunft.

Allen denen, die mir bei der vorliegenden Arbeit ihre freundliche Unterſtützung geliehen haben, beſonders Herrn Prof. Dr. Barrentrapp hier, dem ich die Anregung dazu und viele freundliche Ratſchläge und Mitteilungen verdanke, ebenſo Herrn Studienſtiftsdirektor Lic. Erichſon hier, der mir die Benutzung der Bibliothek des Collegium Wilhelmitanum bereitwilligſt geſtattete, ferner den Bibliotheksverwaltungen, die mir durch Bücherſendung oder Mitteilungen behülflich waren, ſage ich hierdurch meinen ergebenſten Dank.

Straßburg i. Elſaß.

Dr. F. Mentz.

1. **Das** ym ſelbs | niemát, ſonder | anderen leben | ſoll. vnd wie | der menſch da | hyn kumm= | en móg. | **Martinus Butzer.** (O. O., Dr. u. J.) [Straßburg, Joh. Schott? 1523.]

16 Bll. in 4⁰ ohne Kuſtoden und Blattzahlen, aber mit Kopſtiteln und Margi-nalien. Sign. a ij — c iij, d, Dij Diij 32 Zeilen, Schwabacher Typen. Die letzte Zeile des Titels kleiner gedruckt als die übrigen. Am Ende der Vorrede: Zů Straßburg. Anno. M. D.rriij. Menſe Auguſti. Nach mir zugegangener frbl. Mittl. v. Hrn. Dr. theol. Knaake war Joh. Schott der Drucker. Ueber dem Holzſchnitt der Spruch: Inimici crucis Chriſti, quorum finis perditio eſt, quorū deus uenter, & glo- | ria in dedecore ipſorum, qui terreſtria curant. Phil. iij.

Au der linken Seite:

שנאי חוב ואהבי רעה גזלי עורם מעריהם ׃ ושארם מעל עצמותם ׃ **Mich. 3.**

Zur Rechten: ὁ γὰρ πᾶς νόμος ἐν ἐν[!] λόγω πληροῦται, ἐν τῶ ἀγαπήσεις τὸν πλησίον σου ὡς ἑαυτόν. Gal. 5. [Von dieſer Zahl iſt in dem mir vorliegenden Exemplar nur der unterſte Teil zu ſehen]. Unten: Alles das ir wöllen das eüch die leüt thůn ſollen, das | thůend ynen auch ir. das iſt das geſatz vnd die propheten. Matt. vij — Am Anfang des Textes u. auf S. c iijᵇ eine Initiale. — Baum 1. Panzer, Dt. Annalen Nr. 1837. KULB. Wern. Schl. — Nach frbl. Mitteilung von Herrn Dr. theol. Knaake exiſtiert auch ein Exemplar, welches in dem Spruch über dem Holzſchnitt ſtatt quorū hat : quorū.

2. **Martin Butzers** | an ein chriſtlichen Rath vñ | Gemeyn der ſtatt Weiſſen- | burg Summary ſeiner | Predig daſelbſt | gethon. | Mit anhägender | vrſach ſeins Abſcheydens. | ¶Item ſein bſchreiben, ſampt | artickelē offentlich ange-ſchlag | en, die ym auch über ſein vil | fältig becüffen, als chriſtlich | von menigklich vnangeſochten | en bliben ſeind. (O. O., Tr. u. J.) [Straßburg, Joh. Schott 1523.]

48 ungez. Bll. in 4⁰. Sign. a ij — m iij. Kopſtitel und Marginalien, keine Kuſtoben. 31 u. 32 Zeilen. Schwabacher Typen. Die Marginalien curſiv. Die erſte u. 7. Zeile des Titels größer u. ſetter gedruckt als die andern. Titeleinfaſſung, einen Tiergarten darſtellend; oben die Inſchrift: גן הרית. Unten im Holzſchnitt auf einem Schilde das Druckerzeichen Joh. Schotts. Auf der Rückſeite des letzten Blattes die Druckermarke: Ein Ritter von einer aus den Wolken hervorragenden, ein Scepter mit einem Storchneſt tragenden Hand vom Pferde geworfen. Oben darüber ſteht:

ΕΞΟΥΣΙΑ. An der linken Seite: πᾶσα ψυχὴ ἐξουσίαις ὑπερεχούσαις ὑποτασσέσθω.
An der rechten Seite: מִישָׁרִים תְּשַׁפְּטוּ בְּנֵי אָדָם Unten: Parcere Subiectis, &
debellare Superbos. — Baum 2. Panzer, Dt. Ann. Nr. 1836. KULB. Eisl. Zw. Schl.

3. Verantwortūg | M. Butzers | Uff das im seine widerwerti⸗ | gen, ein
theil mit der worheit, | ein theil mit lügen, zům ärg⸗ | sten zůmessen. Mit
begebung | in alle leibs straff, so er mit sei | nem lebe, oder leer nach Göt⸗ |
lichem gesatz straffbar erfun⸗ | den würt. | wirt hyeriñ clärlich auß götlicher
schrift | bewerbt, dz das clösterlich leben, wie es | yetzt gemeinlich gehalten
würt, gäntzlich | wider Gott, vnd beßhalb, vnangesehen | einicher gelübbt, zů
verlassen sey. [Am Ende:] M. D. XXIII. (O. O. u. Dr.)

20 ungez. Bl. in 4°. Sign. a ij. -- e iij. Kopftitel u. Marginalien. Keine
Kuftoben. 32 Zeilen, Schwabacher Typen. Die Marginalien curſiv. Die 1. und 2.
Zeile des Titels größer gedruckt als die übrigen; Zeile 11ff. curſiv. Titeleinfaſſung
in Holzſchnitt. Oben darüber ſteht: Mit vrteylen vor der zeyt. Unter dem Holz⸗
ſchnitt: Erfar dich vor der worheit, vnd darnach heuck | ertrend, verbrenn, findeſt
du vrſach. — Baum 3. Panzer, Dt. Ann. Nr. 1835. Wilh. J. Schl.

1524.

4. De Caena | Dominica ad | objecta, quæ contra ueritatem Euan⸗
gelicam Murnerus, partim ipse | finxit, partim ex Roffensi ac | alijs
pietatis hostibus | sublegit, Responsio Martini | Buceri. (O. O., Dr. u. J.
[Straßburg, Herwagen oder Schott? 1524.]

32 ungez. Bl. in 8°. Die letzten beiden Bl. leer. Signaturen und Kuftoben;
keine Kopftitel und Marginalien. 26 und 27 Zeilen, curſiv. Die erſte Zeile des
Titels in Kapitalbuchſtaben, die übrigen curſiv. — Baum 4 und 30. An letzterer
Stelle hat Baum die Schrift wohl irrtümlich noch einmal erwähnt. — Schl. Z.

5. Enarra | tiones Martini Lythe⸗ | ri in Epistolas D. Petri duas, & |
Iudæ unam, in quibus quicquid | omnino ad Christianismum per | tinet,
consumatiss. dige | stum leges. | ∴ | Argentorati apud Iohan. Heruagi |
um, quarto Nonas Iulias. An. | M. D. XXIIII. [Am Ende: Argentorati
apud Iohannem Herua⸗ | gium. Mense Iulio. Anno | M. D. XXIIII.]

160 Bl. in 8°. Die erſten beiden ohne Blattzahlen, die folgenden bez. als 3—
150, 155, 152, 157—164. Die Zahlen vielfach ſehr undeutlich. Signatur A₂—V₅.
Kuftoben, Kopftitel u. Marginalien. 27 Zeilen, curſiv. Titeleinfaſſung. Die erſten
beiden Zeilen des Titels in Kapitalſchrift, die erſte außerdem bedeutend größer, die
übrigen curſiv. Ueber der Jahreszahl auf dem Titel und in der Schlußdatierung
ein Strich. Je eine Initiale am Anfang von Luthers Vorreden zum 1. u. 2.
Brief Petri. Randleiſten auf S. 2ᵃ, 3ᵇ, 113ᵃ, u. 155ᵃ. — In der Vorrede Bucers
bezeichnet ſich dieſer als Ueberſetzer. — Baum 5. Panzer, lat. Ann. VI, 106,
688. KULB.

Anderer Druck:

5a. Enarra | tiones Martini Lv- | theri in Epistolas D. Petri duas, & | Iud e unam, in quibus quicquid | omnino ad Christianismum | pertinet, confumatiss. | digestum leges. | [Blättchen] [Am Ende:] Argentorati apud Iohannem Herua- | gium, Mense Maio. Anno | M. D. XXV.

12 unge;. u. 160 gezählte Bll. in 8°; Blattzahlen aber erst vom 3. der gez. Bll. an, sehr undeutlich. Sign. 2–5, 9–11, A–V₅. Kustoden, Kopftitel u. Marginalien. 27 Zeilen, cursiv. Die ersten beiden Zeilen des Titels in Kapitalschrift, die übrigen außer der letzten cursiv. In der Schlußdatierung Strich über der Jahreszahl. Randleisten auf S. 1ᵃ, 2ᵃ, 3ᵇ, 112ᵃ, 150ᵇ. Titeleinfassung und Initialen wie bei der Ausgabe von 1524. — Fehlt bei Baum. Panzer, lat. Ann. VI, 108, 715 KULB.

Dritter Druck:

5b. Enar | rationes Martini | Lvtheri in epi- | stolas D. Petri duas, &- | Iude | unam, in quibus quicquid | omo ad Christianis- | mum pertinet, con | sumatiss. dige- | stum le- | ges. | . ·. | M. D. XXV. (O. O. u. Dr.)

168 gez. Bll. in 8°. Die Blattzahlen mitunter fehlerhaft. Sign. A₂ — X₅. Kopftitel u. Marginalien; Kustoden nur am Ende der Lagen. 27 Zeilen cursiv. Die ersten beiden Zeilen des Titels in Kapitalschrift, die übrigen, außer der letzten, cursiv. Titeleinfassung. Vor dem ersten Wort des Titels ein Blättchen. Initialen: S. 2ᵃ, 3ᵇ, 69ᵇ, 95ᵃ, 107ᵃ, 118ᵃ, 120ᵇ, 132ᵇ, 152ᵇ, 158ᵃ. — Nicht bei Baum. Panzer, lat. Ann. XI, 141, 335. Wlh.

6. Verwarnung, der | diener des worts, vnd der brü- | der zu Straßburg. | An die brüder von Landen | vnd Stetten gemeiner | Eidgenoßschafft. | Wider die Gotslesterige | Disputation brüder Con- | rabts Augustiner or- | dens Prouincial. | Am jnngang des | Aprilis | M. D. xxiiij. (C. O. u. Dr.) [Straßburg, Wolff Köpffel.]

16 unge; Blätter in 4°. Sign. A iij — d ij (verdr. f. D iij). Kustoden am Ende jeder Lage. Kopftitel, aber keine Marginalien. 32 Zeilen, Schwabacher Typen. Die erste Zeile des Titels sehr groß gedruckt. Initialen am Beginn von Köpffels Vorrede und auf S. A iijᵃ. Hubert erwähnt dies Buch in seinem Verzeichnisse der gedruckten Schriften Bucers, das sich auf dem Stadtarchiv in Straßburg befindet. — Nicht bei Baum u. Panzer. K.

7. Ein kurtzer warhafftiger bericht, | von Disputationen, vnd gantze hand | el, so zwischen Cônrat Treger, Prouin | cial der Augustiner, vn den predigern | des Euagelij zů Straßburg sich begeb | en hat. | Sein, des Tregers Sendt- brieff, an | den Bischoff zů Losan. Vnd hundert | Paradoga, oder Wunder- reden, vom | gewalt der Schrifft, Kirchen, vnnd | Concilien, verteütscht. | Schrifft-

lich verantwortung vnd | widerlegung der selbigen. | Durch Martin Butzer. (O. O., Dr. u. J.) [Straßburg, J. Schott? 1524.]

64 ungez. Bll. in 4°; das letzte leer. Sign. A ij–L ij. Kopftitel und Marginalien, keine Kustoden. 38 Zeilen, Schwabacher Typen. Initiale auf Bl. A ij ᵃ. Titelholzschnitt, die Vernichtung des goldenen Kalbes darstellend, öfter von J. Schott angewandt. Am Ende vor dem Druckfehlerverzeichnis: Zu Straßburg. XX. | Octobris M. D. rriiij. — Baum 6. Vgl. Weller, Rep. 2811. Panzer, Dt. Ann. 2479. Wilh. J. Kiel. Schl.

Dieselbe Schrift erschien auch mit folgendem Titel:

7a. Erhaltung chrift‐ | licher Leer | bißhär zu Straßburg | geprebigt. | Jnnhaltend | Grund, gewalt, vnd anschen ; göttlicher Schrifft, vnd | der Kirchen. | Dargegen das schwach ver‐ | mögen menschlicher | Concilien vnd | gegensatzungen. | M. B. (O. O., Dr. u. J.) [Straßburg, J. Schott? 1524]

64 ungez. Bll. in 4°. Das letzte Bl. leer. Sign. A ij — L ij. Kopftitel und Marginalien, keine Kustoden. 38 Zeilen, Schwabacher Typen. Die ersten beiden Zeilen des Titels sehr groß gedruckt. Titeleinfassung, das jüngste Gericht darstellend. Auf der ersten Seite des 2. Blattes dieselbe Initiale wie am Anfang des Textes von Bucers erster Schrift (Nr. 1.) — Baum u. Weller a. a. O. Nicht bei Panzer. Berl.

8. Grund v̄n vrsach | auß gotlicher schrifft b' neü‐ | werungen, an dem nachtmal des herren, so man | die Meß neunet, Tauff, Feyrtagen, bildern | v̄n gesang, in der gemein Christi, wañ die | zůsamen kompt, durch vnnd auff das | wort gottes, zů Straßburg | fürgenomen. | Ein sendtbrieff an den durch‐ | leüchtigen hochgeboren fürsten vnd herrn, Frid‐ | reich Pfaltzgraue rc. in dem ein jede Christliche | oberkeit ermanet würt, den genanten geist‐ lichen | keins wegs gehellē, einig leer oder prebig, so man | sich off die schrifft berüfft, vnuerhört, zů verdam | men, mitt ablenung irer losen nichtigē ein‐ reden. | Martinus Butzer. (O. O. u. Dr.) [Straßburg, Wolfgang Köpfel 1524.]

60 ungez. Bll. in 4°. Sign. A ij—P iij. Kustoden am Ende der Lagen. Marginalien, keine Kopftitel. 31 Zeilen, deutsche Typen; die Marginalien cursiv. Die 1., 2., 9. u. letzte Zeile des Titels größer gedruckt. Initialen auf S. 1ᵇ, H iiijᵇ, K ijᵃ, O ijᵇ. Auf der Rückseite des letzten Blattes die Druckermarke Wolf Köpfels. Am oberen Rande derselben steht:

יהוה סלעי מגני וקרן ישעי

Links: Ὅπλῳ κυκλώσεις ἡ ἀλήθεια αὐτοῦ. Rechts: ὁ Χριστός ἐστι λίθος ἐξουθενημένος. Unten am Rande: Omnium longe fortissima Veritas. — Die Vorrede ist datiert: Geben zu Straßburg rrvj. Decembris | 1524. — Baum 7. Wilh. — Oft wieder aufgelegt. Panzer hat diese Ausgabe nicht, dagegen (Dt. Ann. 2801) eine von 1525.*

1525.

[Vergl. Nr. 5ª u. 5ᵇ.]

9. Primvs | tomvs Enarratio= | num in Epistolas & Euangelia, ut uulgo | uocant, lectiones illas quæ in Missa fe= | stis diebus ex historijs Euangelicis| & scriptis Apostolicis solent re | citari. Authore Marti | no Luthero. | Opus optimæ frugis, latinis | hactenus incognitum. [Am Ende:] Argentorati apvd | Iohannem Herva= | givm Primo Fe= | brvarij An. M. D. XXV.

12 ungez., 175 gez. Bll. u. 1 ungez. Bl. in 8º. Druckfehler in der Blattzählung: 11 st. 12, 34 st. 26, 75 st. 52, 23 st. 82. Sign. 2—5, 9—11, a—y₃. Kustoden. Kopftitel u. Marginalien. 26—27 Zeilen, cursiv. Die ersten beiden Zeilen des Titels in Kapitalbuchstaben gedruckt, die erste sehr groß; die übrigen cursiv. Titeleinfassung. Initialen am Anfang von Bucers Vorrede, in der er sich als Herausgeber bezeichnet, u. S. 1ª; Zierleisten ebenda u. S. 7ª, 50ᵇ, 77ª, 100ª, 124ᵇ, 144ª, 160ᵇ. Ueber der Jahreszahl in der Schlußdatierung ein Strich. — Baum 8. Panzer, lat. Ann. VI, 108, 711. Berl.

Secvn= | dvs tomvs Enarra | tionû in Epistolas & Euangelia, ut nul | go uocant, lectiones illas, quæ in | Missa festis diebus ex historijs | Euägelicis & scriptis Apo | stolicis solent recitari. | Authore Marti | no Luthero. | In calce Indicem reperies. [S. 165ª:] Argentorati in | ædibus Iohan. Heruagii | mense Martio, anno M. D. XXV.

165 gez. u. 11 ungez. Bll. in 8º. Das letzte leer. Druckfehler in der Blatt= zählung: 13 st. 23, 202 st. 102. Sign. A₂ — Y₃. Zierleisten auf S. 2ª, 23ª, 41 ª 61ª, 68ᵇ, 88ª, 121ᵇ, 134ᵇ, 145ª, 153ᵇ. Im übrigen wie tom. I. Baum a. a O. Panzer a. a. O. Berl.

Tertivs | tomvs enarratio= | num in Epistolas & Euägelia, ut uulgo | uocant, lectiones illas, quæ in Missa fe= | stis diebus ex historijs Euan= gelicis | & scriptis Apostolicis solent re | citari, Authore Marti= | no Luthero. | Indicem locorum insignium in calce | libri reperies. | Anno, M. D. XXVI. [Am Ende, vor dem Index:] Argentorati apvd Io= | hannem Hervagivm | mense Martio, | Anno, M. D. | XXVI.

249 gez. u. 15 ungez. Bll. in 8º. Das letzte leer. Druckfehler in der Blatt= zählung: 149 st. 249. Sign. A₂—Z₃, Aa—Kk₃. Keine Marginalien. Andere Titel= einfassung als in tom. I. u. II. Zierleisten auf S. [1]ᵇ, 5ª, 33ᵇ, 74ª, 107ᵇ, 115ª, 135ᵇ. Strich über der Jahreszahl auf dem Titel u. in der Schlußdatierung. Im übrigen wie tom. I. u. II. — Baum a. a. O. Panzer, lat. Ann. VI, 110, 735. Berl.

Qvar= | tvs tomvs Enarra= | tionum in Epistolas & Euangelia, | ut uulgo uocant, lectiones illas, | quæ in Missa festis diebus | ex historijs Euangelicis | et scriptis Apostoli | cis solêt recitari, | Authore Mar | tino

Lv. | thero. [Auf der vorletzten Seite:] Argentorati apvd | Iohannem
Herva- | givm. Mense Iv- | lio. Anno | M. D. XXVI.

24 ungez. 263 gez. Bll. u. 1 ungez. Blatt in 8°. Druckfehler in der Blatt-
zählung: 19 st. 29. Sign. a₃ — a₃, b₄ — b₄, 1 — 5, A — Z, Aa — Kk. Titelein-
fassung. — Die ersten beiden Zeilen des Titels und die Schlußdatierung in Kapital-
schrift; die übrigen cursiv. * — Nach frdl. Mitteilung des Herrn Dr. theol. Knaake
in Trakenstedt.

10. Tomus Enarrationum Lvtheri in Evangelia et Epistolas de praecipuis
Festis per totum annum. Item Instructio Lutheri, quatenus Christianis
Moses accipiendus sit . . . Brevis instructio pro infirmis . . . Martino
Bucero interprete. Argentorati M. D. XXVII. 8°. *

Panzer, lat. Ann. VI, 115, 764.

1526.

11. PSalter wol ver | teutscht auß der heyli- | gen sprach. | Verklerung des
Psalters, | fast klar vnd nutzlich, Durch Johann Bu- | genhag auß Pomern,
Von dem Latein | inn Teutsch, an vil orten durch | jn selbs gebessert. | Mit
ettlichen vorreden, am | anfang, wol zů mercken. | Vergattung der Psalmen, |
vñ Summarien, zů Christliche͂ brauch fast tröstlich. | Zeyger der materien
vnd | inuhalt, so inn der außlegung gehandlet. | Der Psalmen anfang, zů |
Latein vnnd Teutsch, mit iren zweyspelti | gen zalen verzeychnet. | Gedruckt
zů Basel, | durch Adam Petri, im iar. | M. D. XXVI. [Am Ende:] Gedruckt
zů Basel durch | Adam Petri, im Jenner des iars | M. D. XXVI.

24 ungez., 211 gez. u. ein ungez. Bl. in Fol. Die gez. Bll. bezeichnet als 1—
LVI, LVIII, LVIII—CVII, CX, CVIII—CLIIII, CLVI, CLVI—CCX. Sign. a ij—b iij, 1—5,
j—iiij, A—Z iiij, AA—NN v. Die erste, dritte u. letzte Lage haben je 8 Bll, die
Lagen b, n, O u. T je 4, die übrigen je 6. Kustoden, Kopftitel und Marginalien.
2 Columnen. Text der Psalmen 45, der Erklärung 60 Zeilen; Schwabacher Typen.
Die 1.—4., 9., 11., 13., 15. und 18 Zeile des Titels größer gedruckt. Initialen am
Anfang der Vorreden und der einzelnen Psalmen. Titeleinfassung. Auf der Rück-
seite des letzten Blattes die Druckermarke. — In der Vorrede bezeichnet sich Bucer
als Übersetzer. — Baum 9. Panzer, Dt. Ann. 2954 — KULB. Schl.

Anderer Druck desselben Werkes:

11a. PSalter wol | verteutscht auß der hey- | ligen sprach. | Verklerung
des Psalters, Durch Jo | hann Bugenhag auß Pomern, Von | dem Latein inn
Teutsch, an vil orten | durch jn selbs gebessert. | Mit ettlichen vorreden, am
anfang, | wol zů mercken. | Vergattüg der Psalme͂ vnd Sůma- | rien, zů
Christliche͂ brauch fast tröstlich. | Zeyger der materien vnd innhalt, so | inn der

außlegung gehandlet. | Der Psalmē anfang, zů Latein vnd | Teutsch, mit iren zweyspeltigen zalen | verzeychnet. | Gedruckt zů Basel durch Adam Petri, | int iar, M. D. ẋẋvj. [Am Ende:] Gedruckt zů Basel | durch Adam Petri, im Jenner, | des iars M. D. XXVI.

64 ungez., CCCCCCCCXLIII gez. u. 1 leeres Bl. in 8°. Sign. a ij—cv, ✠—✠✠v, •—•••v, A—Zv, aa—zzv, Aa—Zzv, AA—ZZv, aaa—vvviij. Druckfehler in den Blattzahlen selten. Die Lagen pp u. qq haben nur je 4 Bll. Kustoden nur am Ende der Lagen. Kopftitel u. Marginalien. Text der Psalmen 22 u. 23 Zeilen, Erklärung 30 Zeilen; Schwabacher Typen. Die erste Zeile des Titels größer gedruckt. Initialen sehr häufig. Zierleiste auf S. 1. Text der der Folio-Ausgabe. — Baum 9. Panzer, Dt. Ann. 2955. Wilh. ..

Dritter Druck:

11 b. Psalter wol vertentscht aus der heiligen Sprach. Verklerung des Psalters durch Johannem Bugenhagen aus Pommern, von dem latein in deutsch, an viel Orten durch ihn gebeßert . . . Gedruckt zů Basel durch Adam Petr 1526. 8°.*

Panzer, dt. Ann. 2956.

Dasselbe holländisch:

11c. Psalter des konincklicken Propheten Davids. Eertits door J. Bugenhagen . . . in Latijn beschreven. Daar na door . . M. Bucerum wt Hebreeuscher Spraken klaerlick verduytscht. 1550. fol. *

Nicht bei Baum. Brit. Mus. 3089 gg.

12. Apologia | Martini Bvceri qva | fidei suæ atque doctrinæ, circa Christi Cœ | nam, qua, tum ipse, tū alij Ecclesiastæ Ar | gentoracenses profi-tentur, rationē sim | pliciter reddit, atq; citra dentem de- | pellit, quæ in ipsnm Epistola quæ | dā Io. Brentij Ecclesiastæ Ha | lensis, inscio, ut creditur, | authore ædita, crimi- | na intendit. | Anno, M. D. XXVI. (O. O. u. Dr.) [Straßburg, Joh. Herwagen?]

86 gez. Bll. in 8°. Sign. A₂—E₄. Kustoden, Kopftitel und Marginalien. 27 Zeilen, cursiv. Die ersten beiden und die letzte Zeile des Titels in Kapitalschrift, die übrigen cursiv. Strich über der Jahrzahl. Der Schluß datiert: Argen. | VIII. Martij. M. D. XXVI. — Baum 12. Panzer, lat. Ann. IX, 142, 346. StB. J. Kiel. Eine andere Ausgabe mit der Datierung Argentorati 1526 erwähnt Panzer, lat. Ann. VI, 111, 747.

1527.

13. Enar- | rationvm in evan- | gelia Matthæi, Marci, & Lucæ, | libri duo. | Loci communes syncerioris Theologiæ | supra centum, ad simpli-

cem scriptu⸗ | rarum fidem, citra ullius insecta | tionem aut crimina-
tionem, | excussi. | per M. Bucervm. | Argentorati, Anno, M. D. XXVII.
(O. Dr.) [Joh. Herwagen.]

Ein vollständiges Exemplar dieſer erſten Ausgabe von B.'s Evangelienkom⸗
mentar habe ich nicht zu ſehen bekommen. Auf der Kaiſerl. Univerſitäts⸗ u. Landes⸗
bibliothek zu Straßburg befindet ſich das im folgenden beſchriebene Exemplar mit
dem oben angegebenen Titel: 8 ungez., 256 und 48 gezählte und 16 ungez. Bll.
in 8º. Sign. 2 — 5, A — Z₃, Aa — ii₃, A — F₃, A — B₄. Die erſten 8 ungezählten
und 256 gezählten Blätter enthalten die Epistola nuncupatoria und das 1. Buch des
Commentars nebſt einem Index locorum communium desſelben: die darauf folgenden
48 Blätter haben den Titel: Coronis | qva ordine, qvibvs in | Enarrationibus Matthæi
locis, singula Marci | & Lucæ, quæ cum Matthæo, uel eadem | uel similia habent,
explicata sunt, indicatur, tum quæ habent | propria, euarrantur. Die folgenden 16
ungezählten Blätter enthalten die indices zu dem 1. und 2. Buch der enarrationes.
— Kuſtoden, Kopftitel u. Marginalien. 27 Zeilen, curſiv. Titeleinfaſſung. Die
beiden erſten und die vorletzte Zeile des Titels in Kapitalbuchſtaben, die übrigen
curſiv. Strich über der Jahrzahl. Eine Zierleiſte vor der Epistola nuncupatoria
und eine große Initiale am Anfang derſelben; kleinere Initialen am Beginn eines
jeden der 7 Kapitel. — Der Druck ſtimmt überein mit dem der bei Herwagen er⸗
ſchienenen, vollſtändig datirten Enarratio in evangelion Johannis [Nr. 19.] — Baum
10. Panzer, lat. Ann. VI, 113, 760. — Titel des 2. Buches [nach Panzer]: Enar-
rationum in Evangelium Matthæi quibus verbotim simul et quæ Marcus et quæ Lucas
cum hoc habent communia explicantur, Lib. secundus. Item loci communes The-
ologiæ aliquot excussi. Argent, 1527. 8º.* — Ein vollſtändiges Exemplar dieſer
Ausgabe der Enarrationes iſt nach mir zugegangener frbl. Mitteilung in Wolfenbüttel
vorhanden; doch konnte ich dasſelbe nicht mehr einſehen. — Franzöſiſche Ueberſetzung:
Exposition sur l'Evangile Saint-Matthieu, recueillie et prise des commentaires de
M. Bucer, augment. de plusieurs sentences, exhortations, et declarations d'aucuns
passages difficiles, colligés tant des auteurs anciens que modernes. *

14. Praefatio | M. Bvceri in qvartvm to⸗ | mum Postillæ Lutheranæ, con
tinens sum⸗ | mam doctrinæ Christi. | Eivsdem. | Epistola, explicans locum
1. Corinth. 10.'An nescitis q[uod]|[qui in stadio currunt, usq; : sed plures illo-
rum non approba | uerit Deus, cum Annotationibus in quædam pauculis-
Lu | theri. | Epistola M. Lutheri ad Iohannem Heruagium supe | riora
criminans. | Responsio ad hanc M. Buceri. Item ad Pomeranū satisfa |
ctio, de uersione Psalterij. | Probate omnia, quod bonum est, tenete. | 1
Thessalon. 5. | Anno M. D. XXVII. (O. O. u. Dr.) [Argentorati, apud Joh.
Heruagium.]

48 ungez. Bll. in 8º, das letzte weiß. Sign. A₂—F₅. Kuſtoden, Kopftitel und
Marginalien. 27 Zeilen, curſiv. Die erſte, zweite, fünfte und letzte Zeile des Titels
in Kapitalbuchſtaben, die andern curſiv, die erſte außerdem ſehr groß gedruckt. Kleine
Initialen am Anfang von Luthers Brief an Herwagen und Bucers Brief an
Bugenhagen. Im Anfang von Bucers Vorrede und von Luthers Brief wird Her-

wagen als Drucker bezeichnet. Die Bezeichnung der 1. Bibelstelle auf dem Titel als
1. Cor. 10 ist ein Druckfehler; in der Ueberschrift von Bucers Brief über dieselbe
Stelle (S. 17ᵇ) ist richtig 1. Cor. 9 angegeben. — Baum 11. Nicht bei Panzer.
— KULB.

15. Getrewe Warnung der | Prediger des Euangelii zů Straßburg, vber |
die Artickel, so Jacob Kautz Prediger zů Wor | mbs, kürtzlich hat lassen außs
gohn, die frucht | der schrifft vnd Gottes worts, ben kinder | Tauff, vnd er-
löß ng vnsers herren Je | su Christi, sampt anderm, darin sich | Hans
Dencken, vnd anderer wi | dertäuffer schwere yrthumb | erregen, betreffend. |
Beweren die geyster, ob sie aus Got sind, | denn es sind vil falscher prophe-
ten inn die | welt außgangen. j. Johan. iiij. | [Blättchen.] — (O. O. Dr. u.
J.) [Am Ende:] Straßburg am andern [sic!] tag Julij. | M D xxvij.

24 ungez. Blätter in 8⁰. Sign. Aij—Cv. Kustoden, keine Kopstitel, aber Mar-
ginalien. 30 Zeilen, Schwabacher Typen, die Marginalien cursiv. Die erste Zeile
des Titels größer gedruckt. — Baum 12. Z.

16. Epistola | D. Pavli ad Ephesios, qva | rationem Christianismi breuiter
iuxta & | locuplete, ut nulla breuius simul & locu | pletius explicat, uersa
paulò libe⸗ | rius, ne peregrini idiotismi | rudiores scripturarum of | fen-
derent, bona tamen fi | de, sententijs Aposto⸗ | li appensis. | In eandem
Commentarius. | Per Martinvm Bvcervm. (O. O., Dr. u. J.) [Argentorati,
Herwagen? 1517]

112 Blätter in 8⁰. Die ersten 8 und die letzten 2 ohne Blattzahlen, die übrigen
bezeichnet als Bl. 9—110. Ob sich auf den letzten beiden nicht ursprünglich doch
Blattzahlen befanden, kann ich nicht entscheiden, da das mir vorliegende Exemplar
gerade dort sehr stark beschnitten ist. Sign. A₂—O₅. Kustoden, Kopstitel und
Marginalien. 27 und 28 Zeilen, cursiv. Die ersten beiden und die letzte Zeile des
Titels in Kapitalbuchstaben gedruckt. Initialen auf der Rückseite des Titelblattes,
auf der 1. Seite des 7. und des 9. Blattes. Randleisten ebenfalls auf der ersten Seite
des 7. und 9. Blattes; sie gleichen den in den Herwagen'schen Drucken (z. B. Nr. 5
und 5ᵃ) vorkommenden. Die Vorrede ist datiert: Argentorati pridie Calend. Septemb.
Anno Christi M. D. XXVII. — Baum 14. Panzer, lat. Ann. VI, 114, 768. Schl. Mb.

17. Das Martin Butzer, Sich | in verteütschüg des Psalters Johañ Pom⸗ |
mers, getrewlich, vnd Christlich gehalten. | Vnd weder vom Sacrament, noch |
anderm, etwas wider die war⸗ | heyt, oder auch den Pom⸗ | mern, drin ge⸗
setzet hat. | Antwurt uff des Pommers | vnderrichtung. | Hört bede parten,
bewert alles, | vnd behalten das gůt. | [Blättchen.] [Am Ende:] Straßburg.
M. D. XXVII. (O. Dr.)

7 ungez. Bll. in 8⁰. Keine Signaturen, Kustoden, Blattzahlen oder Marginalien,
doch ist das mir vorliegende Exemplar sehr stark beschnitten. 31 und 32 Zeilen,

Schwabacher Typen. Die 1., 8. und 9. Zeile des Titels größer gedruckt. — Nicht bei Baum. Z.

1528.

18. Die predi- | gen so vonn den frömbden | Prebicanten, die allenthalb här, zů | Bernn uff dem Gespräch oder di- | sputation gewesen, be- | schehen sind. | . . . (7 Zeilen.) | Getruckt zů Zürich durch Chri- | stophorum Frosch- auer, im D. M. XXVIIIjar. [sic!]

108 ungez. Seiten in 8⁰. Darin auf S. Fiijb—[Gviijb] enthalten: Martin Butzers Predig, | gethon zů Bernn. Vonn der | nachuolgung Christi. — Baum 15. Colm Z. — Die Predigt ist wieder abgedruckt bei Christoffel, Zeugnisse evangelischer Wahrheit etc. Bern 1853. 8⁰.

19. Enarra tio in evange | lion Iohannis, | praefatio, svmmam | Dispu- tationis & Reformationis | Bern. complectens. | per M. Bvcervm. | Argen- torati. | An. M. D. XXVIII. [Am Ende:] Argentorati apvd Ioannem | Her- vagivm mense Aprili. | anno M. D. XXVIII.

280 gez. Bll. in 8⁰. Blattzahlen häufig verdruckt. Sign. A₂—Z₅, Aₐ—Mm₅. Kustoden, Kopftitel und Marginalien. 27 Zeilen cursiv. Die 1., 2., 4. und 5.—7. Zeile des Titels in Kapitalbuchstaben, die andern cursiv. Titeleinfassung. Auf dem Titel und in der Schlußdatierung Strich über der Jahreszahl. Je eine größere Initiale am Anfang von Bucers Vorrede an den Rat zu Bern und am Anfang der enarratio, kleinere am Beginn der einzelnen Capitel und des Index. Obere Randleiste vor dem Anfang der enarratio. — In den später erschienenen Gesammtausgaben von Bucers Commentarien zu den 4 Evangelien wieder abgedruckt. Vgl. Nr. — Baum 16. Panzer, lat. Ann. IV, 115, 779. Gräße, Suppl. S. 135. — KULB. Schl. Mb.

20. Vergleich- | ung D. Luthers, vnnd | seins.gegentheyls, vom | Abentmal Christi. | Dialogus | Das ist, eyn freündtlich | gesprech. | Gar nahe alles so D. Lu | ther in seine letzten büch | Bekenntnůß genent. für- | bracht hat, würdt hierin | ghandelt, wie das zů er | kanntnůß der warheyt vn | Christlichem frid dienet. [Am Ende:] Gedruckt zů Straßburg bey Wolff | Köpphel, Anno M. D. | xxviij.

60 ungez. Bll. in 8⁰. Sign. A ij—H v. Die Lage G hat nur 4 Bll. Kustoden; keine Kopftitel und Marginalien. 31 Zeilen, Schwabacher Typen. Die erste Zeile des Titels etwas größer gedruckt, ebenso die Datierung am Ende. Initiale auf S. 2 v. Titeleinfassung. Auf der Rückseite des letzten Blattes W. Köpphels Druckermarke. In dieser Ausgabe fehlt der Schlußsatz der undatierten Ausgabe: Noch eins aber will ich dich bitten u. s. w.] Vgl. die folg. Ausg.] Baum 17. — StB.

20a. [Anderer Druck:] Vergleichung D. Lu- | thers, vnd seins gegentheyls, vom | Abentmal Christi. | Dialogus | Das ist, eyn freündtlich gespräch | Gar nahe alles so D. Luther in seinem | letsten bůch Bekántnüß genent, für= | bracht hat, würdt hieriñ gehä | delt, wie das zů erkántnüß | der warheyt vñ Christ | lichem frid dienet. | [Druckermarke.] | Anno 1. 5. 28. Am letsten des Augsts. (O. O. u. Dr.) [Straßburg, Wolfg. Köppfel.]

(60) ungez. Bll. in 8º. Sign. A ij—H v. Die Lage G hat nur 4 Bll. Kustoden; keine Kopftitel und Marginalien. 31 Zeilen, Schwabacher Typen. Die erste und 4. Zeile des Titels größer gedruckt. Initiale am Anfang der Vorrede; letztere unterzeichnet: M. Bucer. Auf der Rückseite des letzten Blattes die Druckermarke wiederholt. — Baum 17. KULB.

20b. [Spätere Ausgabe:] Vergleichung | D. Luthers, vnd seins | gegentheyls, vom Abend= | mal Christi. | Dialogus, | das ist, ein freudtlich [sic!] gespräch | Gar nahe alles so D. Luther | in seinem letsten Buch, Bekántnuß ge= | nent, fürbracht hat, würd hierin | gehandelt, wie das zu erkant= | nuß der warheit vñ Christ | lichem fried dienet. | Durch | Martinum Bvcervm. | 1563. (O. O. u. Dr.)

206 gez. Seiten u. 1 leeres Blatt in 8º. Sign. A ij — N v [so zu lesen statt: M v]. Kustoden, keine Kopftitel u. Marginalien. 22 Zeilen, deutsche Typen. Die erste Zeile des Titels sehr groß gedruckt, die vorletzte in lateinischen Kapitalbuchstaben. Auf Seite 206 Schlußvignette. — Baum a. a. O. B. Mb.

21. Tzepha | niah, qvem Sopho= | niam, uulgo uocát, prophetarum | epi- tomographus, ad ebraicam | ueritatem uersus, & com= | mentario expla- natus | per M. Bucerum. | Argentorati apvd | Ioannem Hervagi. | vm, mense sept. | anno M. D. | XXVIII.

16 ungez. und 96 gez. Bll. in 8º. Die Blattzahlen mitunter verdruckt. Sign. 2—5, 9 [so zu lesen, statt des Druckfehlers: 6], 10, 12, A—M₅. Kustoden, Kopftitel und Marginalien. 27 Zeilen, cursiv. Zeile 1, 2 u. 8—11 des Titels in Kapitalschrift gedruckt, die übrigen cursiv, Zeile 1 größer. Strich über der Jahreszahl. Titelholz- schnitt. Initialen am Anfang des Widmungsbriefes, des Arguments, des I. Kapitels der Uebersetzung und der beiden ersten Kapitel der Erklärung des Propheten. — Baum 18. Panzer, lat. Ann. VI, 115, 782. — Wilh. J. Schl. — Ein neuer Abdruck dieses Werkes findet sich am Schlusse der im Jahre 1554 bei Robertus Stephanus erschienenen 5. Ausgabe von Bucers Psalmenübersetzung. Vgl. Nr. 23d.

22. Commentaria in librum Job. Argent. 1528. in-fol. *

Nicht bei Baum. Haag. Fr. prot.², III, S. 359.

1529.

23. S. Psalmorvm | libri qvinqve ad ebrai= | cam veritatem versi, | et familiari ex= | planatione | elvcida= | ti. | [Blättchen] | Per Aretivm Feli= | nvm theologvm. | [Blättchen.] [Am Ende:] Argentorati, Georgio VI= | richero

Andlano Chal | cographo, mense Se- | ptembri, Anno | M. D. XXIX. | | Blättchen.]

8 unges., 398 gez. und 6 unges. Bll. in 4°. Druckfehler in der Blattbezeichnung: 208 ft. 308, 139 ft. 339, 344 ft. 348, 394 ft. 398. Auf Bl. 14 u 334 fehlt die Blattzahl. Sign. 2—8, A—Z₃, A²—Zz ₃, AA—ZZ₃, AAa—ZZz, AAA—HIII₃. Die Lagen DD und VV haben je 6 Blätter. Kuſtoden, Kopftitel u. Marginalien. 35 Zeilen, curſiv. Titel ganz in Kapitalbuchſtaben. In der Datierung Strich über der Jahreszahl. Zierleiſten auf Bl. 33ª, 59ª, 131ª, 204ª, 262ª, 270ª, 304ᵇ, 334ᵇ. Initialen am Anfang der vorgeſetzten Epiſtula nuncupatoria und am Beginn jedes einzelnen Pſalmes. Am Schluſſe der Epiſtola: Lugduni (fingiert für Argentorati) III. Idus Iulias, Anno M. D. XXIX. — Aretius Felinus iſt Pſeudonym für Martin Bucer. — Baum 19. Panzer, lat. Ann. VI. 116, 797. — KULB. Schl.

Zweite Ausgabe.

23a Aretii Felini Expositio in Psalmos Argentorati M. D. XXX. in-fol.*
Panzer, lat. Ann. VI, 119, 822. Nicht bei Baum.

Dritte Ausgabe.

23b. Sacrorum Psal | morvm libri qvinqve, ad Ebrai | cam veritatem genuina uersione in Latinum traducti: primûm ap | pensis bona fide sententijs, deinde pari diligentia adnume | ratis uerbis, tum familiari explanatione elucidati. | Per Aretium Felinum. | | Blättchen. | Druckermarke.] | Opvs ab avthore reco | gnitum, & passim non contemnendis | accessionibus auctum. | Am Ende:] Argentorati excvdebat Georgivs | Vlricher Andlanvs, anno | M. D. XXXII. Mense Mar.

12 unges. u. 334 gez. Bll. in fol. Die Blattzahlen häufig verdruckt. Sign. a₂—b₃, A—Z₁, Aa—Zz₁, AA—KK₃. Die erſte Lage hat 8, die zweite und letzte je 4 Bll., die übrigen je 6. Kuſtoden, Kopftitel u. Marginalien. 49—51 Zeilen, Antiqua; die Marginalien curſiv. Die erſte, zweite und drittletzte Zeile des Titels in Kapitalſchrift, die erſte außerdem größer. Sehr zahlreiche Initialen. Zierleiſten auf S. 1ª u. 160ᵇ. Auf der Rückſeite des letzten Blattes die Druckermarke wiederholt. — Baum a. a. O. Panzer, lat. Ann. VI, 121, 839. Wilh.

Vierte Ausgabe.

23c. Sacrorvm Psal- | morvm libri qvinqve, ad Ebrai- | cam verittaem genvina | uersione in Latinum traducti: primûm appensis bona fide sententijs, | deinde pari diligentia adnumeratis uerbis, tum familiari | explanatione elucidati. | Nunc denuò non paulo maiore quàm antea, & fide & di- | ligentia emendati. | Aretio Felino | autore. | | Druckermarke.] | Accessit quoq; rerum & uerborum memorabilium | locúples Index. | Opus ab authore recognitum, & passim non contemnendis | accessionibus auctum. | Basileæ, per | Ioan. Hervagium. [Am Ende:] Basileæ, per

Iohannem Her- | vagivm, anno salvtis hvmanæ | M. D. XLVII. Mense Septembri.

8 ungeʒ. Bll., 612 geʒ. Seiten u. 22 ungeʒ. Bll. in Fol Sign. x₄—α₃, a—z₄, Aa—Zz₄, AA—Ll₃. Die erſte Lage hat 8, die leßte 4 Bll., die übrigen je 6. Kuſtoden, Kopf-titel u. Marginalien. 24 Zeilen, Antiqua; die Marginalien curſiv. Initialen am Anfang der beiden Vorreden u. der einzelnen Pſalmen. Zeile 1—3, 9 u. 15 des Titels in Kapitalbuchſtaben gedruckt; Zeile 9, 11, 12, 15 u. 16 curſiv. Die erſte Zeile bedeutend größer. Auf der Rückſeite des leßten Blattes die Druckermarke wiederholt. — Baum a. a. O. KULB.

Fünſte Ausgabe.

23 d. Psalmorum libri quinque ad He- | braicam veritatem tradveti, et summa fide, parique diligentia à Martino Bucero enarrati. | Eivsdem commentarii | In librum Iudicum, | & | In Sophoniam Prophetam. | [Drucker-marke.] | Oliua Roberti Stephani. | M. D. LIIII. [Am Ende:] Exevdebat | Robertvs Stephanvs | in sva officina anno M. | D. LIIII. Prid. | Id. Mai. (O. O.) [Genf.]

8 ungeʒ. Bll., 58 geʒ Seiten u. 12 ungeʒ. Bll. Die Seitenzählung ſehr fehler-haft, von 479 an iſt faſt alles falſch. Sign. * ii.—* iiii., a. i.—z. iiii., A. i.—z. iiii. Kopftitel und Marginalien, keine Kuſtoden. 58 Zeilen, Antiqua; die Marginalien meiſt curſiv. Die 1. u. 5.—9. Zeile des Titels ſehr groß gedruckt, die 2. u. 4. in Kapitalbuchſtaben. Initialen auf S. 1, 473 u. 529 (Sign. l. i.) — Baum a. a. O. KULB. J. Mb.

Ueberſeßungen:

23 e. Familière déclaration du livre des Pseaumes, par Martin Bucer. A. Genève, par Philibert Hamelin, 1553.*

588 Seiten in 8⁰. — Baum a. a. O.

23 f. Déclaration familière sur le second livre des Pseaumes par Martin Bucer. A. Genève, par Ph. Hamelin, 1553.*

869 Seiten in 8⁰. Enthält die 4 leßten der 5 Bücher. — Baum a. a. O.

1530.
[Vgl. Nr. 23a.]

24. Enarrationes per | petvae in sacra qvatvor evan- | gelia, recognita nuper & locis compluribus auctæ. In quibus præ | terea habes syncerioris Theologiæ locos communes supra | centum, ad scripturarum fidem sim-pliciter & | nullius cum insectatione tractatos, per Martinum Bv cervm. | [Druckermarke.] | Epistola eivsdem nvncvpatoria | ad Academiam Marpur-gensem de seruanda vnitate Ecclesiæ, in | qua excutiuntur & articuli

conuentus | Marpurgi Hessorum | celebrati. [Am Ende der Erkl. des Evang. Joh., vor dem Druckfehlerverzeichniß :] Argentorati apvd Georgivm | Vlriche- rvm Audlanvm, | mense Martio, anno | M. D. XXX.

10 ungez., 236 u. 102 gez. u. 2 ungez. Bll. in Fol Die Blattzahlen häufig fehlerhaft. Sign. A₂ — A₆, a — z₄, A — Q₅. Aa — Rr₅ Kustoden, Kopftitel u. Marginalien. Text 45, Erklärung 56—58 Zeilen, Antiqua, die Marginalien cursiv. Die 1., 2., 7, 8., u. 9. Zeile des Titels und die Datierung in Kapitalschrift. Initialen sehr häufig. Auf der Rückseite des letzten Blattes die Druckermarke wiederholt. — Baum 20. Panzer, lat. Ann. VI, 119, 821. Wilh. J.

Zweite Ausgabe :

24 a. In sacra qvatvor evangelia, | Enarrationes | perpetvae, secvndvm recognitae, | in qvibus praeterea habes syncerio- | ris Theologiæ locos communes supra centum, ad scriptu- | rarum fidem simpliciter, & nullius cum insecta- | tione tractatos, adiectis etiam aliquot lo- | corum retracta- tionibus. | [Druckermarke.] | Per Martinvm Bvcervm. | Basileae apvd Ioan. Hervagivm, anno | M. D. XXXVI. mense Septembri.

8 ungez. Bll. 808 gez. Seiten u. 15 ungez. Bll. in Fol., das letzte leer. Sign. *₁ — *₅, a — z₁, A — Z₄, & — &₄, aa — xx₅, A — B₃ [verdr.: b₃]. Die Blattzahlen von 552 an ganz falsch. Die Lagen haben je 6 Blätter, nur * u. ** haben je 8, X, aa u. cc je 4. Kustoden, Kopftitel u. Marginalien. Text 41, Erklärung 50 Zeilen, Antiqua. Die Marginalien cursiv. Die 1.—4. u. die drei letzten Zeilen des Titels in Kapitalbuchstaben, die zweite u. drittletzte größer. Initialen sehr häufig. Am Schlusse, vor dem Index, Datierung und Druckermarke wiederholt. — Baum 36. Panzer, lat. Ann. VI, 311, 1055. Wilh. — Einzelne Teile aus Bucers Commentar, in welchen er sich über das Abendmahl ausspricht, sind später öfter wieder abgedruckt worden. Vgl. Nr. 83, 85, 87, 90.

Dritte Ausgabe:

24b. In sacra qvatvor | Euāgelia, Enarrationes perpetuæ, | secundùm & postremùm recognitæ. | Quibus inspersi sunt syncerioris Theologiæ Loci communes, ad Scriptura- | rum fidem simpliciter & nullius cum insecta- tione tractati : adiectis etiam | aliquot locorum tractationibus, & Indice copiosissimo. | Per Martinvm Bvcervm. | [Druckermarke.] | (O. O.,) (Genf] Oliua Roberti Stephani. | M. D. LIII.

8 ungez., 311 gez. u. 11 ungez. Bll. in Fol. Sign. * ii — * iiii, a j — z iiii Aj — Rv. Die letzte Lage hat 10 Bll., die übrigen je 8. Die Blattzählung häufig fehlerhaft. Kopftitel und Marginalien, keine Kustoden. 57 und 58 Zeilen. Antiqua. Die Marginalien in Antiqua und cursiv. Die beiden ersten und die beiden letzten Zeilen des Titels größer gedruckt; die 1. und 7. außerdem in Kapitalbuchstaben. Initialen auf S. 1ᵇ, 199 ᵇ, 201 ᵃ, 220 ᵃ. — Nicht bei Baum. — KULB. Mb.

1530.

25. Das einigerlei Bild bei | den Gotgläubigen, an orten da sie verehrt, | mit mögen gedulbet werden; helle anzeyg, auß Göttlich| er Schrifft, der alten heili. Vätter leer, vnd beschluß et= | licher Concilien, Mit außweisung, auß waß falschem | grunde | vnd durch welche die Bilder in die Kirchen | erst nach der zeit der heil. vätter Hieronymi, Au= | gustini vnd anderer, kommen sindt. | ¶ Do durch die Vandalen vnnd Gotthen, der Recht ver= | stand anfieng zů grund gehn. | [Kleeblatt.] | Durch die Prediger der Kirchen Christi | zů Straßburg. (O. O., Dr. u. J.) [Straßburg 1530.]

12 ungez. Bl. in 4º; Sig. A ij.—C iij. Mit Kustoden, aber ohne Kopftitel u. Marginalien. 32 Zeilen, Schwabacher Typen. Die erste Zeile des Titels sehr groß und fett gedruckt. Am Ende: Datum zů Straßburg, am Sechsten tage | Mertzens. Im Jar nach der geburt Christi vnsers | Herren. M. D. XXX. — Baum 21. — KULB.

Dasselbe lateinisch:

25a. Non esse fe | rendas in templis | Christianorvm imagines et statvas, | coli solitas, caussæ ex arcanis literis, sententijs patrum, | edictis religiosorum Cæsarum : Vnde candidus lector | uidebit, quàm pie Senatus Argentoratensis nuper | simulacra omnia, cum aris, eliminanda suis | templis curauerit. | Autoribus Ecclesiast⸗ Argentoraten. | Iacobo Bedroto interprete. | Item | Epistola Martini Bv | ceri in evangelistarvm enarrationes | nuncupatoria, ad præclaram Academiam Marpurgen- | sem, in qua quid Hæresis, qui hæretici, & quatenus | cum dissentientibus societas Christi seruanda | sit, disseritur. Excutiuntur quoque | articuli conuentus Marpurgen. | Anno, M. D. XXX. (O. O. u. Dr.)

32 ungez. Bl. in 4º. Sign. a ij — h iij. Kustoden auf Bl. 3 b u. am Ende jeder Lage; Kopftitel u. (aber nur in Bucers Epistel) Marginalien. 36 Zeilen, Antiqua auf S. 3ª eine Initiale. Am Ende von Butzers Brief: Argent. VIII. Ca- | lend. Aprilis. Anno M. D. XXX. — Zeile 1—3 u. 11—13 des Titels in Kapitalbuchstaben gedruckt, die ersten außerdem sehr groß. — Baum 21. Panzer lat. Ann. IX, 149, 428. KULB.

26. Epistola | apologetica ad synce⸗ | rioris christianismi secta | tores per Frisiam Orientalem, & alias infe | rioris Germaniæ regiones, in qua Euangelij | Christi uere studiosi, non qui se falso Euangeli- | cos iactant, ijs defenduntur criminibus, quæ in illos Erasmi Roterodami | Epistola ad Vulturium Neocomum, intendit. | Per ministros Euangelij, ecclesiæ Argentoraten. | Act. XXV. | Multa & grauia crimina intendebant |

aduersus Paulum quæ non pote | rant probare. | M. D. XXX. [Am Ende:]
Petrus Schaefer, & Johan Aponianus, com | munibus expensis excudebant.

120 ungez. Bll. in 8⁰. Sign. A₂—P₃. Kustoden am Ende der Blätter; Kopf-
titel u. Marginalien. 27 Zeilen, cursiv. Zeile 1—3 u. 12 des Titels in Kapital-
schrift, die übrigen cursiv. Die erste sehr groß. — Baum 22. Z.

1531.

27. Bekanndtnuß der vier | Frey vñ Reichstätt, Straßburg, Costantz
Memmin- | gen, vnd Lindaw, in deren sie Keys. Maiestat, | vff dem Reichstag
zů Augspurg, im ꝛꝛꝛ. Jar | gehalten, ihres glaubens vnd fürhabens, | der
Religion halb, rechenschafft | gethan haben. | Schriftliche Beschirmung vnd
verthe- | digung der selbigen Bekantnuß, gegen der Consuta- | tion vnd
Widerlegung, so den gesandten der vier | Stätten, vff bemeldtem Reichstage,
offen | lich fürgelesen, vnnd hie getrewlich | einbracht ist. [Am Ende:] Getruckt,
zů Straßburg, durch Johan. Schweintzer, | vff den ꝛꝛij. Augusti, Anno, M.
D. XXXj.

72 ungezählte Blätter in 8⁰. Sign. A₂—S₃. Kustoden am Ende jeder Lage,
außer bei A und G. Auf Bl. 29 ff. [Vertheidigung] auchMarginalien. Keine Kopf-
titel. 35, 36, 44 u. 48 Zeilen. Schwabacher Typen. Initialen am Anfang der
Vorrede. Die erste und achte Zeile des Titels größer gedruckt. — Baum 25. KULB. Schl.

Spätere Drucke:

27a. Bekandtnuß der Vier | Frei vnnd Reichstätt, Straßburg, | Costentz
Memmingen, vnd Lindaw, in deren sie Keys. | Maiestat, auff dem Reichstag
zu Augspurg, | im ꝛꝛꝛ. Jar gehalten, jhres Glaubens | vnd fürhabens, der
Religion | halb, rechenschaft ge- | than haben. | Schriftliche Beschirmung vnd
ver- | thebigung derselbigen Bekantnuß, gegen der Confu- | tation vnnd Wider-
legung, so den Gesandten der vier | Stätten, auff bemeldtem Reichstage,
offen-= | lich fürgelesen, vnd hie getrewlich | einbracht ist. | Getruckt zu Straß-
burg, durch | Theodosium Rihel. | M. D. LXXIX.

6 ungez. Bll. u. 223 gez. Seiten in 4ᵒ. Sign.)(ij—)(iiij, A—Z iij,
Aa—Ee iij. Die erste Lage hat 6 Blätter. Kustoden, Kopftitel und Marginalien
26 und 32 Zeilen, deutsche Typen. Die 1., 2., 9. und 15. Zeile des Titels größer
gedruckt. Initialen auf S.)(ij ᵃ, [)(iij] ᵇ, 1, 69. — Baum a. a. O. KULB.

27b. Confessio oder Bekantnůß der vier Frey- vnnd Reichs- | stätt, Straß-
burg, Costentz, Memmingen, | vnd Lindaw, in deren sie Keys. Maiestat |
auff dem Reichs- | tag zu Augspurg, im XXX. Jar gehalten, jres Glaubens,
vnnd fürhabens, der Religion halb rechen- | schafft gethan haben. | Schrifft-
liche Beschirmung vnd verthedigung | derselbigen Bekantnuß, gegen der

Confutation und Widerlegung, | so den Gesandten der vier Stätten auff bemeldtem Reichstage | öffentlich fürgelesen, vnnd hie getrewlich | eynbracht ist. | Gedruckt zu Newstatt an der Hardt, in der Fürstlichen | Pfaltz, durch Matthæum Harnisch. | M. D. LXXX.

8 ungez. Bll. u. 212 gez. Seiten in 4°. Sign. a₂—b₃, A—Z iij, Aa—Tbij. Kustoden. Kopftitel u. Marginalien. 31 u. 32 Zeilen; die 3 ersten Bll. u. S. 61—212 deutsche Typen; sonst Schwabacher. Zeile 1—4, 9 u. 14 des Titels durch besonderen Druck hervorgehoben. Strich über der Jahreszahl. Initialen auf dem Titelblatt, S. a₂ᵃ, [a₃]ᵃ, b₃ᵃ, 1 u. 59. Randleiste auf S. [b₁]ᵃ. — Nicht bei Baum KULB. Ab. Der (nach Baum) letzte Abdruck erschien zu Zweibrücken 1604.*

Lateinische Uebersetzung, aber ohne die „Beschirmung vnd verthedigung":

27 c. Confessio re | ligionis christianae, sacra· | tissimo Imperatori Carolo V. Cæsari Au· | gusto in Comitijs Augustæ. Anno | M. D. XXX. per Legatos | Ciuitatum Argentorati, | Constantiæ, Mem· | mingæ, & Lin· dauiæ ex· | hibita. | [Druckermarke.] | Si quis voluerit voluta· | ti eius obtemperare, is cognoscet de doctrina, utrum | ex Deo sit, an ego à me ipso loquar. Ioh. VII. [Am Ende:] Argentorati Georgio Vlrichero | Aud· lano Impressore. An. M. D. XXXI. | Mense Septembri.

4 ungez. u. 20 gez. Bll. in 4°. Die Zählung zuletzt fehlerhaft. Sign. A ij—F iij Kustoden, Kopftitel u. Marginalien. 34 Zeilen, Antiqua; die Marginalien cursiv. Die erste, zweite u. drittletzte Zeile des Titels in Kapitalschrift, die erste größer. Die beiden letzten Zeilen cursiv. Zierleisten u. Initialen auf S. A ijᵃ u. 1ᵃ. Auf der Rückseite des letzten Blattes die Druckermarke wiederholt. Das 18. Kapitel dieser Uebersetzung ist wieder abgedruckt Tom. Angl. 3 691—692. — Baum 25. KULB.

1532.

[Vergl. Nr. 23b.]

28. Commentarius in Ecclesiasten. Argent. 1532.

Nicht bei Baum. Haag, Fr. pr.² III, 361.

1533.

29. Entschuldigung der di | euer am Euangelio Je· | su Christi zu Franck· furt am Meyn, vff | einen Sendbrieff Martin Luthers | im truck außgangen. An den | Rath vnnd Gemeyne | der Stat Franck· | furt. | [Kleeblatt.] | l. Thessal. V. | Prüfet alles, und das gūt behaltet. [Randleiste.] (O. O. Dr. u. J.)

8 ungez. Bll. in 4°. Das letzte leer. Sign. A ij—B ij. Kustoden auf den Rückseiten der Blätter. Keine Kopftitel und Marginalien. 30 Z., deutsche Typen. Die erste u. 2. Zeile des Titels größer gedruckt. Schluß des Textes: Geben zū | Franckfurt am Meyn, am ersten tag Mertzens, Jm iar M. d. xxx iij. [Unter-

ſchriften.] Wieder abgedruckt bei Ritter, Joh. Balth., Evangeliſches Denkmal der Stadt Franckfurth am Mayn, Frankfurth a. M. 1726, 4⁰. S. 203—210. — Baum 26. KULB.

30. Handlung inn dem | offentlichen geſprech zů Straßburg | iüngſt im Synodo gehalten, gegen Melchior Hoff= | man, durch die Prediger daſelbeſt, von vier für= | nemen ſtucken Chriſtlicher leere vnd haltung, | ſamt getrewem dar geben, auch der | gründen, darauff Hoffmā ſeine | irthumben ſetzet. | Diſer Melchior Hoffman würt von ſeinen iungern für den | groſſen Propheten vnd Apoſtel außgeſchrawen [== außgeſchrieen], der ſich | vor dem groſſen tag des Herren, habe inn Rider= | landen erheben ſollen, vnd das recht Euangeli | erſt inn alle welt außbringen. | Die ſtuck dauon hierinn gehandlet würt, ſeind | am gewenten blatt verzeychnet. | M. D. XXXIII. [Am Ende:] Getruckt zů Straß- burg durch Mathiam | Apiarium. Im M. D. XXXIII. [sic!]

46 ungez. Bll. in 4⁰. A ij — L v. Die letzte Lage hat 6 Blätter. Kuſtoden, Kopftitel und Marginalien. 29, 30 u. 31 Zeilen, deutſche Typen. Die erſte Zeile des Titels ſehr groß und fett gedruckt. Strich über der Jahreszahl des Titels. — Am Ende der Vorrede und der ganzen Schrift nennt ſich Bucer als Verfaſſer. — Baum 27. — KULB. Mb.

Anderer Druck:

30 a. Handlung inn dem | offentlichen geſprech zů Straßburg | iüngſt im Synodo gehalten, gegen Melchior Hoff= | man, durch die Prediger daſelbeſt, von vier für= | nemen ſtucē Chriſtlicher leere vn̄ haltūg, | ſampt getrewem dargeben, auch | der gründen, darauff Hoff= | man ſeine irthumben ſetzet. | Diſer Melchior Hoffman würt von ſeinen iungern für den | groſſen Pro- pheten vnd Apoſtel außgeſchrawen der ſich | vor dem groſſen tag des Herren, habe inn Niderlanden | erheben ſollen, vn̄d das recht Euangeli erſt in alle | welt außbringen. | Die ſtuck dauon hierin gehandelt würt, ſeind | am gewenten blat verzeichnet. | M. D. XXXIII. [Am Ende:] Getruckt zů Straßburg durch Mathiam | Apiarium. Im M. D. XXXIII [sic!]

Im übrigen übereinſtimmend. — Wilh. Schl. Ein Auszug aus dieſer Schrift erſchien im Jahre 1562 mit dem Titel:

30 b. DJe wahre | reine Lehr, |

Von
{
Der erlöſung Jeſu Chriſti, |
Dem freien vnnd vnfreien | Willen, |
Der verzeihung der ſünden, |
Vnd der ſünde inn heili= | gen Geiſt. |

Wider die erschreckliche irr- | thumben Melchior Hoffmans im of- | fentlichen
Synodo zu Straßburg, | Anno 1533. gehalten, fürbracht, | vnnd offentlich
im Truck | außgangen. | Durch den Hochgelehrten | D. Martin Bucer, inn
sein | selbs, vnd anderer Pfarrer vnd Kirchen | diener namen, Welche seidther
al- | le beinahe im Herren ent- | schlaffen seindt. | Anno M. D. LXII. (O. O.
u. Dr.)

32 ungez. Bl. in 8º. Die beiden letzten leer. Sign Aij—Dv. Keine Kopftitel.
Kustoden am Ende der Blätter. Marginalien. 26—27 Zeilen, Schwabacher Typen.
Die erste Zeile des Titels größer gedruckt. — Baum a. a. O. J. H.

31. Furbereytung zum | Concilio, wie alle recht Gottßfortigen [sic!] | von
beden, yetz fürnemten theylen, so man alt vnd new gleu | bige, Bapstis be [sic!]
vñ Lutherische neüet, Zu einigkeit Christ | licher kirchen komen, vnnd sich
darin vnbewegt hal | ten mögen, etliche freundtliche Gotsförchtige | gespräch,
von fürnemen stucken Christ | licher lere, deren halb man yetz | im mißuerstand
ist. | Zu end des büchs findestu dise stuck noch | ordnung verzeychnet. |
Getruckt zü Straßburg durch Mathiam | Apiarium, Im jar | D. M. XXXIII
[sic!].

58 ungez. Bl. in 4º. Sign A₂—O₃. Die letzte Lage hat 6 Bl. Kustoden,
Kopftitel nud Marginalien. 30 u 31 Zeilen, deutsche Typen, die Marginalien teils
in Schwabacher Typen, teils in Antiqua. Die erste Zeile des Titels sehr groß ge-
druckt. — Am Ende der Vorrede nennt sich Bucer als Verfasser. — Baum 28. F. Mb.

32. Qvid de baptismate | infantivm ivxta scri- | pturas Dei sentiendum,
ex- | cussis, quæcüq: uel pro hac | obseruatione, uel con | tra eam,
adfer- | ri solent. | Epistola ad quendam hac in re | impulsum, Martini
Bvceri. | Argentorati an. M. D. | XXXIII. Mense Decembri. | Am Ende
vor dem Druckfehlerverzeichnis:] Argentorati ex aedibus | Matthiae Apiarii |
XV. Kalend. Ianuarij. M. D. XXXIII.

48 ungez. Bl. in 8º. Sign. A ij—F v. Kustoden am Ende der Bl ; Kopftitel
u. Marginalien. 24 Zeilen. Antiqua. Die ersten beiden und die vorletzte Zeile des
Titels in Kapitalbuchstaben gedruckt. Initiale am Anfang. — In einer der beiden
auf dem Titel u. am Schluß angegebenen Jahreszahlen muß ein Druckfehler stecken,
da sonst die beiden Data um ein Jahr auseinanderliegen würden (am Schluß:
18. Dez. 1532 u. am Anfang: Dez. 1533). Baum nimmt deshalb an, daß am Ende
1534 zu setzen sei. — Baum 29. KULB. Schl. Mb.

1534.

33. Bericht auß der hey- | ligen geschrift von der recht gott- | seligen anstel-
lung vnd haußhaltung Christlicher | gemeyn, Eynsatzung der diener des

| worts, haltung vnd brauch | der heyligen Sacra- | menten. | Vom heyligen Tauff, vnnd | das die kinder zů teüffen, mit satter schrifftli- | cher widerle- gung was biß her | hie wider vffbracht. | Von dem H. Sacrament des | leybs, vnnd blůts vnsers Herren Jesu. | vnnd Christlicher eynigkeit iñ di- | sem handel gehalten. | Durch die Prediger des heyli- | gen Euangeli, zů Straß- burg, der Stat, vñ | kirchen zů Münster in Westfal, | erstlich geschriben. [Am Ende:] Zů Straßburg, durch Mathiam Apiarium, | den dritten in Mertz, Im jar 1534.

112 unzez. Bll. in 4⁰. das letzte leer. Sign. a — z iij, A — D z. Die ersten 4 Bll. nicht signiert. Kustoden, Kopftitel und Marginalien. 30 und 31 Z., deutsche Typen. Zeile 1, 2, 8, 12 und 16 des Titels größer gedruckt. In der Unterschrift sowohl der Zueignung als des ganzen Werkes bezeichnen sich Bucer und andere Prediger zu Straßburg als Verfasser. — Baum 31. KULB Schl.

34. Confutation vnd Ablai- | nung etlicher vermainten Argumenten, so newlich | von ainem Nachdichter, auffgezaichnet seind, Dar- | inne angezogen wirdet, Das kainem diener deß | Euangelions, in der Religion vnd glaubens sachen, | die weltlichen Oberkait zuerwecken, noch vil | weniger weltlichen Oberkaiten | darein zugreiffen, ge- | zynen wölle. | 1. Theff. 5. | die weyssagung verachtet nit, | prüfet aber alles, vnd das gůt | behaltet ꝛc. | Anno M. D. XXXIIII. | Am Fünfften Aprilis. (O. O. u. Dr.) [Augs- burg, Vlhart?]

16 ungezählte Bll. in 4⁰. Sign. a₂—d₃. Ohne Kustoden, Kopftitel u. Margi- nalien. 34 Zeilen, Schwabacher Typen. Die erste Zeile des Titels größer und fetter gedruckt. Initiale auf S. 2 ᵃ. Eigentümliche S. — Baum 32. — KULB.

35. Defensio | adversus axioma catholi- | cum, id est criminationem R. P. Roberti | Episcopi Abrincésis, in qua is impiæ | nouationis in cunctis Esslesiæ cum do- | gmatis, tum ritibus. peculiariter aũt | circa Sacrosanctam Eucharistiam | importune accusat, quotquot | Christi doctrinam sectari ┊ studét, ab ijs hominum | cõmentis, quæ cum | illa pugnant, re | purgatam. | Hic videbis christiane le- | ctor, nos nihil prorsus uel in doctrinam, uel | ritus Ecclesiarũ nostrarũ admisisse, quod | non pulchre conueniat, & cum scri- ┊ ptis orthodoxorum Patrum, & cum | obseruatione Ecclesiæ catholicæ. | Per Marti · Bcee. | Catalogvs eorvm | de quibus hic disputatur, est in | sequenti pagina. [Am Ende:] Argentorati per mathiam | Apiarium. | Anno M D XXXIIII.

~ 80 ungezählte Bll. in 8⁰. Sign. A₂ — K₃. Kustoden, Kopftitel und Marginalien. 29 Zeilen, Antiqua. Zeile 1, 2, 14, 20 u. 21 des Titels in Kapitalbuchstaben gedruckt;

Zeile 1 sehr groß. Zum Teil wieder abgedruckt Tom. Angl. S. 613—631 mit der Ueberschrift: Ex secunda parte responsionis Mart. Bvceri adversvs axioma catholicvm Roberti episcopi Abrinten. qua tractat de sacra Eucharistia. — Baum 33. Panzer, lat. Ann. VI, 124, 860. — KULB.

36. Der größer Catechismus. Das ist kurtze christl. Erklärung für die Kinder und angehenden der gemeinen Artikeln unsres christl. Glaubens, Zehn Gebott, Vatter unser ꝛc. 1534.*

20 Bll. Nicht bei Baum. Hubert in seinem Verzeichnisse der Schriften Bucers.

1535.

37. Vom Ampt der ober | kait, in sachen der religion vnd Gots- | diensts. Ain bericht auß göttlicher schrifft, | des hailigen alten lerers vnd Bischoffs Au- | gustini, an Bonifacium den Kay- | serlichen Kriegs Grauen | inn Aphrica. | Jns Teütsch gezogen, durch Wolfgangum | Meüßlin, Prediger beym Creutz | zů Augspurg. | Mit ainer Vorrede, vnd zů end des Büchs | mit ainem kurtzen bericht, von der allge- | mainen Kirchen, Marti : | Buceri. [Am Ende :] ☜ Getruckt zů Augspurg, durch Philipp Vlhart. (O. J.) [1535].

30 ungez. Bll. in 4°. Sign. A ij — H ij. Die Lage G. hat nur 2 Bll. Marginalien, aber keine Kopftitel. Kustoden am Ende jeder Lage. 37 Zeilen, Schwabacher Typen. Die Marginalien zum Teil cursiv. Die erste Zeile des Titels sehr groß und fett gedruckt. Initiale auf S. A ijᵃ. — Buzers Vorrede datiert: Augspurg, auff den. 10. tag des Mertzen. 1535. Das Schriftchen ist Uebersetzung von Augustinus, De correctione Donatistarum liber seu epistula CLXXXV. — Baum 34. KULB. Schl.

38. Dialogi oder Gesprech | Von der gemainsame, vnnd den Kirchen | übungen der Christen. Vnd was yeder Oberkait | von ampts wegen, auß Göttlichem be- | selch, an den selbigen zůerse- | hen vnd zů besseren | gebüre. | Psalm 2. | Nun seyt klůg jr Künig, vnd jr Richter | im land lasset euch weysen. | Wende das blat, so findestu verzaichnet | den besonderen innhalt aines | yeden Gesprächs. | Martinus Bucer. | M. D. XXXV. [Am Ende :] Getruckt in der Kaiserlichen statt Augspurg, | durch Philippen Vlhart.

96 Blätter in 4°. A ij — Z iiij; ohne Blattzahlen, aber mit Kustoden am Ende jeder Lage, außer der ersten ; Kopftitel und Marginalien. Die erste und letzte Lage umfassen je 6 Bll., die übrigen je 4. 36 Zeilen, Schwabacher Typen. Die erste Zeile des Titels sehr groß und fett gedruckt. Im ersten Worte des Titels statt der J-Punkte kleine Haken. Initiale auf S. 2ᵇ. — Baum 36. — KULB. J. Schl. Mb.

1536.

[Vergl. Nr. 24ᵃ.]

39. Martinvs Bvcerus lectori S.

Vorrede zu Zwinglis und Oecolampads Briefen, welche im Jahre 1536 in Fol bei Thomas Platter u. Balth. Lasius in Basel erschienen. Steht unmittelbar vor dem Text des ersten Buches. Ohne Datierung. (Es geht aus dieser Vorrede hervor, daß auch Bucer bei der Herausgabe der Briefe beteiligt war («nos eas Epistolas edidimus in uolgus»). — Baum 37. KULB. — Derselbe Brief ist, ebenfalls unmittelbar vor dem Text des ersten Buches, wieder abgedruckt in der Ausgabe dieser Briefe, welche unter dem Titel: Monumentum instaurati patrum memoria per Helvetiam Regni Christi, et renascentis Evangelii 1592 in 4° bei Sebastian Henricpetri in Basel erschien. — Wilh.

40. Metaphrases et | enarrationes perpetvae epistolarvm | D. Pavli Apostoli, quibus singulatim Apostoli omnia, | cum argumenta, tum sententiæ & uerba, ad autor:- | tatem D. scripturæ, fidemq3 Ecclesiæ catho- | licæ tam priscæ quàm præsentis, religiose | ac paulo fusius excutiuntur. | Dissidentivm in speciem locorvm scri- | pturæ, & primarum hodie in religionis doctrina con- | trouersiarum conciliationes et decisiones. XLII. | Omnia citra dentem καὶ ἔτσα | ζόϛ, & ad communem Ecclesiarum restituendam | concordiam modis omnibus accommodata. | Tomvs primvs. | Continens metaphrasim et enarrationem | in Epistolam ad Romanos, in qua ut Apostolus præcipuos totius Theologiæ | locos tractauit quàm exactissime & plenissime, ita est hoc Tomo maxima | pars totius non tam Paulinæ, q3 uniuersæ S Philosophiæ explicata. | Per Martinvm Bvcervm. | Argentorati per VVendelinvm | Rihelium. Mense Martio. Anno | M. D. XXXVI.

6 Bl. u. 507 gez. Seiten u. ein leeres Blatt in Fol. Sign. ij — iiij. a — z₁, A — Y₂ Kustoden, Kopftitel u. Marginalien. 2 Columnen. 60, 61 u. 62 Zeilen, Antiqua. Die 1., 2., 8., 13., 14, 18. u. 19. Zeile des Titels in Kapitalbuchstaben gedruckt, die 11. u. 12. cursiv. Druckfehler in den Seitenzahlen: 494 statt 494; 497 st. 499. Initialen auf S. 1, 41, 45, 209, 210, 211, 374, 375, 376, 377, 455, 496, 497, 498, 499. — Baum 38. Panzer, lat. Ann. VI, 127, 884. — KULB.

Neue Ausgabe:

40a. Metaphrasis et enarratio | in epist. D. Pavli | apostoli ad Romanos, in qvibvs | singvlatim apostoli omnia, cùm ar- | gumenta, tum sententiæ & uerba, ad autoritatem diuinæ | scripturæ, fidemq3 Ecclesiæ Catholicæ tam priscæ | quàm præsentis religiose ac paulo fu- | sius excutiuntur. | Et vt Apostolus præcipuos locos totius Theologiæ tractauit quàm exa- | ctissimè & plenissimè, ita maxima pars totius, nō tam Paulinæ, | quàm vniuersæ sacræ Philosophiæ explicata est. | Per D. Martinvm Bvcervm. | Dissidentium in speciem locorum Scripurtæ, & primarum hodie in Religionis doctrina | controuersiarum conciliationes & decisiones XLII. | Cum Indice verborum & sententiarum copiosissimo. | [Druckermarke.] | Basileae | apud Petrvm Pernam | M. D. LXII.

4 ungez. Bll., 39 gez. u. 1 ungez., 595 gez. u. 1 ungez. S. u. 10 ungez. Bll. in Fol. Das letzte Blatt leer. Die Zählung sehr häufig fehlerhaft. Sign. *₂ — *₄, z — ⁷⁄₄, a — z₁, A — Z₁, Aa — Ff₂. Jede Lage hat 6 Bll., nur Dd blos 4. Kustoden am Ende der Bll.; Kopftitel u. Marginalien. 54 Zeilen, Antiqua; die Marginalien meist cursiv. Die 1.—4., 12., 16. u. 17. Zeile des Titels in Kapitalbuchstaben, die 13. u. 14. cursiv. Initialen auf S. *₂, a, a₃, t₃, C₃, 1, 429, 430, 528, Y, Cc₃, 585. — Baum a. a. O. KULB.

1538.

41. Drei predigē aus dem | Euangelio: | Komet her zů mir alle die jr mühselig | vnd beladen seind. etc. Matt. XI. | Der Kirchen zů Beñfeld zur letze gethon, vom | Joch Christi vñ den recht vralten Kirchen | ordnungen, vor der verenderung der Ober | keiten vnd Christlicher haußhal= | tung da selbet. | Am die Oberkeiten im̄ Elias außgangen, | mit einer vermanung, nach warer | Reformation der Kirchen | zů trachten. | Durch Martin Bucer. (O. O., Dr. u. J.) [Straßburg 1538.]

40 ungez. Bll. in 4⁰ Sign. A ij — K iij. Kustoden, keine Kopftitel u. Marginalien. 31 u. 32 Zeilen, Schwabacher Typen. Die erste Zeile des Titels sehr groß u. seit gedruckt. — Die Vorrede datiert: Straßburg. 4. Julij 1548. — Baum 48. Wilh. Schl.

Neue Ausgabe:

41a. Martini Buceri | Professoris der H. Schrifft vnd deß Kir= | chen-Convents Pra-sidenten | zu Straßburg | Drey | Letztpredigen, | In | der damaln vom Papstumb ge= | reinigten Kirchen Gottes | zu | Ben-felden | Anno 1538. gethan vnd außgan= | gen, mit einer vermahnung an die Obrig= | keit im Elsaß. nach wahrer Reforma= | tion der Kirchen zu trachten, | Jetzo da das Evangelium auch so lang | als damaln durch der Cron Schweden | anstatt, in Benfelden geschinen, | wider auffgelegt, | Daran gehengt deß Cardinals von Camme= | rich Discurs von der Kirchen Reformation, | Sampt einer Vorrede | Joh. Georgen Dorschen D. | Straßburg, | Getruckt bey Johann Andrew S. Erben, | Im Jahr 1649.

64 ungez. Blätter, deren letztes leer, 190 gez. Seiten und 1 leeres Blatt in 12⁰. Sign.):(ij —):():():():():(, A — Hvij. Kustoden und Kopftitel, keine Marginalien. 23—28 Zeilen, deutsche Typen. Zierleisten auf S. 1, 14, 61, 134; Initiale auf S. 1. — Baum a. a. O. StB.

42. Von der waren Seel- | sorge, vnnd dem rechten Hir- | ten dienst, wie der selbige inn der Kirch- | en Christi bestellet, vnnd ver- | richtet werden solle. | durch | Martin Bucer. | Hierinn findestu die eygentlichen mittel, durch | welche wir von diser so jämerlichen, vnd ver- | derblichen spaltung vnd zertrennung der | Religion, wider zü warer eynigkeyt | der Kirchen, vnd der selbigen | güter Christlicher ordnung | kommen mögen. | *Nit alleyn den gemeynden Christi, sonder auch den pfar- | rern, vnd obren seer nutz- lich zu wissen.* | Die fürnemsten articul diß büchs besehe | am nachgonden blatt. | Zü Straßburg bei Wendel Rihel. | Anno M. D. XXXVIII.

122 Bll. in 4°; davon die ersten 6 (Vorrede) ohne Blattzeichen (Sign. A ij—Av), die folgenden bezeichnet als I—CXVI (Sign. B. bis Z iij, a — g iij). Kustoden, Kopftitel und Marginalien. 30 Zeilen, Schwabacher Typen. Die erste Zeile des Titels größer und fetter gedruckt, die 16. u. 17. cursiv. — Baum 49. — KÜLB. Schl.

Neuere Ausgabe:

42 a. Pastorale | Das ist, | Von der waren Seel- | sorge, vnd dem rechten Hirtendienst, | wie derselbige in der Kirche Christi | bestellet, vnd verrichtet wer- | den soll. | Durch Martin Bucer. | Hierin findestu die eigentliche mittel, durch wel- | che wir von dieser so jämerlichen, vnd verderblichen spaltung vnd zertrennung der Religion, wider zu warer einigkeit | der Kirchen, vnd derselbigen guter Christ- | licher ordnung kommen | mögen. | Nicht allein der Gemeine Christi, sonder auch den | Pfarrern, und Oberkeiten sehr nütz- , lich zuwissen. | Die fürnemsten Artikel dieses Buchs besihe | am nachgehenden Blatt. | Gedruckt in er Churfürstlichen Statt | Heidelberg, durch Johannem | Mayer. | M. D. LXXIIII.

8 ungez. Bll. u. 215 gez. Seiten in 4°. Sign. (a) ij, — (b) iij, A — Z iij, Aa — Dd iij. Kustoden, Kopftitel und Marginalien. 30 Zeilen, deutsche Typen. Die erste Zeile des Titels in latein. Kapitalbuchstaben, die 3., 4., 9., 10., 16., 19. u. 21 rot gedruckt. Initialen auf S. (a) ij ᵃ, 1, 8, 16, 39, 59, 68 u. 182. — Nicht bei Baum. Berl.

Dritte Ausgabe:

42 b. Pastorale | das ist, | Von der wahren | Seelsorge, vnd dem rechten | Hirtendienst, wie derselbige, in der | Kirchen Christi bestellet vnd ver- | richtet werden soll. | Durch | Martinvm Bvcervm. | Hierin findestu die eigentliche mittel | durch welche wir von dieser so jämmerlichen, vnd | verderblichen spaltung vnd zertrennung der Re- | ligion, wider zu wahrer einigkeit der Kirchen, | vnd derselbigen guter Christlicher ord- | nung kommen mögen. | Nicht allein der Gemeine Christi, sonder auch | den Pfarrern, vnd Obrig-

keiten sehr | nützlich zu wissen. | Die fürnembsten Artikel dieses Buchs besihe | am nachgehenden Blatt. | Gedruckt zu Newstadt an der Hardt, durch | Matthæum Harnisch, im Jar | M. D. XCII.

8 ungez. Bll. und 215 gez. Seiten in 4°. Sign. (a) ij—(b) iij, A—Z iiij, Aa—Ddiiij. Kustoden, Kopftitel und Marginalien. 30 Zeilen, deutsche Typen Die erste und neunte Zeile des Titels in lateinischen Kapitalbuchstaben, die 2., 3., 9., 10., 15., 18 u. 21. rot gedruckt. Titeleinfassung. Initialen auf S. (a) ij u, S. 1, 8, 16, 39, 59, 68, 182. — Nicht bei Baum. Sth. — Lateinische Uebersetzung Tom Angl. S. 260—356, mit der Ueberschrift. De vera animarum cura, veroque officio pastoris ecclesiastici: quemadmodum id in Ecclesia Christi constitui administrarique debet. Authore Martino Bucero.

Andere latein. Uebersetzung:

42c. De vera Animarum cura veroque officio pastoris ecclesiastici, quemadmodum id | in ecclesia | Christi | constitui administrariq : debet : avtore | Martino Bucero. | [Druckermarke] | Ambergae | Ex officino typographica Shönfeldiana [sic !]. | MDC. IV.

9 ungez. Bll., 363 gez. Seiten u. 1 ungezähltes, leeres Blatt in 8°. Die Blattzahlen öfter verdruckt, namentlich gegen den Schluß. Sign. A₂—Z₅, Aa₁—Aa₅. Kopftitel und Marginalien. 26—30 Zeilen, Antiqua. Zeile 1—8 und 10—12 des Titels in Kapitalbuchstaben gedruckt. Initialen vor den Hauptabschnitten. Auf der Rückseite des vorletzten Blattes die Druckermarke wiederholt. Darunter: Ambergæ | Typis Johann. Schönfeld. | Anno M. DCIV. — Baum 49. J. Z.

1539.

43. Ratschlag ob | Christlicher Oberkait | gebüren müge, das sye die | Juden undter dē Chriſten zū wo- | nen gebulden, vnd wa sye zū ge- | dulden, wölcher gstalt vñ maß. | Durch die gelerten am ende diß | Büchlins verzeichnet, zügericht. | Isaie 65. Caput. | Ich wirt gesūcht von denen, die nicht nach | mir fragten, Ich wirt funden von denen, | die mich nicht sūchten, vnd zū den heiden, | die meinen namen nicht anruffen, sage ich | Hie bin ich, Hie bin ich etc. (O. O., Dr. u. J.) [1539].

8 ungez. Bll. in 4°. Sign. A ij—B iiij. Kustos am Ende der Lage A. Keine Kopftitel u. Marginalien. 34 Zeilen, Schwabacher Typen. Die erste Zeile des Titels sehr groß und fett gedruckt. Am Ende der Schrift die Namen Bucers und anderer als Verfasser angegeben; darunter: Zū Cassel Anno dñi. | XXXIX. Titeleinfassung. — Baum 50. Wilh.

Anderer Druck:

43a. Ratschlag | Ob Christlicher O- | brigkeit gebūren müge, das sie | die Jūden, vnter den Chri | sten zu wonen gedulbē, | vnd wo sie zu gebul | ben,

welcher geſtalt | vnd maſs. | Durch die gelerten am ende diß | Büchlins ver-
zeichnet, zugericht. | Iſaie l ӡ v. Capit. | Ich werd geſucht von denen, bie
nicht nach | mir fragten, Ich werd funden von denen, | die mich nicht ſuchten,
vnd zu den heiden, | die meinen namen nicht anruffen, ſage ich, | Hie bin ich,
Hie bin ich etc. | Am Ende:] Gedruckt ӡu Erf- | furbt durch Chriſtoffel |
Golthammer. | *Anno domini M. D. XXXIX.*

12 ungeӡ. Bll. in 4⁰. Das leӡte leer. Sign. Alj—Cij. Kuſtoden; keine Kopf-
titel und Marginalien. 26—30 Zeilen, Schwabacher Typen. Die erſte Zeile des
Titels und der Datierung ſehr groß gedruckt. Titeleinfaſſung. — Nicht bei Baum. Heid.
Weitere Ausführung derſelben Schrift:

43 b. Von den judē | Ob, vñ wie die vnder | den Chriſtē ӡů halten ſind, ein
Rath | ſchlag, durch die gelertē am ende diß | büchlins verzeichnet, ӡůgericht.
❧ Item | Ein weitere erklerung | vndbeſchirmung |ſic!] deß ſelbi- | gen Raht-
ſchlagꝰ. | Durch Martin Bucer. | Iſaie. lꝯ. Capit. | Ich werd geſucht von
deñē, die nit nach | mir fragtē, Ich werd ſundē von denen | die mich nit
ſuchten, vnd ӡů den heiden, | die meinen namē nicht anrüffeu, ſage | ich,
Hie bin ich, Hie bin ich ꝛc. (O. O., Dr. u. J.) [Straßburg, Wolf Köpphel?
1539.]

18 ungeӡ. Bll. in 4⁰, das leӡte weiß. Sign. A ij — E. Kuſtoden, keine Kopf-
titel u. Marginalien. 30 u. 31 Zeilen, deutſche Typen. Titeleinfaſſung. Die 1., 2.
u. 7. Zeile des Titels größer gedruckt. Der erſte Teil der Schrift, Bl. 1—8 iſt
unterzeichnet von Bucer und ſechs andern Theologen und datiert: Zů Caſſel Anno
Domini. M. D. XXXIX. Der zweite Teil iſt unterzeichnet: Datum ӡů Straßburg
den. 10. des Meien 1739. E. williger, | Martin Bucer. — Baum a. a. O. —
KULD. Schl.

43 c. Eine andere Ausgabe erſchien ӡu Straßburg 1562. 40 Bll. Kl. 8⁰.
Am Ende: Gedruckt ӡu Straßburg bey Thiebolt Berger am Barfüßerplaӡ.
Anno 1562.* — Baum a. a. O. Colm. Z.

44. Etliche geſprech aus götlichem | vnd geſchribnen Rechten vom | Nürn-
bergiſchen | frideſtand, der ſtreitigen Religion | halb, Anno ꝛc. 32. | Franck-
fortiſch- | en anſtand, jüngſt im Aprilen | diſes. 39. jars vffgericht. | Künftiger
hand | lung gon Nürnberg angeſehen, den | ſpan der Religion hin- |
ӡůlegen. | In der vorrede findeſtu ben inhalt | diſes büchlins weitleuffiger. |
Chůnrad Trewe von | Fridesleuen. |Am Ende:] Gedruckt ӡů Freiberg | durch
Johañ Gůtman. (O. J.) [Straßburg, W. Rihel? 1539.]

76 ungeӡ. Bll. in 4⁰. Sign. A ij — Riiij. Die Lagen E und R haben je
ſechs Blätter, die Lage F acht. Kuſtoden und Kopftitel. Keine Marginalien. 29 und

30 Zeilen, Schwabacher Typen. Die 3, 6. und 9. Zeile des Titels sehr groß und fett gedruckt. Die Vorrede ist datiert: Zů | Sonnenborn, den 3. Junij, Anno. 1539. Konrad Treu von Fridesleuen ist ein Pseudonym Bucers. Vgl. Nr. 45. Nach Weller, Falsche u. fingirte Druckorte I, S. 3, wäre Rihel in Straßburg der Drucker. Baum erwähnt diesen Druck nicht. — StB. Mb.

Anderer Druck:

44 a. Etliche gespräch auß Götlichem vnnd geschribnen Rechten vom | Nürnbergischen | fridestand, der streitigen Religion | halb, Anno rc. xxxij. | Franckfortischen | anstand, jüngst im Aprillen dises | xxxix. jars auffgericht. | Künfftiger hand- | lung gen Nürnberg angesehen, | den span der Religion | hin zůlegenn. | In der vorrede findestu den inhalt | dises büchlins weitleuffiger. | Conrad Trewe von | Fridesleuen. (O. O., Dr. u. J.)

64 ungez. Bll. in 4⁰, das letzte weiß. Sign. A ij — Q iij. Kustoden u. Kopftitel. Keine Marginalien. 30, 31 u. 32 Zeilen, Schwabacher Typen. Titeleinfassung. Die 3, 6. u. 9. Zeile des Titels größer gedruckt. Initialen auf S. 1ᵇ u. 3ᵃ. Die Vorrede ist datiert: Zů Sonnenborn | den iij. Junij, Anno. M. D. xxxix. — Baum 51. KULB.

1540.

45. VOn Kirchen | gütern. | Wes deren besitz, vnd eigenthum seie. | Wer die raube, oder recht anlege, wol | oder vbel brauche. | Wie sie wider zůrecht Christlicher, vnd | allen Stenden nützlichster besitzung, anlage, vnd | gebrauche, ofs aller süglichest könden bracht werdē. | Auch etwas vom newen Dialogo, jüngst wider | die Protestierenden ausgangen. | Actorūm. [sic!] 4. Cap. Vnd man gabe einem jeglichen, was jm not ware. | Thůnrath Trew von Fridesleuen. | An. M. D. XL. [Am Ende:] Gedruckt zů Freiberg durch Johan | gütman. M. D. XL. | Straßburg, Wendelin Rihel?]

140 ungez. Bll. in 4⁰, das letzte leer. Sign. A₂ — Z₃ u. a — l₃. Die erste Lage hat 8 Bll. Kustoden, Kopftitel u. Marginalien. 30 u. 31 Zeilen, Schwabacher Typen. Die ersten beiden Zeilen des Titels sehr groß gedruckt. Wegen des Druckers vgl. Weller, falsche und fing. Druckorte I, S. 3. Nach einer Notiz bei Haag, la France prot. 2ᵉ éd. III, col. 362 wäre diese Schrift die deutsche Uebersetzung des letzten Tractats von B's Buch, »per quos steterit« etc. (Vgl. Nr. 46ᵃ.) Dies ist jedoch, soviel ich sehen kann, nicht richtig. — Baum 52. KULB. Schl. Mb.

Anderer Druck:

45 a. VOn Kirchenguetern. | Wes deren besitz, vnd eigenthum seie. | Wer die raube, oder recht anlege, wol oder | vbel brauche. | Wie sie wieder zůrecht Christlicher, vnd al- | len Stenden nützlichster besitzung, anlage, | vnd gebrauche, auffs aller süglichest | könden bracht werden. | Auch etwas vom newen Dialo-

9

go, jüngst wider | die Protestierenden außgangen. | Mit ainem nutzen zů End ange- | henckten Register. | Actorum 4. Cap. | Vnd man gabe einem jeglichen, was jm not ware. | Chůnrath Trew von Fridesleuen. | M. D. XL. (O. O. u. Dr.)

5 ungez., 90 gez. u. 5 ungez. Bll. in 4⁰, das letzte leer. Die Blattzahlen mitunter verdruckt. Sign. A ij—Z iij, a—b iiij. Kustoden, Kopftitel und Marginalien. 35 Zeilen, Schwabacher Typen. Die erste Zeile des Titels größer gedruckt. — Nicht bei Baum. Berl. Dresd.

46. VOm tag zu Hage- | naw, vnd wer verhinderet hab, das | kein gespräch von vergleichung | der Religion, daselbst für | gangen ist. | Auch auß was billicheit man den protestierenden | der Kirchen gůter restitution, oder inn getraws | hand erlegung, oder bewilligung ins rechten be- | geret hat. | Durch waremund luitholden. | Vnder des ist auch angezeigt, was von wegen des fridens in der Religion zů Augspurg, Schwein- | furt, Nürenberg, Franckfurt vnd Hage | naw gehandelt ist. | 1540. (O. O. u. Dr.) [Straßburg.] [Auf der Rückseite des letzten Blattes:] Zum leser. | Du findest auch indisem [sic!] büchlin, welches der bes | ser weg, Concilien zu halten, vnd die kirchen wider zů | versůnen. Deßgleichen Franckfurter abschid von | wort zůwort.

52 ungez. Bll. in 4⁰. Sign. A ij — O ij. * — ** ij. Die Lage O hat nur 2 Bll. Kustoden, Kopftitel u. Marginalien. 31 Zeilen, Schwabacher Typen. Die erste Zeile des Titels sehr groß u. fett gedruckt. Am Ende der Hauptfrage (S. O ij b): Auß Wibelspurg [Straßburg], prima Calend. Se- | ptembris. | Anno M. D. XL. Waremund Luithold ein Pseudonym Bucers. — Baum 53. Wilh. J. Mb.

Dasselbe lateinisch:

46 a. Per qvos stete | rit, qvo minvs Haganoae | proximis comitijs, de componen- | do religionis dissidio, initnm | colloquium sit. | De optima ratione haben | dorum Conciliorum, & pacandarum Ecclesia- | rum. | A qvibvs ivre exigatvr | restitutio bonorum Ecclesiasticorum. | Hic cognosces qvae de pa- | ce cum Protestantibus acta sunt Augstæ, Schuin- | furti, Norimbergæ, Francofurti & Haganoæ. | Vide pagina sequenti. | Per Varemundum Luitholdum. | M. D. XL. (O. O. u. Dr.)

119 gez. u. 7 ungez. Bll. in 8⁰. Druckfehler 97 st. 79. Sign. A₂—O₅ u. *—*₅. Kustoden, Kopftitel u. Marginalien. 24 Z., Antiqua, die Marginalien cursiv. Die 1., 2., 6., 9. u. 11. Zeile des Titels in Kapitalbuchstaben, die 7., 8., 10. u. 12. bis 14. cursiv. Initialen auf S. 2 a und auf dem ersten der ungezählten Bll. am Schluß. Am Ende von S. 112 a steht: Ex Auentico | I. Calend. Septembris. 1540. — Nicht bei Baum. KULB.

47. An statvi et di· | gnitati ecclesiasti⸗ | corvm magis conducat, admit⸗ | tere Synodum nationalem, | piam & liberam, quam | decernere bello | Epistolae dvae ! Decani & Canonici | cuiusdam | Anno M. D. XL. (O. O. u. Dr.)

20 ungez. Bll. in 8⁰. Das letzte leer. Sign. A₂—C₃. Kustoden; keine Kopftitel u. Marginalien 29 Zeilen, Antiqua. Die erste, zweite und siebente Zeile des Titels in Kapitalschrift. Initialen auf S. A₂ᵃ u. A₄ᵃ. Auf dem Titel des mir vorliegenden Exemplars steht von Huberts Hand: Martino Bucero authore. Der erste Brief ist datiert: Hagenoiæ. IIj. post se | stum Corporis Christi. Anno 2540 [sic!] Der zweite: Apud Nemetes. D. Bonisacij. | Anno 1540. — Baum 54. Wilh.

Dasselbe deutsch:

47 a. Bom tag zu Hagenaw | Zwen verdeutschte Sendbriefe, eins, Thumbe⸗ chants vnd eins weysen | bescheidenen Thumherrns. (O. O., Dr. u. J.) [1540].

16 ungez. Bll. in 4⁰. Sign. Aij—Diij. Kustoden u. Marginalien, keine Kopf titel. 35 Zeilen, Schwabacher Typen. Die erste Zeile des Titels größer gedruckt. — Nicht bei Baum. KULB. — Auf der Kgl. Bibl. in Berlin. (Sign. Cu 814) be⸗ findet sich ein Druck, der sich nur dadurch von dem eben beschriebenen unterscheidet, daß auf dem Titel steht „verdeudichte", und daß der Kustos auf der 4. Seite heißt: „lio wolt" statt „lio" in dem hier beschriebenen Drucke.

1541.*)

48. Abvsvvm ec⸗ | clesiasticorvm, et ¹ rationis, qua corrigi eos abv⸗ ʼsus oporteat, indicatio Imperatoriæ Maie⸗ | stati, in comitijs Reguespurgi [sic!] postu⸗ | lanti, exhibita. | Per Martinum Bucerum. | Argentorati anno M. D. | XLI. Mense Iunio. (O. Dr.) [Bei Wendelin Rihel.]

12 gez. Blatt in 4⁰. Sign a ij—c iij. Kustoden u. Kopftitel. Die Kustoden nicht immer vorhanden. Keine Marginalien. 33 Zeilen, antiqua. Die 1.—3. und vorletzte Zeile des Titels in Kapitalbuchstaben, die drittletzte cursiv. — Baum 55. Wilh. J. — Es existiert auch ein anderer, sonst ganz gleicher Druck dieses Schriftchens, auf dessen Titel nur zuletzt steht: Mense Augusto. — Diesen Abbruck erwähnt Baum nicht. — KULB. Schl J. Mb.

49. Acta collo | qvii in comitiis imperii Ra⸗ | tisponae habiti, hoc est articvli | de religione conciliati, & non conciliati om⸗ | nes, ut ab Impe⸗ ratore Ordinibus Impe⸗ | rij ad iudicandum, & deliberan⸗ | dum propositi

---

*) Der bei Baum Nr. 56 aufgeführte «Dialogus, . . . ob es göttlichem . . . Rechte gemässe oder entgegen sey, mehr denn eyn Eeweib zugleich zu haben . . . M.D.XLI, durch Huldrichum Neobulum" hat nicht Bucer, sondern Leningus zum Verfasser. Vgl. darüber bei Lenz, Briefw. Ldgr. Philipps v. Hessen mit Bucer II, S. 26 Anm., S. 59. Anm., S. 81.

sunt. | Consulta & deliberata de his actis Imperatoris | singulorum Or-
dinum Imperij, & Le- | gati Romani. | Et, quædam alia, quorum Cata-
logum ha- | bes sequenti pagina. | Per Martinum Bucerum. | Argentorati
mense sep- | tembri M. D. XLI. (O. Dr.) [Bei Wendelin Rihel.]

114 Bll. in 4⁰. Davon die erſten 6 ungezählt, die folgenden bezeichnet: 1—37,
37, 39—84, 81, 86, 83, 88, 91—94, 93, 94, 95—104; die 4 letzten Bll. ohne
Blattzahlen. Sign. A ij—Z iij, A a—Ee iij Die Lage A hat 6 Bll., von der Lage L
iſt das 4. Bl. weiß, aber mitgezählt, wenn auch ohne Blattzahl. Kuſtoden, Kopftitel
u. (ſeltene) Marginalien. 33 (ſeltener 31 u. 32) Zeilen, Antiqua; die Marginalien
curſiv. Die erſte bis dritte und die beiden letzten Zeilen des Titels in Kapital-
buchſtaben, die drittletzte curſiv. Initialen an den Anfängen der einzelnen Abſchnitte.
Der Drucker ergiebt ſich aus der vollſtändig datierten Ausgabe von 1542. —
Baum 58. KULB. — J. Schl. Mb.

49a. Daſſelbe. Wesaliae 1541. 8⁰. — W.*

Dritte, erweiterte Ausgabe:

49b. Acta collo- | qvii in comitiis imperii | Ratisponae habiti, hoc est,
ar- | ticuli de Religione conciliati, & non conciliati | omnes, ut ab Impe-
ratore, Ordinibus Im- | perij ad iudicandum & deliberan- | dum propositi
sunt. | Consvlta et delibera- | ta de his actis imperatoris, | singulorum
Ordinum Imperij, & | Legati Romani. | Et quædam alia, quorum Cata-
logum statim post | Epistolam dedicatoriam inuenies. | Per Martinum
Bucerum. | Accesserunt iam Indices duo, alter in Librum ab | Imperatore
propositum, alter in omnia | alia quæ isti subijciuntur. | Argentorati
mense Febrvario. | M. D. XLII. [Am Ende:] Argentorati per Vuendeli-
num | Riheliũ. M D. XLII.

8 ungez. Bll., 236 gez. Seiten u. 8. ungez. Bll. in 4⁰. Sign. z ij—z iij. A—Ziif,
Aa—Hh iij u. I—Llij. Die letzte Lage hat 6 Bll. Druckfehler in der Seitenbezeich-
nung: 12 ſt. 21, 45 ſt. 54, 85 ſt. 58, 47 ſt. 74, 69 ſt. 79, 89 ſt. 98, 108 ſt. 180,
204 ſt. 224. Kuſtoden, Kopftitel u. Marginalien. 33 Zeilen, Antiqua. Die 1—3.,
8., 9. und vorletzte Zeile des Titels in Kapitalbuchſtaben; die 14. Zeile curſiv.
Initialen wie in der Ausgabe von 1541. — Nicht bei Baum. KULB.

Deutſche Ausgabe:

49c. Alle Handlungen vnd | Schrifften, zů vergleichung der Re- | ligion,
durch die Key. Mai., Churfürſten, Für- | ſten, vnd Stände, aller theylen, Auch
den Bäbſt. | Legaten, auff jüngſt gehaltnem Reichs- | tag zů Regenſpurg,
verhandlet, | vnd einbracht, Anno | D. M. XLI. [sic!] | Getrewes fleiß, be-
ſchriben, zůſammen ge- | tragen, vnd erkläret, durch | Martinum Bucerum. |
Regiſter alles jnhalts, zů ende des Bůchs. | Sůchen den Herre», weil er | zů
finden iſt. Jeſa. 55. [Am Ende:] Getruckt zů Straßburg, | bei Wendel Rihel.

274 Bll. in 4º; davon die erften 8 u. die letzten 4 ohne Blattzahlen, die übrigen bezeichnet als 1—49 u. 46—258. Druckfehler außerdem: 185 ft. 183 und 234 ft. 238. Sign. § ij—§ iij u. A—Z iij, a—z iij, Aa—Xx iij. Kuftoden, Kopftitel u. Marginalien. 31 Zeilen, Schwabacher Typen. Die erfte und elfte Zeile des Titels fehr groß gedruckt. — Baum Nr. 59. KULB. J. Schl.

Englifche Ueberfetzung:

49 d. The actes of the disputacio in the cowncell oft he Empyre holden at Regenspurg: That is to saye, all the artycles concernyng the Christen relygion both agreed and not agreed upon: even as they were propowned of the Emprour unto the nobles of the Empyre, to be . . . debated. Here thow hast also the sentence, cowncell and advyse of the Emperor, of . . . the nobles of the Empyre and of the Legate of Rome concernyng these actys . . . set forth by M. Bucere & P. Melancthon, etc. 1542. 8º. *

Nach dem Catalogue of books in the library of the British Museum printed . . . to the year 1640. I, S. 285.

1542.

50. De Sacra Domini Coena, ac duabus in Christo naturis Concordia et Christianae de utroque loquendi formulae concionatoribus Francofordiae observandae, per Martinum Bucerum constitutae. [Am Ende:] Actum Francofordiae, die IX Decemb. — D. D. 1542. *

Baum 63. — Tom. Angl. 697.

51. De vera ec | clesiarvm in doctri | na, ceremoniis, et disci- | plina reconciliatione & | compositione. | Hic cognosces veros | ortvs et progressvs dissi- | diorum in religione, uerasⱫ uias illa tol- | lendi, & Christianam consensio | nem restituendi. | Responsio ad calvmnias Alberti | Pighij Campensis, contra Confessionem & Apologiam Prote= | stantium nuper uulgatas, & Refutatio suggillationis | Eccianae, contra Acta Ratisponensia. | Per Martinum Bucerum. | Index rerum quæ tractantur hoc libro | post præfationem. (D. D., Tr. u. J.) [Straßburg, Wendelin Rihel 1542.]

4 ungez. u. 216 gez. Bll. in 4º. Die Blattzahlen, mitunter verdruckt, beginnen jedoch erft auf dem 9. der gezählten Bll. Sign. xii — xiij, aa — xxiij, Aa — Zziij, Aaa — Hhhiij. Kuftoden (meift nur auf der Rückfeite jedes Blattes), Kopftitel und Marginalien. 32 Zeilen, Antiqua; die Marginalien curfiv. Die 1.—3., 6., 7. u. 11. Zeile des Titels in Kapitalbuchftaben, die fechs letzten Zeilen curfiv. Initialen am Anfang der Vorrede, dann auf S. 1ª, 33ª u. 121ª. Am Ende Rihels Drucker-

marke. Nach alter handschr. Bemerkung auf dem Titelblatt des mir vorliegenden
Exemplars 1542 erschienen, doch wird auf S. 38 der Schrift »Doctrina M. Buceri de
praedestinatione« [Nr. 90], wo ein Abschnitt aus diesem Buche abgedruckt ist,
behauptet, daß sie 1544 erschienen sei. Vielleicht ist damit ein späterer Druck gemeint.
— Baum 64. Wilh. Mb.

1543.

52. Von Gottes genaden | unser Hermans Ertzbischoffs zů | Cöln, vnnd
Churfürsten ꝛc. einfaltigs bedenken, warauff ein | Christliche, in dem wort
Gottes gegrünte Reformation, an Lehr, | brauch der Heyligen Sacramenten vnd
Ceremonien, Seelsorge, vnd | anderem Kirchendienst, bis vff eines freyen,
Christlichen, Gemeinen, | oder Nationals Concilij, oder des Reichs Teutscher
Nation | Stende, im Heyligen Geyst versamlet, verbesse- | rung, bey denen
so vnserer Seelsorge be- | folhen, anzurichten seye. | [Erzbischöfliches Wappen.]
| *Cum gratia & Privilegio.* [Am Ende:] Gedruckt in der Churfürstlichen
Stat Boñ, durch Lau- | rentium von der Müllen, in dem Jar | M. D. XLIII.

6 ungez., cliij gez. Bll. und 1 ungez. Bl. in Fol. Sign. ij–iiij, A–Z iij, Aa–Cc
iiij Die Lagen haben je 6 Bll, nur die Lage Z hat nur 4. Kustoden, Kopititel
und Marginalien. 34—38 Zeilen, Schwabacher Typen. Die erste Zeile des Titels,
mit Ausnahme des größeren ersten Buchstaben, rot gedruckt, auch in den übrigen
Zeilen derselben wichtige Wörter rot. An der linken Seite des Wappens steht:
Hieremi. | vj. Also | sprichtder | Herre, | Trettet | auff die | weg vnd | schawret
vnd fragt | nach den | vorigen | wegen, | welches | der güte | wege (sic!) sei, | vnd
wan | diet drin- | nen, so | werdet jr | ruwe fin- | den für | euwere | seelen. An der
rechten Seite steht: Actorum | xx | So habt | nun acht | auff euch | selbs, vñ | auff
die | gantze | herd, vn | der weli- | che euch | der Heil. | Geyst ge | setzt hatt | zů
Bisch- | offen, zů | weyden | die gemei | ne Got- | tes, wel- | che er | durch sein | eygen
| Blůt er- | worben | hatt. Initialen auf der ersten Seite des 2. Blattes, ferner
auf S. iₐ und xx viₐ; Zierleiste auf S. viₐ. — Diese von Hubert in seinem
Verzeichnisse der Bucerischen Werke erwähnte Schrift wurde auf Anregung des Erz-
bischofs Hermann von Köln durch Bucer und Melanchthon gemeinsam verfaßt.
Bucer bearbeitete besonders die Artikel über Taufe und Abendmahl. Auszüge aus
der Schrift bei Seckendorf Comm. de Luth. lib. III. S. 443 ff.; Reck, Geschichte der
gräfl. und fürstl. Häuser Zienburg, Runkel, Wied 161 ss., Deckers, Hermann von
Wied. Köln 1840, S. 225 ff., Richter, Kirchenordnungen II, 30 ff., Daniel, codex
liturgicus ecclesiae II, 202 ff., Vormbaum, Evang. Schulordnungen I, 403 ff.
Vgl. Varrentrapp, Hermann von Wied, S. 176 ff. — Nicht bei Baum. KULB. Mb.
Deckers erwähnt S. 107. Anm. 3 als allerersten Druck den zu Buschhofen, ohne
Tag und Jahreszahl. (1543.) •

Andere Ausgabe:

52 a. Von Gottes genaden | unser Hermans Ertzbischoffs zů Cöln, vnnd
Churfüsten ꝛc. einfaltigs bedenken, warauff ein | Christliche in dem wort

Gottes gegrünte Reformation, an Lehr | branch der Heyligen Sacramenten vnd Ceremonien, Seelsorg, vnd | anderem Kirchendienst, biß auff eines Freyen, Christlichen, Gemei- | nen oder Nationals Concilij, oder deß Reichs Teutscher Na- | tion Stende, im Heyligen Geyst versamlet, verbes- | serung, bei denen so vnserer Seelsorge be- | solhen, anzürichten seye. | [Erzbischöfl. Wappen.] | Jetz zům andern mol mit grösserem Fleiß gedruckt, gecorrigiert, | vnd gebessert. Im Jar M. D. XLIIII. [Am Ende:] Gedruckt in der Churfürst | lichen Stat Bonn, durch Laurentium von der | Mülen, in dem Jar M. D. LXIIII [sic!]. Im Nouember.

6 ungez, clij gez. vnd 2 ungez. Bll. in Fol. Das 6. Blatt der 6 ersten un-
gezählten Blätter und das letzte des ganzen Buches leer. Sign. ij — iiij, A — Ziij,
Aa — Ddiij. Die Lagen J, B, Cc und Dd haben je 4 Blätter, die übrigen je 6. Kustoden,
Kopftitel und Marginalien. 37 Zeilen, Schwabacher Typen Die erste Zeile des Titels
mit Ausnahme des grösseren ersten Buchstabens rot gedruckt, auch in den übrigen
Zeilen wichtige Wörter rot. An der linken Seite des Wappens steht: Hieremi | vj
Also | spricht der | Herre, | Tretet auf | die wege | vnd schau- | wet, vnnd | fragt nach
den vorig- | en wegen, | welches | der güte | weg seye, | vnd wand | let drinnen, | so
werden | jhr ruwe | finden für | euwere | seelen. An der rechten Seite steht: Actorum
xx. | So habt | nun act | auff euch | selbs, vnd | auff die | gantze herd, vn- | der
welche | euch der | Heylige | Geyst ge- | setzet hatt | zů Bischo- | ffen, zů | weyden
die gemei- | ne Gottes | welche er | durch sein | eygen | Blůt er- | worben | hatt. Ini
tialen auf der ersten Seite des zweiten Blattes, ferner auf S. 1ᵃ, ĭ, lxxvᵇ und
auf der ersten Seite des vorletzten Blattes. Zierleisten auf S. lxxij³ und
[s]lxxxvij³. — Nicht bei Baum. KULU.

52 b. Eine Quartausgabe des Bedenkens wurde 1545 in Marburg durch An-
thonium Tirolt gedruckt.* Vgl. Varrentrapp, Hermann von Wied S. 178. Ann. 1.

Lateinische Uebersetzung:

52 c. Nostra | Hermanni ex gra-! tia Dei Archiepiscopi Coloniensis, | et
Principis Electoris, &c. simplex ac pia delibe- | ratio, qua ratione,
Christiana & in uerbo Dei fundata Reformatio, Doctrinae, | Administra-
tionis diuinorum Sacramentorum, Caeremoniarum, totiusq; | curae | animarum,
& aliorum Ministeriorum Ecclesiasticorum, apud eos qui nostrae | Pasto-
rali curae commendati sunt, tantisper instituenda sit, donec | Dominus
dederit constitui meliorem, uel per liberam & | Christianam Synodum,
siue Generalem siue Natio- | nalem, uel per Ordines Imperii Nationis
Ger | manicae in Spiritu Sancto congregatos. | [Erzbischöfl. Wappen.] |
Bonnae ex officina Lavrentii Mylii | typographi. Anno M. D. XXXXV.

4 ungez u. CXXXVI gez. Bll in Fol. Druckfehler in der Blattzählung:
XLVII st. XLVIII. S. ᵃii. — ᵃiii, A — Z iiii. Die erste u. vorletzte Lage haben nur je

4 Bl. die übrigen je 6. Kuftoden, Kopftitel u Marginalien. 39 Zeilen, Antiqua; die Kopftitel u. Marginalien curfiv. Die erften 4 und die beiden letzten Zeilen des Titels in Kapitalbuchftaben gedruckt, die erfte außerdem fehr groß. An den beiden Seiten des Wappens diefelben Sprüche aus Jeremia VI. u. Act. 20, wie in den deutfchen Ausgaben. Initialen fehr häufig. Verfaffer der Ueberfetzung ift Hardenberg (vgl. Varrentrapp, Hermann v. Wied, S. 178 Anm. 1). — Nicht bei Baum. Düff.

Englifche Ueberfetzung:

52 d. A simple and religious consultation of Ustermann, by the grace of God archbischof of Colonie and prince electoure &c. by what means a christian reformation, and founded in Gods word, of doctrine, administration of sacraments, of ceremonies, and the cure of soules, and other ecclesiastical ministeries may be begon among men committed to our pastoral charge &c. until the Lord grauutea better to be appointed. either by a free and christian counsaile, general or national, or else by the states of the empire of the nation of Germany, gathered together in the holye ghost. A. 1548 in 12°. *

Der Name Ustermann ift durch Misverftändnis aus us Herman entftanden. Vgl. Fortgef. Samml. v. Alten und neuen theolog. Sachen 1750. S. 248.

53. Was im namen des | Heiligen Euangeli pnfers Herrenn | Jefu Chrifti, jetzund zů Boñ im Stifft Cöllen, | gelehret vnnd geprediget würdt. | Das der dienft der felbigen predigen | vnd lehre zů Boñ ordenlich fürgenommen ift, vnd | geübt würdt, alfo das die Chriften des ein | gůt gefaſſen, vnd kein befchwerden | billich haben follen. | Das die Chriften auß folchem dienft | vberal fich kaynes argen, oder vnraths zů befaren, | fonder aller gnaden und fegen Gottes, zů | zeitlicher vnd ewiger wolfart ge- | wißlich zůerwarten haben. | Jefaie 5. | Wehe denen die böfes gůt, vnd gůtes böfes heyffen, Die | fünfternüß zum liecht, vnd liecht zur fünfternüß machen. | Johan. 8. | Ift Got enwer Vatter, warumb kennt ihr dan mein red nicht. | Durch Martinum Bucerum jetzundt dienen- | de dem H. Euangelio Chrifti zů Boñ. [Am Ende:] Getruckt zu Marpurg, bey Her | man Baftian. (O. J.) [1543].

78 ungez. Bll. in 4°. Sign. a ij – h iiij, A – L iiij. Die Lage h hat 6 Bll. Kuftoden und Marginalien. Keine Kopftitel. 31 Zeilen, Schwabacher Typen. Die erfte Zeile des Titels fehr groß und fett gedruckt. Initialen auf S. a ijᵃ und Aᵃ. Am Ende, vor dem Regifter, fteht: Scriptum Bonnæ X. Martij, Anno M. D. XLIII. — Baum 65. Wilh.

Anderer, etwas veränderter Druck:

53 a. Was Euangelionn nun zů Bonn im ertz Stifft Cöllen, gelehret vnd geprediget würdt. | Das diese Lehre vnd Predige, Wie recht | vnd ordenlich angestellet seye vnnd | geübet werde. | Das darauß keinn vnrath, sonder Gottes | gnad vnd segen zů erwarten seye. | Durch Martinum Bucerum | Jesaie. 5. | Wehe denen die böses gůt, vnd gůtes böses heyssen, Die | fünsterniß zům liecht, vnd liecht zur fünsterniß machen. | Johan -8. | Ist Gott ewer Vatter, warumb kennet jhr dann mein red nicht. | Sampt dem Vrtheyl der verordneten von | der Clerisey zů Cöllen, auff die Schrifft Mar= | tini Buceri zu Bonn außgangen [sic!]. | Am Ende der Bucer'schen Schrift, vor dem beigefügten „Vrtheyl":] Gedruckt zů Bonn bey Laurens von der Mülen. | Anno. M. D. XLIII.

116 ungez. Bll. in 4°. Sign. a ij—h iiij, A—K iij, A ij—K iij. Kustoden und Marginalien, keine Kopftitel. 31 Zeilen, Schwabacher Typen. Die erste Zeile des Titels sehr groß gedruckt. Initialen auf Seite 2ª und 35ª. In dieser Ausgabe fehlt das am Schlusse des ersten Druckes befindliche Register. Das angehängte „Vrtheyl" [Sign. A ij—K iij] hat besonderen Titel und ist datiert: M. D. XLIIII [o. O. und Dr.). — Nicht bei Baum. F.

54. Die ander vertey= | digung vnd erklerung der Christlich= | en Lehr, in etlichen fürnemen haupstucken [sic!], | die dieser zeyt zů Boń, vnd ellichen an= | deren Stetten vnnd orten im Stifft | vnd Churfürstenthumb Cöllen | geprediget würdt. | Mit bestendigem widerlegen des | lester vrtheyls, welches etliche, die sich nennen | Deputaten der Vniuersitet, vń Secundarij | Cleri zů Cöllen, hieuor haben | außgehen laßen. | Durch Martinum Bucerum. | Der Herre saget Jesaie. 43. | Dein erster Vatter hatt gesündiget, vnd deine Lehrer haben | bößlich wider mich gehandlet, darumb hab ich die Fürsten des | Heyligthumbs [sic!] entheiliget, vnnd habe Jacob verbannet, vnd | Israel zum hon hingeben. | Gedruckt zů Boń, durch Laurentium von | der Mülen Jm jar M. D. XLIII.

6 ungez. u. cl gez. Bll. in 4°. Die Blattzahlen öfter verdruckt. Sign. iij —iiij; A—Z iij, Aa—Oo v. Die erste u. die letzte Lage je 6 Bll. Kustoden, Kopftitel u. Marginalien. 29 Zeilen, Schwabacher Typen. Die erste Zeile des Titels sehr groß und fett gedruckt. Initialen am Anfang der Vorrede u. S. jª, rjª, rviijᵇ, rcjᵇ. — Baum 66. Wilh.

55. Christliche vnd ware Ver- | antwortung an den Hochwirdigisten | Fürsten vnd Herrn, den Ertz- | bischoffe vnd Churfürsten | zů Cöln 2c. | Auff die vn- billiche vnnd falsche Anklag des | Rectors, vnd Vniuersitet zů Cöln. | Durch Herrn Philipp. Melanthon, | vnnd Martin. Butzer. | 1543. (O. O. und Dr.)

8 unge; Bll in 8°. Sign. aij—biij. Kustoden, keine Kopftitel und Marginalien. 29 Zeilen. Schwabacher Typen mit denselben eigentümlichen S wie Nr. 34. Die erste Zeile des Titels sehr groß gedruckt. — Baum 68. Z.

1544.

56. Scripta dvo | adversaria D. Bartho- | lomaei Latomi LL. Doctoris, et Martini Bvceri | theologi. |

Dispensatione Sacramenti Eucharistiæ.

Inuocatione Diuorum.

De Coelibatu Clericorum. Communione.

Ecclesiæ & Episcoporum Authoritate.

Criminationibus arro Potestate.

gantiæ, schismatis, & sacrilegij, quae sunt in | ten- | tatæ Statibus, qui uocantur Protestantes.

Omnia ex avthoritate non | Scripturæ tantum, sed etiam traditionum Apo- | stolicarum, Canonum, & S. | Patrum. | Respondetur etiam Pighii, & Alphon | si, atque deputatorum Coloniensi- | um argumentis. | Argen- orati in aedibus | Vvendelini Rihelii. | M. D. XLIIII.

1 Bl. 262 ge;. Seiten u. 1 weißes Bl. in 4°. Sign. A ij—Z iij, Aa—Kk iij. Die Signatur A umfaßt 6 Bll., das letzte ist weiß und bei der Paginierung nicht berücksichtigt. Kustoden, Kopftitel u Marginalien. 34, 35 u. (von S. 257 an) 37 Zeilen, Antiqua; die Marginalien cursiv. Die 1.—5., 13, 20. u. 21. Zeile des Titels in Kapitalbuchstaben, die 14.—16. cursiv. Initialen auf S 1, 9, u. 31. — Baum 69. KÜLB. J. Schl. — Nach Dupin erschien hievon eine 2. Ausgabe Neuburg 1546. Damit ist aber wohl die altera aduersus B. Latomum Responsio in der Schrift Bucers: De vera et falsa caenae dominicae administratione etc (Vgl. Nr. 69.) gemeint.

57. Manuel des abus de lhomme ingrat, composepar F. Mathiev de la Lande. Avec la copie des lettres de Martin Bucere | de Strabourg [sic!]: ennoyées audit F. Mathieu, (pour | lors preschant à Metz: & la response d'icelles | translatées de latin en françois, par ledict F. M. do- | cteur en Theologie, en la faculte de Paris, | & Pro- | uincial de lordre des Carmes, en la puince de Frace. | [Druckermarke mit Drucker- zeichen.] | ¶ Imprime a Metz | Par Iehan Palier a lenseigne du | Lion coronne. | 1544.

96 gezählte Zeiten und 6 unge;. Bll. in 4°. Die Zahlen gelegentl. verdruckt. Sign. a₁—g₄. Lage a bis f je 8 Bll., g nur 6 Kustoden, Kopftitel und Marginalien. 27 Zeilen, Antiqua. Die erste und dritte Zeile des Titels in Kapitalbuchstaben. Initialen auf S. 3, 19, g₃ b, g₄ b. Der Brief Bucers steht S. g₃ b—g₄ a. — Nicht bei Baum. KÜLB.

58. **Der Kürtzer ¦Catechismus. ¸ Das ist, Christliche ¦Vnderweisung von den ¸ Artickten vnsers Glaubens ¦ Vatter vnser, ¦ Zehen gebotten, ¦ H. Sacramenten.¸ Von der Kirchenzucht vnd ¦ anderen Christlichen ¦ übungen. ¦ Für die Schüler vnd ¦ andere Kinder zů Straßburg. ¦ M. D. xliiij. (O. O. u. Dr.) [Straß-burg, Wendelin Rihel.]**

60 ungez. Bll. in 8°. Sign. A ij — H iij. Die letzte Lage hat nur 4 Bll. Kustoden, keine Kopftitel und Marginalien. 25 u. 26 Zeilen, Schwabacher Typen. Die zweite Zeile des Titels größer gedruckt. Auf der Rückseite des letzten Blattes Rihels Druckermarke wiederholt. Dieser Katechismus ist in Huberts Verzeichniß der Bucerischen Schriften erwähnt. Vgl. Sturm (Antipappus IV, 1, S 23—24) und Röhrig (Mitth. aus d. Gesch. d. evang. Kirche d. Elsasses, III, S. 398). Er stimmt bis auf einige Kürzungen am Ende, genau überein mit der nun zu beschreibenden lateinischen Ausgabe, welche, nach handschr. Bemerkung auf dem Titel, auf Bucers Katechismus zurückgeht. — Nicht bei Baum. Wilh. — Ein in der Justierung genau gleicher, jedoch mit anderen Schwabacher Typen hergestellter Druck findet sich auf der Universitätsbibliothek in Basel.

58a. **Cathe ¦ chismvs [sic!] ec¦clesiae et scho¦lae Argentoratensis. [Druckermarke.] ¦ Argentorati ex aedibus ¦ Vuendelini Rihelij. Anno 1544.**

63 gez. Bll. und ein ungez. Bll. in 8°. Sign. A₂ — h₅. Kustoden u. Kopftitel, keine Marginalien. 23 Zeilen, Antiqua. Die ersten drei und die vorletzte Zeile des Titels in Kapitalbuchstaben, die übrigen cursiv. Initialen auf Bl. 2°. Auf der Rückseite des letzten, ungezählten Blattes Rihels Druckermarke wiederholt. Auf dem Titel des mir vorliegenden, der Universitätsbibliothek zu Basel gehörigen Exemplars, ist von alter, wahrscheinlich Huberts, Hand bemerkt: D. Martino Bucero Authore. Jedenfalls ist dies der Catechismus minor versus a Joh. Sleidano, welchen Hubert in seinem Verzeichniß der Bucerischen Schriften unter 1544 erwähnt. Vgl. auch Joh Sturm, Antipappus IV, 1, S. 23—24 und Röhrig, Mitth. a. d. Gesch. d. evang. Kirche des Elsasses III, S. 398. — Nicht bei Baum. B.

1545.

59. **Ein Christlich onge- ¦ fährlich bedencken, Wie ein leidli* ¦ cher anesang Christlicher vergleichung in ¦ der Religion zů machen sein ¦ möchte. ¦ Zů Leypsig Anno M. D. xxxix. zůsammen ¦ getragen, Dabey Georg Wicel auch gewe* ¦ sen, vnd in alles bewilliget ¦ hat. ¦ Christvs Matth. VII. ¦ Bettet, so würdt euch gegeben, Sůchet, so werdet ir finden, ¦ Klopffet an [sic!], so würdt euch auffgethon. ¦ Ieremiae VI. ¦ Trettet auff die wege ¦ vnd schawet, vnnd fraget nach den vori* ¦ gen wegen, welcher der gůte weg seie, vnd wandlet drinnen, so wer- ¦ det ir růge finden euweren seelen. ¦ Anno M. D. XLV. (O. O. u. Dr.) [Straßburg, W. Rihel ?]**

32 ungez. Bll. in 4°. Sign. A ij—H iij. Kustoden u. (selten) Marginalien, aber keine Kopftitel. 28 Zeilen. Schwabacher Typen, die Marginalien cursiv. Die erste

Zeile des Titels sehr groß und fett gedruckt, die 10, 13 u letzte in lat. Kapitalbuch-
staben. Am Ende der Zuschrift und des Werkes nennt sich Bucer. — Baum Nr. 71.
KULB. J. Halle.

Zweite Ausgabe.

59 a. Ein christlich onge= | fährlich bedencken, Wie ein leiblicher an= | fang
Christlicher vergleichung in der | Religion zu manchen [sic!] sein | möchte. |
Durch Martinum Bucerum. | Christvs Matth. VII. | Bettet, so würdt euch
gegeben. Sûchet, so werdet jr fin= | den, Klopffet an, so würdt euch auffgethon.
Ieremiae VI. | Trettet auff die wege, vnd schawet, vnd fraget nach den | vorigen
wegen, welcher der gûte weg seie, vnd wandlet drin= | nen, so werdet jr
rûge finden eweren seelen. | Anno M. D. LXII. (O. O. u. Dr.)

22 ungez. Bll. in 4°. Sign. A ij — F. Kustoden, keine Kopftitel u. Marginalien
35 Zeilen, deutsche Typen. Die erste Zeile des Titels sehr groß, die 7, 10. und
letzte in Kapitalbuchstaben. Initialen auf Seite A ij ᵃ. — Nicht bei Baum. B.

60. Von den einigen rech= ten wegᶜ vnd mitlen Deutsche nation inn Christ-
licher Religion zu vergleichen, Vnd was | darfür vnd darwider auff den tagen
zu Hag | naw, Worms vnd Regenspurg, An- no 40 vnd 41, vnd seither für ge=
nomen vnd gehan | delt worden ist. Mit | Wahrhaffter Verantwortung auff | das
offenbar falsch erdichtes anklagen, des | sich an die Kei. Maic¹. D. Johan. |
Gropper, wider Mart. Bucerū | angemasset hat. | Durch Martin. Bucerum.
Psal. CXX. | Ich suche fride, So ich aber rede, richten sie krieg an. Herre,
erlöse mein seel von | den lugenhafften lefftzen, vnd | falscher zungen. | An.
M. D. XLV. [Am Ende]: Gedruckt zû Straßburg, bey | Wendel Riheln.

117 gez. Seiten und 1 leeres Blatt in 4°. Sign. A ij—P ij. Kustoden, aber
nicht auf jeder Seite; Kopftitel u. Marginalien. 30 und 31 Zeilen, Schwabacher
Typen. Die erste Zeile des Titels größer gedruckt. — Baum 72. J. Z. Mb.

61. Bericht zum christlichen Leben in was verstandt und maßen ich in vor
gestelte Artikel bewilligt habe, dieselbigen etlichen Fürsten und Häuptern zum
anfang einer vergleichung der Religion und Reformation furzubringen. [1545?]*

Hassenkamp, hess. Kirchengesch. ² 1, S. 455. Anm.

62. Der newe glaub, von | den Doctoren zû Löuen, die sich | Doctoren der
Gottheit rhümen, in | xxxij Articulen fürge= | geben. | Mit Christlicher ver=
warnung dagegen, | durch die prediger zû Straß= | burg. | Matth. am xx iij. |
Weh euch Schrifftgeleerten vnd Phariseer, jr | heüchler, die jr das Himelreich
zûschliesset für | den menschen, jr komet nit hinein, vnd | die hinein wöllen,

laſſet jr nit | hinein gehn. | M. D. XLV. |Am Ende:| Getruckt zů Straß-
burg bei Wen- | del Rihel.

40 ungez. Bll. in 4°. Sign. A ij — R₃. Kopftitel u. Marginalien. Ruſtoden
nur am Ende der Blätter (nicht jeder Seite). 31 Zeilen. Schwabacher Typen. Die
erſte Zeile des Titels ſehr groß und fett gedruckt. Nach Baum, Nr. 73, iſt dieſe
Schrift ohne Zweifel von Bucer. — KULB. Schl.

Andere Ausgabe:

62a. Der newe glaub, von | den Doctoren zů Lönen, die ſich Doc | toren der
Gottheit rhůmen, in xxij. | Articulen fürgegeben. | Mit Chriſtlicher verwar-
nung dagegen, | durch die Prediger zů Straß- | burg. | Matth. am xxiij. |
Weh euch Schrifftgeleerten vnd Phariſeer, jr | heuchler, die jr das Himel-
reich zuſchlieſſet | für den menſchen, jr kompt nit hinein, | vnd die hinein
wöllen, laſſet jr | nicht hinein gehen. | M. D. XLv. |Am Ende:] Getruckt zů
Franckfürdt am Mayn, durch | Herman Gülfferichen.

34 ungez. Bll. in 4°. Sign. A ij — H iiij. Die letzte Lage hat 6 Blätter
Kuſtoden, Kopftitel u. Marginalien. 31, 32 u. 33 Zeilen. Schwabacher Typen.
Die erſte Zeile des Titels ſehr groß und fett gedruckt. Baum ſcheint a. a. O. dieſe
Ausgabe zu meinen, die andere erwähnt er nicht. — KULB. J.

63. Ein Chriſtliche Er- | innerung, an die Keiſ. vnd Kön. | Maieſtaten,
ſampt Churfürſten, Fürſten vnd | Stende des Hl. Reichs Teütſcher | Nation,
jetzund zů Wurms | verſamlet. | Tas jnen gepüre vnnd eigentlich | zůſtande,
auch zům höhiſten von nöten ſeye, handlung, vmb vergleich | ung vnd beſſerung
der kirchen in Teütſchen landen, fur- | derlich vnd mit ernſt furzůnem- | men. |
Bud wie man ſolliche vergleichůg | vnd Reformation leicht vnd füglich finden, |
vnd ins werck bringen | möge. | Mit ablenung Päpſtlicher gegenſchrifft. |
Durch Martinum Bucerum. | 1545. | Esaiæ LV. | Sůchen den Herren, weil
er zů finden iſt. | Iohan. XII. | Wandlet weil jr das liecht habet, das euch
die finſternis | nit begreiffe. (O. O. u. Dr.) |Straßburg, bei Crafft Müller?]

96 Bll. in 4°; davon die erſten 8 ungezählt, die folgenden 85 bezeichnet als
S. j — clxxj. die letzten 3 Bll. ungezählt. Druckfehler in der Paginierung: cxiij
ſtatt cxliij. Sign. A ij — Z iij, a — a iij. Kuſtoden, Kopftitel und Marginalien
27 Zeilen, Schwabacher Typen. Die 1., 2., 7. und 12. Zeile des Titels größer und
fetter gedruckt. Der Drucker ergiebt ſich mit großer Wahrſcheinlichkeit aus der Ueber-
einſtimmung des Druckes mit dem der folgenden Nummer. — Baum 74. KULB.

64. Wie leicht vnnd füg- | lich Chriſtliche vergleichung der | Religion, vnd
des gantzen kirchendienſts Refor | mation, bey vnß Teutſchen zů finden, | vnd
in das werck zů brin- | gen. | Welfche die fürnemiſtenn hinder- | nüſſen diſes
werds, vnnd wie die Chriſtlich | hinzůlegen. | Mit erbiettung, alles gründtlich |

zů erweisen, vor der Kaiserl.Jond Königl. Maiesteten, Churfürstenn, | Fürstenn vnnd Steuden des Reichs, gegen den | Cölnichen Sophisten vnd me= | uiglich. | Durch Martinum Bucerum. | Anno M. D. XLV. | Matth. XI. | Mein joch ist sanfft vnd mein burde ist leicht. | Psal. XIX. | Meine befelch seind richtig, vnd erfrewen das hertz. [Am Ende:] Gedruckt zů Straßburg bey | Crafft Müller. | Anno M. D. XLV.

1 Bl. cxlviij gez. Seiten u. 1 Bl., in 4°. Sign. A ij — T iij Kustoden, Kopf=titel u. Marginalien. 27 Zeilen, Schwabacher Typen. Die 1., 2., 7. u. 10. Zeile des Titels größer u. fetter gedruckt. — Baum 75. KULB. J.

65. De concilio, | et legitime ivdicandis | controversiis religionis, | cri=minvm, qvæ in Mart. | Bucerin Ioh. Cochlæus ad Illustrissimos Prin=| cipes ac clarissimos Ordines S. Ro. Imperij | per Germaniam, & quæ Ioh. Groppe= | rus ad Maiest. Imperatoriam per= | scripsit, Confutatio. | Epistola Io. Cochlæi ad | eosdem Ordines, in Mart. Bucerum [.] | Psal. 75. | Cum cœtum sumpsero, quæ æqua | sunt iudicabo. | Psal. 26. | Odiui cœtum malitiosorum, & | cum impijs non sedebo. | Capita hoc libro | tractata: signata sunt Qua= | ternione. t. | Per Martinvm Bvcervm. | Anno M D. XLV. | [Am Ende:] Argentorati, ex officina Kno= | blochiana, per Georgium Ma= | chaeropoevm, mense Avgv= | sto, anno M. D. XLV.

80 ungez. Bll. in 4°. Sign. a₂ — u₄. Kustoden. Kopftitel und Marginalien. 31 Zeilen, Antiqua; Bl. 74ᵇ, 78 — 80 cursiv; auf Bl. 75 — 77 die Marginalien cursiv. Bl 78 ff. ganz cursiv Die 1.—4., 10. 15. u. 18 Zeile des Titels in Kapi=talbuchstaben, die 13. u. 14. cursiv. Die beiden Psalmencitate auf dem Titel sind nebeneinander gesetzt, nicht, wie es hier scheint, hintereinander. Initialen auf S. 2ª, 5ª, 75ª. — Nicht bei Baum. KULB.

66. Bestendige Ver= | antwortung, auß der Heiligen| Schrifft, vnd war Catho=lischer Lehre, vnd haltung der Algemei= | nen Christlichen Kirchen, des Bedenckens vonn Christlicher | Reformation, das der Hochwürdigst in Gott Vatter, Furst vnd Herr, | Herr Herman Ertzbischoff zů Cöllen vnnd Churfürst &c. hienor hat | außgeben, Mit grundtlicher Ablehnung alles deß, so seiner Churfürst | lichen Gnaden Widerwertigē, vnder dem Titel einer Gegenberichtung. | vnnd vnder dem namen des Cölnischen Thům Capitels, wider | das selbig seiner Churfürstlichen Gnaden Bedencken, | haben fürbracht vnnd außgehen lassen. | Auch werden in diesem bůch vast alle Artickel der Christlichen | Religion von welchen jtzo Zwey=spalt ist, auff das grundtlichest auß dem Got= | tes Wort, vnd schrifften der Alten Heyligen Vätter, bewähret, mit grundt= | licher Widerlegung aller einreden, so von den Widerwertigen der | waren Christlichen Religion mögen eingeführet werden. |

[Folgt ein Crucifix mit Umschrift:]

Iohan. 10
Meine schaff hör- | en Meine stim
[u. s. w. 7 Zeilen.]

Hierem 9.
Der weise rhume | sich nit seiner
weiß- | heit [u. s. w. 11 Zeilen.]

Iesvs Christvs
Capvt Ecclesiae
Magister Coelestis
uni- cus

1. Pet. 1.
Wisset das ihr nit | mit vergengk
lichem. silber [u. s. w. 9 Zeilen.]

2. Timot. 3.
Alle H. Schrifft [u. s. w. 11 Zeilen.]

Anno. M. D XXXXV. [Am Ende:] | Gedruckt in der Churfürst | lichen Statt
Bon, | durch Laurentium von der Mü- | len im Jar M D. XLV.

22 ungez. Bll., die folgenden bezeichnet als 1 — CLXXXVI, CLXXXIX — CCLXXIIII.
CCLXXIIII. CCLXXV — CCXCIIII. Das letzte Blatt ungezählt. Drucke.ter auch außer
den erwähnten in den Blattzahlen häufig. Sign. aij—biiij, A—Ziiij. Aa—Zziiij.
Aaa—Cccv. Die Lagen D a. Y haben je 4 Bl., Ccc hat 8, die übrigen je 6.
Kustoden, Kopftitel u. Marginalien. 40 Zeilen, Schwabacher Typen. Die 1. Zeile
des Titels, außer dem größeren Anfangsbuchstaben, die 12., die ersten beiden Zeilen
der Kreuzumschrift und die Ueberschriften der Bibelverse rot gedruckt; auch in den
übrigen Zeilen des Titels wichtige Wörter rot. Die ersten beiden Zeilen der Kreuz-
umschrift, die Ueberschriften der Bibelverse und die letzte Zeile in lateinischen Kapital-
buchstaben. Initialen auf S. aij" u. 1". Auf der Rückseite des letzten Blattes das
erzbischöfl. Wappen. — Baum 76 (aber viell. anderer Druck). KULB. Mb.

Eine lateinische Uebersetzung, angeblich aus dem Manuscripte des Verfassers,
erschien 1613 unter dem Titel:

66a. Constans | defensio, | ex s. scriptvra, et | vera catholica doctri-
na, atque observatione Vniversalis Christianæ Ecclesiæ Deli- berationis de
Christiana | Reformatione. | Quam Renerendissimus in Deo Pater, Princeps
& Dominus D. | Hermannvs Archiepiscopus Coloniensis, & Princeps
Elector, &c. | iam ante publicauit: Cum firmissima confutatione eorum
omnium | quæ Clementiæ eius aduersarij, sub titulo Antididagmatis, &
sub | nomine Capituli Coloniensis, contra eandem Clementiæ suæ Deli-
berationem produxerunt, & in lucem emiserunt. | Auctore D. Martino
Bucero. | In hoc libro fermè omnes Articuli Christianæ Religionis, de
quibus hoc tempore controuerti- tur, ex fundamento verbi Dei, ac veterum
Sanctorum Patrum scriptis confirmantur: | Cum euidentissima confuta-
tione omnium, quæ ab Aduersariis veræ Chri- stianæ Religionis contra
adferri possunt. | Nunc primò è manuscripto Buceri in lucem editus. |
[Druckermarke.] Genevæ, | Sumptibus Petri & Iacobi Chovët | M. D. CXIII.

8 ungez. Bll. u. 483 gez. Seiten in groß 8º. Die Seitenzahlen nicht selten
verdruckt. Sign C 2—C 4, A — Z 1, Aa — Mh Kustoden am Ende der Blätter; Kopf
titel u. Marginalien. 45 bis 48 Zeilen, Antiqua; die Kopftitel u. Marginalien cursiv

Die fünf ersten und die drittlezte Zeile des Titels in Kapitalschrift, die 9. bis 14. und 16. bis 19. curſiv., die 2., 4., 15., 20. u. 21. Zeile des Titels außerdem ganz, die 6., 7., u. 10. zum Teil rot gedruckt. Initialen ſehr häufig. Zierleiſten vor jeder der beiden Vorreden, hinter dem Index Alphabeticus und S. 1 u. 473. Vignetten hinter der zweiten Vorrede u. S. 482 [verdr.: 382]. — Bucers Werk ſchließt ſchon S. 472; es folgt dann auf S. 473 bis 482: De libro capitvli Coloniensis scripto contra reformationem reverendiss. Archiepiscopi, ivdicivm Ph. Melancthonis und S. 483 ein Brief Luthers an Melanchthon, datiert: Sabattho Innocentum. 1539. Die erſte Vorrede iſt unterzeichnet: Alexander Pernetus Typographus StB. — Nicht bei Baum. — Es giebt auch einen im Uebrigen gleichen Druck mit der Verlagsausgabe: Sumptibus Ian Saraceni & Alexandri Pernet. Dieſen erwähnt Baum a. a. O. — Berl. Schl. Mb.

Spätere Ausgabe:

66 b. M. B. constans defensio . . . Latina civitate donata, ac lucem adepta a W. Mayero. Basileae 1618. 4°.*

Nicht bei Baum. — Brit. Mus. 1009. b. 20.

67. Wider auffrichtung der | Meſſen, anderer Sacramenten | vnd Ceremonien, Vnd | des Papſtumbs. | Martin Butzer. | Pſal. CII. | HERR, du wolteſt dich auffmachen, | vnnd über Zion erbarmen. Dann es iſt | zeit das du ir gnedig ſeieſt. vnd die ſtund | iſt kommen, das du Zion er | baweſt vnd erſchei | neſt in deiner | ehre. | Gedruckt zū Straſßburg, durch | Georgen Meſſerſchmidt. | 1545.

28 ungez. Bll. in 4°, das lezte weiß. Sign. A ij — G iiij. Kuſtoden u. Marginalien. Kopftitel nur bis zu Bl. 19. 30 und 31 Zeilen. Schwabacher Typen. Die erſte Zeile des Titels ſehr groß und fett gedruckt. — Baum 67 u. 77: er hat dieſe Schrift, wohl verſehentlich, auch bei dem Jahre 1543 erwähnt. — KULB. Schl. Mb.

68. Ein New Auſerleſen | Geſang | büchlin, in das | die beſte verdeudſchten Pſalmen, Hymni, vnd | ander Chorgeſenge vnd | Geiſtliche Lieder, aus | den bewerteſte Kirchen | Geſangbüchlin, mit et | lichen newen Pſalmen | vnd Geiſtliche Liederen | beſonders fleis zūſamē | gebracht ſind [Auf der Rückſeite des vorlezten Blattes:] Getruckt zū Straßburg bei Wolff | Köphl. nach Chriſtigeburt | M. D. XLV.

12 ungez., CXXXIII gez. und 2 ungez. Bll. in 8°. Druckfehler in den Blattzahlen: XXX ſt. XXIX, LXX ſt. LXXX, CVI ſt. XCVI, XCV–CII ſt. XCVII–CIV. Sign. aa ij—bb iiij, A—K v. Die auf den vier Blättern hinter dem Titelblatt folgende anonyme Vorrede iſt von Bucer. Sie iſt zulezt wieder abgedruckt bei Wackernagel, Bibliographie zur Geſchichte des deutſchen Kirchenliedes im XVI. Jahrhundert. S. 584—586. Kuſtoden am Ende der Blätter; keine Kopftitel u. Marginalien. In der Vorrede 31 Zeilen auf der Seite. Schwabacher Inper. Bei den Li dern, von denen jede erſte Strophe mit Noten verſehen iſt, und die in Reimzeilen geſezt ſind,

wechſelt die Zeilenzahl. Die Worte zwiſchen den Noten und gelegentlich einzelne Proſaſtücke zwiſchen den Liedern (Summarien u. dgl.) ſind ebenfalls mit Schwabacher Typen gedruckt, im übrigen deutſche Typen. Die 2. u. 3. Zeile des Titels größer u. in Schwabacher Typen gedruckt, die übrigen in deutſchen Typen. Architektoniſche Titeleinfaſſung, welche an beiden Seiten und unten W. Köpfels Druckerzeichen aufweiſt. Daſſelbe wiederholt auf der Rückſeite des letzten Blattes. Vgl. auch Wackernagel, Bibliographie d. dt. K. S. 201—202. Wie aus der Vorrede hervorgeht, war Bucer bei der Herausgabe des Geſangbuches beteiligt. Nicht bei Baum. — N.

Neue Ausgaben deſſelben Geſangbuches, ebenfalls mit der Vorrede Bucers:

68a. Ein New Auserleſen | Geſang | büchlein, in das | die beſten verdentſchten | Pſal | men, Hymni vnd ander Chor | geſenge vnd Geiſtliche Lieder | aus den | bewerteſten Kirchen | Geſangbüchlein, mit etlichen | newen Pſalmen vnd | Geiſt= | lichen Liederen, beſonders fleis | zůſamen gebracht ſeindt. | Getruckt zů Straſburg bey | Wolffgang Köphl. | M. D. XLVII.

16 ungez. Bll. u. 136 gez. Seiten in 8º. Auf der Rückſeite des letzten Blattes Köpfels Druckerzeichen. Vgl. Wackernagel, Bibliographie S. 215 f. — Baum 84. Privatbeſitz.

68b. Das Newer | vnd gemehret Geſangbüchlin, Darinn | Pſalmen, Hymni, | Geiſtliche Lieder Chorge= | ſenge, Alte vnd newe Feſt= | lieder, ſampt etlichen | ange= | henckten Schrifftſprüchen | vnd Collect gebetlin, be= | ſonders fleiſſes zů= | ſamen bracht. | Auch hin vnd wider | mit ſchönen Figuren gezieret, vnd | Reimensart geſtellet. | Gedruckt zů Straßburg bey | Thiebolt Berger, am | Barfüſſer | platz, Anno 1559.

8 ungez. Bll., CCCLVII gez. Seiten und 2 ungez. Bll. in 8º. „Die Seiten, einſchließlich den Titel, haben ſchmale Einfaſſungen, die acht mal wechſeln, ſie beſtehen aus Borten aller Art: verſchlungenen Reben, verſchlungenen Äſten mit Blumen, verſchlungenen Stäben, gewundenen Bändern ꝛc. Die Zeilen 1, 2, 4, 12 und 15 des Titels ſind roth gedruckt. . . . Es finden ſich 13 eingedruckte Holzſchnitte, auf S. I, IIII, XI, XVII, XLIX, XCVII, CXCIII, CCLVII, CCLXXVII, CCXCIX, CCCII, CCCXIIII u. CCCXXIII.“ (Wackernagel, Bibliographie, S. 291 f.) — Nicht bei Baum. Kgl. B. München.

68c. Das Gros Kirchen | Geſangbůch, darinn | begriffen ſind, die aller | fürnemiſten vnd beſten | Pſalmen, Geiſtliche Lieder, Hymni, | vnd alte Chorgeſenge, Aus dem | Wittembergiſchen, Strasburgiſchen, vund anderer | Kirchen Geſangbüchlin zůſamen bracht, vnd mit vleis | corrigiert vnd gedruckt. | Hat nahe bey . L . ſtücken jetzund mehr, dann | das Erſte Kirchen Geſangbůch, Anno | XLI. alhie ausgangen, Der= | en etliche gantz new hien= | zů gethon ſind. | Für Chriſtliche Stett vund Dorff Kirchen, La= | tiniſche vnd Deudſche Schůlen zůgericht. | Gedruckt zů Strasburg, bey Georgen | Meſſerſchmid, | Anno M. D. LX.

10

222 Bll. in Groß-Folio. Zuerſt 6 Blätter ohne Seitenzahlen: Titel, Vorrede und Regiſter. Sodann 54 [nicht, wie Wackernagel angiebt 52] Blätter mit lateiniſchen Seitenzahlen, welche einen Stern bei ſich haben: die Chorgeſänge. Seitenzählung fehlerhaft: [I*]—XXXVI*, XXXIII*—CIV*. Endlich 162 Blätter mit lateiniſchen Seitenzahlen ohne Stern: die Pſalmengeſänge und geiſtlichen Lieder. Auf der Vorder-ſeite des letzten, ungez. Blattes das Druckfehlerverzeichnis. — Sign. ij—iiij (mit e. Blättchen davor), a—i iiij A. A—Z iiij, Aa—TT iiij. Jede Lage hat 6 Bll. — Auf dem Titel ſind Zeile 2, 3, 5, 6, 10, 15, 16 und 19 rot gedruckt, Zeile 19 außerdem in lat. Kapitalbuchſtaben. Auch im Text vieles (z. B. Initialen, Noten-linien) rot gedruckt. Initialen und Zierleiſten ſehr zahlreich. Hinter dem Titel folgt auf drei Blättern die „Vorrede D. M. Bucers, auff dis gros Kirchen-Geſangbůch" welche ſchon die Geſangbücher von 1545, 1547 und 1549 enthielten, aber nun unter ſeinem Namen. Die Stelle von ‚Als aber nun etliche Gemeinden‘ ꝛc. bis „ . . . das nicht ſein iſt.‘ iſt in dieſer Ausgabe eingeſchaltet ſtatt der in den Vorreden der früheren Ausgaben befindl. Worte: ‚Desgleichen iſt hie . . .‘ bis . . . in Druck zu geben.‘ — Nicht bei Baum. Wackernagel, Bibliographie S. 295 f Hamb., Erl., Wern.

1546.

69. M. Bvceri. | De vera et falsa caenae | dominicae administra- | tione. | Libri II. | In Priori libro refutatur mutilatio Eucharistiæ, & docetur, Qua | Religione seruanda sint praecepta Dei de Ceremonijs. | In altero, De neris & falsis sacrificijs & oblationibus Ecclesiæ, Vi | tijs Missarum, Cura mortuorum, Purgatorio. | Altera aduersus B. Latomum Responsio. | [Druckermarke.] | Praefatio ad Patres qui Deum in Synodo Tridentina | timeat, de causis quæ pios homines ab ea | Synodo absterrent. | Neu-burgi Danubij. | VI. Aprilis. Anni Domini M. D. XLVI. [Am Ende :] Impressum Neuburgi Danubij, apud | Iohannem Kilianum.

12 ungez. Bll., u. 311 gezählte Seiten in 4º. Druckfehler in der Seiten-bezeichnung: 43 ſt. 54, 103 ſt. 113, 294 ſt. 296, 293 ſt. 303. Sign. aij—c ij, A—Z iij, a—q iij. Kuſtoden, Kopftitel und Marginalien. 24 Zeilen, Antiqua; die Marginalien bis S. 64 gotiſch, dann curſiv, die Kopftitel in Kapitalbuchſtaben. Die erſten fünf Zeilen des Titels in Kapitalbuchſtaben. Auf dem Titel zwiſchen Orts- und Datumangabe ein Strich. — Baum 78. KULB. Schl. Mb.

70. Der CXX. Pſalm, | Ein danck vnd Bet- | pſalm, wider die falſchen zungen, | vnd ſtehte Widerſechter chriſtlicher Re | ligion, ausgelegt, zů lehre vnd troſt in | diſer gefahrlichſten zeiten. An die | chriſtliche Gemeinde zů Bonn. | Chriſtliche vnd wahrhaf | te Antwort, uff das Schandge- | dicht, wider chriſtliche Reformation, | vnd Martin Bucer, one namen des | Dichters, vnd vnder dem titel | Abconterſeitung Mar- | tin Bucers ꝛc. aus- | gangen. | Durch Martin Bucer. | Psal. V. | Herr, du bringeſt die lugner vmb, Der Herre hat | grewel an den blůtgirigen vnd falſchen. | Anno M. D. XLVI.

[Am Ende:] Gedruckt zů Straßburg, in Knoblochs | druckerei, Durch Georg Messer- | schmid. Anno M. D. xlvj.

38 ungez. Bll. in 4°. Sign. A ij bis J iiij. Die Lage C hat 6 Bll. Kustoden u. Marginalien. Keine Kopftitel. 31 Zeilen. Schwabacher Typen. Die erste und 17. Zeile des Titels in lateinischen Kapitalbuchstaben, die 2. und 8. sehr groß und fett gedruckt. — Baum 79. Wilh.

71. Ein warhaffter berich | te vom Colloquio zů Regenspurg | diß jars an-gefangen, vnd dem abzug der Audito- | ren vnd Colloquenten, die von Fürsten vnd | Stenden der Augspurgischen Con- | fession dahin verordnet | waren. | Martin Bucer | Luc. xx. | Sie hielten auff jn, und sandten laurer aus, die | sich stellen solten, als weren sie fromm, auff das sie | jn in der Rede fiengen, damit sie jn oberant- | worden köndten der Oberkeit, vnd ge- | walt des Landpfle- | gers. | Gedruckt zů Straßburg bei | Wendel | Rihel. Jm jar M. D. xlvj.

8 ungez. Bll. in 8°. Sign. a ij (verbr. f. A ij]—B iiij. Kustoden, aber keine Kopftitel u Marginalien. 31 Zeilen, Schwabacher Typen. Initiale auf S. a ij ᵃ. Die erste Zeile des Titels sehr groß und fett gedruckt. — Baum 80. Wilh. Mb.

Andere, bei Baum nicht erwähnte Drucke:

71a. Ein warhaffter bericht | vom Colloquio zů Regenspurg, diß | Jars angefangen, vnd von dem abzug der Audito- | ren vnd Colloquenten, die von Fürsten vnnd | Stenden der Augspurgischen Confes- | sion dahin verordnet waren. | Luc. xx. | Sie hielten auff jn, und sandten laurer auß, die sich | stellen solten, als weren sie from, auff das sie jhn, in | der rede fiengen, damit sie jn überantwor- | ten köndten der Oberkeit, vnd | gewalt des Landt-pfle- | gers. | Martin Butzer. | M. D. XLVI. (O. O. u. Dr.)

8 ungez. Bll. in 4°. Sign. A ij—B iiij. Kustoden, keine Kopftitel und Margi-nalien. 32 Zeilen, Schwabacher Typen. Die erste Zeile des Titels sehr groß und fett gedruckt. — Wilh.

71b. Ein warhafftiger be- | richte vom Colloquio zu Regen- | spurg, diß jars angefangen, vnd von | dem abzug der Auditioren [sic!] vnd Col- | lo-quenten, die von Fürsten vnd | Stenden der Augspurgi- | schen Confession da- | hin verordnet | waren. | [Blättchen]. Luce xx. | Sie hielten auff jhn, vnd sandten Laurer aus, die | sich stellen solten, als weren sie from, auf das sie | jhn jnn der rede fiengen, damit sie jhn vber- | antworten köndtend er (sic!) Oberkeit, vnd | gewalt des Landpflegers. | Martin . Bucer. | Anno 1546. (O. O. u. Dr.)

8 ungez. Bll. in 4°. Sign. Aij—Biij. Kuftoden, aber keine Kopftitel nnd Marginalien. 31 Zeilen, Schwabacher Typen. Die erſte Zeile des Titels größer und fetter gedruckt. Initiale am Anfang. -- KULB. — Auf der Kgl. Bibl. in Berlin, Sign. Cu 837, befindet ſich ein in Typen und Juſtierung genau gleicher Druck, aber ohne die beiden Druckfehler auf dem Titelblatt.

71c. Ein warhafftiger | berichte vom Colloquio zu Regen= | ſpurg, biß jarß angefangen, und | von dem abzug der Auditoren vnd | Colloquenten, die von Fürſten | vñ Stenden der Augſpurgi= | ſchen Confeſſion da= | hin verordnet | waren. | Blättchen.] | Lvce XX. | Sie hielten auff jn, vnd ſandten Lau= | rer aus, die ſich ſtellen ſolten, als weren ſie | from, auff das ſie jn in der rede fiengen, da= | mit ſie jn vberantworten köndten der Ober= | keit, vnd gewalt des Landpflegers. | Martin Buc. | Anno M D. XLVI. (D. D. u. Dr.)

8 ungez. Bll. in 4°, das letzte leer. Sign. Aij—Biij. Kuftoden, aber keine Kopftitel u. Marginalien. 34 Zeilen, Schwabacher Typen. Die erſte Zeile des Titels größer und fetter gedruckt, die zehnte und letzte in lateiniſchen Kapitalbuchſtaben. Ini·iale am Anfang. — KULB. J.

71d. Ein warhaffter berich | te vom Colloquio zu Regenſpurg, | diß jarß angefangen, vnd von dem abzug | der Auditoren vnd Colloquenten, die | von Fürſten vnd Stenden der | Augſpurgiſchen Confeſ | ſion dahin verordb | net waren. | Luc. xx. | Sie hielten auff jn, vnd ſandten laurer aus, die | ſich ſtellen ſolten, als weren ſie from, auff das ſie | jn in der rede fiengen, damit ſie jn vberant= | worten köndten der Oberkeit, vund ge= | walt des Land= | pflegers. | Martin Bucer. | Anno 1546. (D. O. u. Dr.) | Straßburg, W. Rihel?)

8 ungez. Bll. in 4°. Sign. a ij, Aij — Biij. Kuftoden; keine Kopftitel und Marginalien. 31 u. 32 Zeilen, Schwabacher Typen. Die erſte Zeile des Titels größer gedruckt. Initiale am Anfange. — Hat denſelben Druckfehler in der Signatur (aij ſtatt Aij), wie die vollſtändig datierte Rihel'ſche Ausgabe. StB.

71e. Ein warhaffter berich | te vom Colloquio zů Regenſpurg, | diß Jarß angefangen, vnd vonn dem abzug | der Auditoren vnd Colloquenten. die von | Fürſten vnd Stenden der Augſpur | giſchen Confeſſion dahin | verordnet waren | Luc. xx. | Sie hielten auff jn, vnd ſa ndten laurer auß, die ſich | ſtellen ſolten, als weren ſie fromm, auff das ſie jhn, inn | der rede fiengen, damit ſie jn vberantwor= | ten köndten der Oberkayt, vund | gewalt des Landtpfle | gers | Martin Bucer. | M. D. XLVI. (D. O. u. Dr.)

8 ungez. Bll. in 4°. Sign. Aij—Biij. Kuftoden; keine Kopftitel und Margi= nialien. 31 Zeilen, Schwabacher Typen. Die erſte und letzte Zeile des Titels größer gedruckt. Initiale auf S. Aija. — K. D.

72. Zwei Decret des Tri- | entischen Coucili, Warauff die | Lehre vnnd haltung jhrer kirchen | stehn solle. Erkent auf den viij. | Aprilis difes Jars. | Hie hastu, frommer Christ, zů sehen, was | dir von difem Concilio, der Christlichen Re- | ligion halben, zů erwarten seie. | Matth. XXVI. | Die hohen Priester haben ein Concilium | gehalten, wie sie Jesum mit listen, | griffen vnd tödteten. | ⸿ Gedruckt zu Strasburg in Knoblochs drucke. | rei, Durch Georg Messerschmid. | Anno M. D. XLVI. [Am Ende die Datierung wiederholt.]

6 ungez. Bl. in 4º. Sign. A ij—B. Kustoden und Marginalien. Keine Kopftitel. 31 Zeilen, Schwabacher Typen. Die 1. Zeile des Titels gröſſer u. fetter, die 9. u. letzte in Kapitalbuchstaben. Auf dem Titel des einen der 4 im Coll. Wilh. zu Straßburg befindl. Exemplare steht von Huberts Hand: M Bucerj. — Baum 81. Wilh. Schl. — Die beiden andern noch exiſtirenden Ausgaben habe ich nicht gesehen.

73. Historia | vera de morte san- | cti viri Ioannis Diazij Hispani, | quem eius frater germánus Al- | phonsus Diazius, exemplum se- | quutus primi parricidæ Cain, | uelut alterū Abelem, nefariē in- | terfecit : per Clan-dium | Senarclæum. | Cum præfatione D. Martini Buceri, in qua de | præ-senti statu Germaniæ multa conti | nentur lectu imprimis digna. | M. D. XLVI. (O. O. u. Dr.)

24 ungez. Bll., 178 gez. Seiten u. 11 ungez. Bll. in 8º. Sign. z 2—ỹ δ u. a—n 3. Kustoden u. Kopftitel. Auf den 11 letzten, ungezählten Seiten, welche eine Schrift von Johannes Diaz, Christianae Religionis Summa, und 2 ins Lateinische überſetzte Psalmen enthalten, keine Kopftitel, aber Marginalien. 21 Zeilen, Antiqua; auf den ersten 24 Bll. (Bucers Vorrede) 19 Zeilen in Cursive. Die ersten beiden Zeilen des Titels in Kapitalbuchstaben, die letzten 4 cursiv. Die Marginalien auf den letzten Bll. u. die Schluſſpsalmen auch cursiv. Initialen auf der 1. Seite des 2. Blattes, dann auf S. 1 u. 23. Die auf Bucers Vorrede folgende Zuschrift des Senarclaeus an den Reformator ist datiert: Ratisbonæ, 10. die Maij, anno 1546. — Sehr selten. Vgl. Schelhorn, Ergötzl. III, S. 806. Gerdes Flor. s. v. Senarclaeus. — Baum 82. KULB. Mb.

74. Papst Pauli des dritten Breue sampt der Werbunge seines Ge-sandten an die XIII orte der loblichen eidgenoßschaft, das die auch wolten in die neue heilige Bündnus komen, die difer Papst mit der Kaiserlichen Maiestät zu Rom auff den 26. Junij jüngst erschinen, auffgericht vnd beschlossen hat, mit kriegsgewalt wieder in gehorsame seines Stats zu bringen, alle die dauon abgefallen seind. Item der Articul derselbigen Bündnus. Item die Bulla des Papsts, in deren er Gebet vnd Crützgang gebeutet und Ablas ausgibt vnd

glück zů diſem Kriege. Mit chriſtlicher Erinnerung des allen. 1546. 6 Bg.
4°.*

Von Hubert in ſeinem Verzeichniſſe der Bucerſchen Schriften erwähnt. Z.

1547.

[Vgl. Nr. 23 c.]

75. Das ſich niemand zů | verwunderen habe, Auch nit vrſach, | kleinmütig
vnd zag zů werden, ab der ſchweren trieb= | ſal diſer zeit, Bnd wa mit man
ſich dage= | gen tröſten vnd ſtercken ſolle. | Ein Sendbrieue Martini Bu= | ceri,
An ein Chriſtliche angeſochtene | Gemeinde Chriſti. | Pſal. 119. | Herr, ich
weis nun, das deine Gerichte recht | ſind, Bnd du haſt mich trewlich gede=
mütiget. | Deine Gnade möſſe mein troſt ſein, wie du | deinem Knecht zůge=
ſagt haſt. | Anno M. D. XLVII. (D. D. u. Dr.) | Straßburg?]

16 ungez. Bl. in 4°. Sign. A ij—D iij. Kuſtoden, aber keine Kopititel und
Marginalien. 32 Zeilen, deutſche Typen. Die erſte Zeile des Titels ſehr groß ge-
druckt, die letzte in latein. Kapitalbuchſtaben. — Baum 83. StB. — Es exiſtiert, z. B.
in KULB., auch ein Druck, der mit dem beſchriebenen vollſtändig übereinſtimmt, nur
daß das 2. Blatt B ij ſigniert iſt ſtatt A ij.

1548.

76. Ein Summariſcher ver= | griff der Chriſtlichen lehre vnd Reli= | gion,
die man zů Strasburg hat nun in die | xxviiij. jar gelehret, | Mit | Einer
antwort der Prediger daſelbet | auff ein Leſterſchrifft, in deren ſie des
Münſteriſchen | geiſtes vnd lehre, on einigen ſchein der warheit, | beſchuldiget
werden. | Bnd | Wem Reformation des eüſſeren | Ceremoniſchen Gotsdienſte
[ſic!] | zůſtande. | Pſal. cxix. | Ich hang an deinen zeügnuſſen, HERRE |
laß mich nicht zů ſchanden werden. | M. D. xlviij. (D. D. u. Dr.)

22 ungez. Bll. in 4°. Sign. A ij. — F. Kuſtoden und Marginalien. Keine
Kopititel. 32 Zeilen, Schwabacher Typen. Die erſte Zeile des Titels ſehr groß und
fett gedruckt. In dem einen der beiden im Coll. Wilh. zu Straßburg befindlichen
Exemplare hat Hubert der Unterſchrift am Ende die Namen Bucers und der übrigen
Verfaſſer hinzugefügt. — Baum 85. KULB. — Eine lateiniſche Ueberſetzung dieſer
Schrift ſteht Tom. Angl., S. 173—184, mit der Ueberſchrift: Epitome, hoc est, brevis
comprehensio doctrinæ ac religionis Christianæ, qvæ Argentorati annos iam ad
XXVIII publicè ſonuit. Per D. Martinum Bucerum.

77. Gratvla- | tio Martini Bvceri ad ec- | cleſiam Anglicanam, de Reli-
gionis | Chriſti reſtitutione : | Et, | Responſio eivsdem | ad dvas Stephani
episcopi | Vintoniensis Angli cõuiciatrices Epistolas, | De cœlibatu sacer-

dotum & cœnobitaru : in | qua demonstratur, S. coniugij abstinentiam | contra Dei & Ecclesiæ leges exigi ab omni- | bus ad sacerdotium & admissis, | & admittendis. | Hebr. XI. | Honorabile est inter omnes coniugium, & cubile im- | pollutum. Scortatores autem & adulte- | ros iudicabit Deus. | 1548. (O. O. u. Dr.) [Basel?]

84 gez. Seiten in 4º. Sign. a₂—k₃. Die letzte Lage hat 6 Blätter. Kustoden und Marginalien, keine Kopftitel. 31 u. 32 Zeilen, Antiqua; die Marginalien cursiv. Zeile 1, 2, 6, 7 u. 14 des Titels in Kapitalbuchstaben, Zeile 15—17 cursiv. Die erste Zeile außerdem sehr groß gedruckt. Initiale auf S. 1. Bucers »Responsio« ist auch im folgenden Buche abgedruckt. — Baum 86. B.

Englische Uebersetzung (von Th. Holy?):

77a. The gratulation of the most famous clerke M. Martin Bucer &c. And his answer to the two epistles of Steven, bishop of Winchester etc. Translated from Latin into English. (London? in 12).⁎

Vgl. Fortges. Sammlg. von alten u. neuen theolog. Sachen 1750, S. 252. Haag. France prot.² III, Sp. 363.

78. Dispvtata | Ratisbonae, in altero col- | loquio, Anno XLVI. Et Collocutorum Augusta- | nae Confessionis responsa, quae ibi cœperant, | completa. De Iustificatione, & locis doctrinæ Euan- | gelicæ omnibus, quos doctrina de Iusti- | ficatione complectitur. | Tractata et decre | ta de concilianda religione, | in Comitijs, Ratisbonensi, Anno 41. Spirensi, | Anno 44. Vuormaciesi Anno 45. & Au- | gustano, Anno 48. | Responsio ad Stephanvm, | Episcopum Vintoniensem, Anglum, De cœli- | batu sacerdotum & cœnobitarum. | Ioan. I. | Veni, et vide. | Per Martinvm Bvcervm. | 1548. (O. O. u. Dr.)

12 ungez. Bll., dann S. 1—36, 41—344, 347—692. Außer dieser falschen Zählung auch noch andere Fehler in den Seitenzahlen. Zuletzt wieder ein ungezähltes Blatt. 4º. Sign. a₂, a₃, β—γ₃, A—Z₃, Aa—Zz₃, AA—ZZ₃, AAa—SSs. Die Lagen E und SSs haben nur je 2 Blätter. Kustoden u. Marginalien, keine Kopftitel. 32 und 33 Zeilen, Antiqua; die Marginalien zum Teil cursiv. Die 1., 2., 8., 9., 13. und 16.—18. Zeile des Titels in Kapitalbuchstaben gedruckt, die erste außerdem sehr groß und die 17. cursiv. Initialen auf S. a₂ª, 1, 556, 659. — Nicht bei Baum. B.

1549.

79. De vitandis svper- | stitionibvs, qvae | cvm sincera fidei | confessione pv- | gnant, | Libellus Ioannis Caluini | Eivsdem excvsa- | tio, ad Pseudoni- | codemos. | Philippi Melancthonis, | Martini Bvceri, | Petri Martyris

responsa | de eadem re. | Calvini vltimvm responsvm, | cvm appendici-
bvs. | Genevae, | per Ioannem Girardvm. | 1549.

135 gez. Seiten in 4⁰. Sign. a₂—r₃. Kuſtoden am Ende der Blätter; Kopf-
titel; keine Marginalien. 27 Zeilen. Antiqua. Der ganze Titel, mit Ausnahme der
6. Zeile, in Kapitalbuchſtaben gedruckt. Initialen auf S. 3, 63, 98, 105, 110, 112,
117, 124. Bucers Consilium ſteht auf S. 105—109 und iſt datiert vom 8. Ma-
1545. Auf denſelben Seiten ſteht ſie in der 1550 bei demſelben Drucker wiederholten
Ausgabe der Schrift Calvins. — Nicht bei Baum. KOLB.

1555.

8⁰. Euarratio in Ev. Matth. VI. Tu es Petrus etc. Arg. 1555.*

Haſſenkamp, heſſ Kirchengeſch.² II. S. 381.

1557.

81. De regno Chri- sti Iesu seruatoris nostri, | Libri II. | Ad Edvardvm
VI. Angliae | regem, annis abhinc sex scripti : | non solum Theologis
atque Iurisperitis profutu | ri, uerùm etiam cunctis Rempub. bene &
feliciter | administraturis cognitu cumprimis | necessarij. | D. Martino
Bvcero | Avtore. | Habes hic, | candide Lector, præter complura haud
uulga- | ria, locum communem de conivgio & di- | vortio, tam solidè
et plenè tractatum, quàm apud | scriptorem alium nostri seculi uix | in-
uenias. | Adiectus est singulorum totius operis | capitum Elenchus.
[Druckermarke.] | Basileae, per Ioan- | nem Oporinum. [Am Ende :] Basi-
leae, ex officina Ioan- | nis Oporini, Anno Salutis humanæ M. D. LVII.
Mense Septembri.

9 gezählte, 3 ungez. 249 gez. und 3 ungez. Seiten in Fol. Die beiden letzten
Seiten leer. Druckfehler in den Seitenzahlen häufig. Sign. a₂—a₃, a—z₃, A—H₄.
Die erſte und letzte Lage enthält je 6, die übrigen je 4 Bl. 40 Zeilen. Antiqua.
Die 1., 4., 5., 10., 11. und vorletzte Zeile des Titels in Kapitalbuchſtaben. Die
12.—16. u. die beiden letzten curſiv. Initalen am Anfang der Widmung, der Vorrede
und der einzelnen Kapitel. Die Widmung iſt datiert: Argento | rati, Calendis Septemb.
Anno | M. D. LVII. und unterzeichnet: S. M. F. deditiſſimi, hæredes de- | functi in
Christo | Martini Buceri. Nach Baum iſt ſie wahrſcheinlich von Conrad Hubert. Das
Werk iſt ohne die Widmung wieder abgedruckt Tom. Angl. S. 1—170. — Baum 94.
Wilh.

Ein Stück aus dieſer Schrift erſchien in engliſcher Ueberſetzung:

81 a. A Treatise, how by the worde of God, Chistian mens Almose
ought to be distributed. [1557 ?] 8⁰.*

Brit Mus. 3932 c.

Französische Uebersetzung:

81 b. Deux livres | dv royavme | de Iesvs Christ nostre savvevr, com-
posez | par Martin Bvzer peu de temps avant sa | mort, & dediez à
Edoûard VI. roy d'An- | gleterre : fort vtiles & necessaires non | seu-
lement à tous Theologiens & Iuris- | cõsultes, mais aussi à tous ceux
qui sont | co.umis an gouuernement de quelque | Republique & commu-
nauté. | Nouuellement traduits de Latin en François. | Edition premiere. |
Nous y auons adiousté deux tables: l'une, des chapitres | des deux
linres : | l'autre, des passages de la saincte Escriture, exposez par | l'au-
teur. | Matth. VI. | Demandez premierement le Royaume de Dieu, | et
sa iustice : & toutes choses vous | seront baillées. | M. D. LVIII.

11 ungez. BU., 390 gez. Seiten u. 2 ungez. BU. in 8⁰. Sign. A ii—Z iiii.
A a i - Ce iiii. Kustoden am Ende der Blätter. Kopftitel u. Marginalien. 37 Zeilen,
Antiqua, die Marginalien cursiv. Zeile 1—4, 13 u. 18 des Titels in Kapitalbuch-
staben gedruckt, Zeile 12 und 14—18 cursiv. — Baum a. a. O. Schl u. Z.

81 c. [Anderer Druck derselben :| Dv | royavme | de Iesus Christ | nostre
sav- | vevr. | * | Par M. Martin Bucer. | Av | roy d'Augleterre | Edoûard,
sixieme de ce nom. | II. | Liures tres-utiles & necessaires non seule-
ment à tous Theologiens & Iurisconsul- | tes, mais aussi à tous ceux
qui sont com- | miz au gouuernement des Republiques | & Communautez.
Matth. VI. | Demandez premierement le Royaume de Dieu, & | sa iustice :
& toutes choses vous se- | ront baillées auec. | A Geneve | par Iaqves
Berthet. | 1558. | Auec Priuilege.

8 ungez. BU., 582 gez. Seiten und 5 ungez. BU. in 8⁰. Sign. * ii — * iiii,
a — z iiii, A — O iiii. Kustoden am Ende der Blätter; Kopftitel und Marginalien.
30 Zeilen, Antiqua, die Marginalien cursiv. Initialen am Anfang der Vorrede
des Uebersetzers, dann auf S 1 und 188. Die 1.—5., 7. 8. und viert- und dritt-
letzte Zeile des Titels in Kapitalbuchstaben gedruckt. — Auf der Rückseite des letzten
Blattes die Druckermarke. --- Nicht bei Baum. KULB.

81 d. [Deutsche Uebersetzung :| Vom Reich Christi | unsers Herren vnd | Hei-
lands, | Wie das selbige von allen Christlichen | Oberkeiten anzüstellen, vnd
ins werck | zübringen seye. | Weiland an den Durchleuchtigen Kö= | nig Edu-
ardum hochseliger gedechtnuß, diß Nam | mens der VI. König in Engelland,
Durch | den tewren Helden vnd Mertler Iesv | Christi Doctor Martin | Butzer
geschriben | Nit allein den Predigern vnd Iuri= | sten, Sonder auch allen
Cristlichen Oberkeiten, | die wol vnd glücklich Regieren wöllen, sehr | nutzlich
vnd notwendig zûlesen. | Allen Liebhabern des Reichs Christi | vnd Geistlichen

Oberkeiten vnd Regen= | ten zů gůt Vertendſcht durch | Jsraelem Achacium. | Sampt einem gnůgſamen Regiſter, von | allen fürneuſten puncten. [Am Ende:] Gedruckt zů Straßburg, durch Wendel Rihel, | M. D. LXIII.

20 ungez. Bll. u. 514 gez. Seiten in 4⁰. Am Schluſſe des mir vorliegenden Exemplars ſcheint ein Blatt zu fehlen. Wahrſcheinlich war dies leer; vielleicht trug es auch die Druckermarke. Sign. a ij—d iij, A—Z iij, Aa—Zz iij. AA—TT iiij. Kuſtoden am Ende der Blätter; Kopftitel u. Marginalien. 30 Zeilen, Schwabacher Typen. Die erſte Zeile des Titels ſehr groß gedruckt. Jnnitiale am Anfang der auf die Vorrede des Ueberſetzers folgenden Elegie. — Baum erklärt a. a. O. dieſe Aus= gabe nicht geſehen zu haben, ſcheint aber als angebliche 2. Auflage ein Exemplar vor ſich gehabt zu haben, das nur aus den erſten Blättern der gleich zu beſchrei= benden 2. Auflage beſtand, im übrigen aber die hier beſchriebene erſte war. — Dresden.

Zweite Auflage:

81 e. Chriſtliche Refor= mation, | Das iſt, Jnn Gottes wort, vnnd der Hey= ligen | Vätteru Schrifften, wolgegründter Bericht, von | Gottſeliger Reformation der Kirchen, vñ Pollicei, | vnd weß ſich alle Gottliebende Oberkeyten zů auff bauwung, pflan= | tzung, vnd befürderung des Reichs Chriſti, | verhalten ſollen. | Darinn etliche fürneue, vnd hoch= | wichtige Artikel vnſerer Chriſt= lichen | Religion erkläret werden. | Jnſonderheyt die Lehr von der Ehe, | vnd Ehſcheydung, dermaſſen gründtlich ge= | handelt würt, das der Chriſtlich Le= | ſer, bey andern dergleichen kaum | finden würt. | Nit allcyn den Pre= digern, Juriſten, vnd Conſiſto= | rijs, ſonder auch allen Oberkeyten, die jhre Kirchen Chriſtlich vnd | wol Reformieren wöllen, ſehr nützlich vnd | notwendig zůleſen. | Auffs neüw vberſehen, vnd in Truck verfertiget, | durch Jsraelem Achacium. | Mit einem ſchönen vnderricht, Doctoris Martini | Lutheri, ſeliger gedächtnuß, von Chriſtlicher | Reformation vnd anſtellung der | Kirchen. | M. D. LXVIII. [Am Ende:] Getruckt zů Straß= | burg, bey Samuel Em= | mel, Jm Jar, | M. D. LXVIII.

20 ungez. Bll. 514 gez Seiten u. 1 ungez. Blatt in 4⁰. Sign. aij—diij, A—Z iij, Aa—Zz iij, AA—TT iiij. Die letzte Lage hat 6 Bll. Kuſtoden am Ende der Blätter; Kopftitel u. Marginalien. 30 Zeilen, Schwabacher Typen. Zeile 1, 2, 4, 10, 13, 18, 22, 24 u. 28 des Titels rot gedruckt. Jnitialen auf der erſten Seite des 2. u. 7. Blattes u. auf S. 32. — Berl.

82. Antido- | tus Valerandi Pol- | lani Flandri, ad- | uersus Ioachimi Vuestphali nomine | pestilens Consiliũ, nuper scriptum ad | Magnificum Senatum inclytæ | ciuitatis Franco- | fordiae. | . . . | 7 Zeilen | | Ad hæc, | Aphorismi D. Martini Bv | ceri de s. s. Cœna | Domini. | Psal. 122. A. 6. |

Precamini pacem ipsi Ierusalem. | Psal. 68. D. 31. | Dissipa gentes, quibus bella sunt cordi. | 1557. (O. O. u. Dr.)

57 gez. Seiten und 3 ungez., leere Blätter. Sign. a₃ — d₃. Kustoden und Marginalien, keine Kopftitel. 27 Zeilen, cursiv. Die 1. 3. u. 16. Zeile des Titels in Kapitalbuchstaben, die viertletzte u vorletzte cursiv. Initiale auf S. 3. Bucers 57 Aphorismen stehen auf S. 42—57. — Vgl. Baum 93. B. J. — Später mit anderem Titel wieder abgedruckt in den Nova vetera quatuor eucharistica scripta Martini Buceri und im Tom. Angl. [Vgl. Nr. 83 u. Tom. Angl. 14.]

In deutscher Sprache erschienen die Aphorismen unter dem Titel:

82 a. Vom hailigen Nachtmal vn= | sers Herrn JESV | Christi | Christliche Bekanntnuß | D. Martini Bvceri | Von Straßburg, nahe vor | seinem ende beschehen, | verteütscht. [Am Ende:] L. Fabritivs P. (O. O. Dr. u. J.)

16 ungez. Bll. in 8°. Das letzte leer. Sign. A ij — B₅ Kustoden (aber nicht durchgängig) und Marginalien, keine Kopftitel. 30 und 31 Zeilen, Schwabacher Typen. Die zweite Zeile des Titels sehr groß, die vierte und sechste in latein. Kapitalbuchstaben gedruckt. Es sind hier 84 Aphorismen. Nach der Vorrede scheint diese Uebersetzung nach dem lateinischen Manuscripte Bucers hergestellt zu sein. Wegen der Erwähnung des Todes Bucers, welcher danach zusammen mit Fagius durch Gift hingerichtet worden wäre, kann sie nicht vor 1551 erschienen sein. — KULB. *

Andere Ausgabe:

82 b. Vom heiligen Nachtmal vn= | sers Herrn JESV Christi. | Christliche Bekanntnuß D. | Martini Buceri | von Straßburg, nahe vor | seinem ende beschehen, | verdeutscht. | [Blättchen.] | ℂ Gedruckt zu Heydelberg, bey | Michael Schirat. | 1563. [Am Ende:] L. Fabricivs P. | [Kleeblatt.]

Stets Kustoden. Im übrigen wie 79ª. — Baum a. a. O. Z.

1561.

83. Nova ve | tera qvatvor ev= | charistica scripta svm | mi & acvtissimi Theologi, Docto= | ris Martini Bvceri | Argentoratensis. | Ioannis Stvrmii ve= | tvs, renovatvs do= | lor de hoc dissidio Eu= | charistico. | Ad D Antonivm Cookvm | Equitem Anglum. | Argentorati, | M. D. LXI. | [Am Ende:] Argentina eex officina | Theobaldi Bergeri, Anno Sa= | lutis humanæ M. D. LXI. | Mense Martio.

12 ungez. und 39 gez. Bll. in 8°. Sign. A₃ — A₃, a — a₃, B — F₃. Kustoden und Kopftitel, keine Marginalien. 24 Zeilen, Antiqua. Zeile 1—3, 7, 8, 11 u. 13 des Titels in Kapitalbuchstaben, die erste sehr groß. — Die 4 Schriften Bucers sind folgende: 1. Capita Concordiae, Inter Doct. Vultembergenses, & Doct. clultatum

Imperij praecipuarū in Germania superiori, An. M. D. XXXVI. die XV. Maij Vuitem-
bergae conscripta. Bl 1—9ᵃ. [Diese Schrift ist in etwas anderer Gestalt und mit
einigen Zusätzen gedruckt worden von Nicolaus Henricus Ursellis o. J. (vgl. Nr. 85);
ferner in: Novissima confessio Martini Buceri 1562 (vgl. Nr. 87); genau ebnio wie
in den Nova vetera scripta aber wieder abgedruckt Tom. Angl. S. 665—669.] Baum 39.
— 2. Brevis et simplicissima explicatio D. Martini Buceri De uero usu S. Eucharistiæ,
Vuormatiæ ex itinere ad N. N. Gallum conscripta & missa. Anno M. D. XLII. B.
9ᵇ—15ᵇ. Wieder abgedruckt Tom. Angl. S. 694—696. Baum 62. — 3. Confessio D.
Martini Bvceri De S. Eucharistia, Argentinæ in Schola publicè dictata, Anno M. D.
XLIII. Nonis Iunij. Bl. 16ᵃ—25ᵃ. Wieder abgedruckt Tom. Angl. S 700—705 —
Baum 70. — 4. Altera confessio Martini Buceri De S. Eucharistia, in Anglia ab eo
scripta, & postea in Germaniam N. N. transmissa, Anno M. D. L. Bl. 25ᵇ—39ᵃ.
Wieder abgedruckt in Tom. Angl. S. 538—545 mit der Ueberschrift: Exomologesis,
sive confessio D. Mart. Bvceri de S. Evcharistia in Anglia aphoristicos scripta, Anno
1550. In der Ausgabe von 1561 sind es 53 Aphorismen; in Tom. Angl. ist der
53. Aphorismus geteilt, so daß 54 herauskommen. Sie befinden sich auch am Ende
von: Anti lotum Valerandi Pollani adversus Joachim. Westphali Pestilens Consilium ad
Senatum Francofordiensem 1557. 8⁰. Vgl. Nr. 82. — Baum 93. KULB. Schl.

84. Scripta eruditorum aliquot virorum (scilicet Buceri, Melanchthonis,
Brentii et Boquini) de controversiä cœnæ Domini 1561. 8⁰. *

Haag, Fr. prot.² III, Sp. 364. Nicht bei Baum.

85. Concor | dia inter docto- | res ecclesiarvm in | Ducatu Saxoniæ, &
Doctores Ecclesiarum in | ciuitatibus Germaniæ superioris, instituta
Vuitebergæ, Anno 1536. de præsentia [sic!] | corporis & sanguinis Domini
in cœ- | na Dominica: de Baptismo infan | tium & Baptismi uirtute.
Item de Absolu- | tione. | Addita est etiam declaratio Ar | ticulorum de
præsentia corpo | ris & sanguinis Domi- | ni Authore M. | Bucero.
Vrsellis | Excudebat Nicolaus Henricus. (O. J.)

25 ungez. Bll. in 8⁰. Sign. A₂—C₆. Kustoden, aber keine Kopftitel u. Margi-
nalien. 23 u. 24 Zeilen, antiqua. Die ersten drei und die vorletzte Zeile des Titels
in Kapitalbuchstaben. Die erste sehr groß. Zeile 4—11 und die letzte Zeile cursiv.
Auf S. 5ᵇ steht: Actum et finitum secunda fe- | ria post Exaudi, 29. | Maij
Anno 1536. Wegen einer auf dem Titelblatte des mir vorliegenden Exemplars be-
findlichen handschriftlichen Notiz vom 17. Juli 1580 muß das Buch vor diesem
Datum erschienen sein; mehr habe ich nicht ermitteln können. — Nicht bei Baum.
KULB. J. Mb.

86. Decem proposi- | tiones de Coena Domini: | à D. Martino Bucero
Argen- | torati in scholis disputantium de- | fensae: Anno M.D.XXXVII.
Argentorati | M. D. LXI. (O. Dr.)

4 ungez. Bll. in 8⁰. Sign. a ij — a iij. Kustoden am Ende der Blätter; keine
Kopftitel und Marginalien. 20 Zeilen, Antiqua. Die beiden ersten und die vorletzte
Zeile des Titels in Kapitalbuchstaben, die übrigen cursiv. — Baum 47. B.

1562 ff.

87. Novissima | confessio | Martini Bvceri, | de cœna domini, excer- | pta de ipsivs enarra- | tionibvs in sacra qvatv- | or evangelia, edi- | tis lenevae [sic !] anno | domini 1553 | Hvic praemissa | est formvla concor- | diæ, qvam constituerunt Vuitebergæ an- | no 1536. Doctores Ecclesiarum in | Dncatu Saxoniæ, & Doctores | ciuitatum Imperij in Ger- | mania superiori. | Ex his cognoscet lector | ueram & genuinam sententiam uerborum | Christi : Hoc est corpus meum, | Hic est sanguis meus. | Lipsiae | anno | M. D. LXII. (D. Dr.)

50 ungez. Bll. in 8⁰. Sign. A₂—G₂. Kuftoden, keine Kopftitel u. Marginalien. 31 u. 32 Zeilen, Antiqua. Initiale am Anfang. Die erften 11, die 17., 21. und 22. Zeile des Titels in Kapitalbuchftaben gedruckt, die 18.—20. curfiv. Strich über der Jahreszahl. — Nicht bei Baum. KULB. Mb. — Mit geringen Aenderungen teilweife wieder abgedruckt Tom. Angl. S. 642—646 mit der Ueberfchrift : Retractatio Martini Bvceri de cœna Domini, qvam pavlo post ante concordiam anno M. D. XXXVI. svb finem Maii Vvitembergæ cum Luthero & alijs quibusdam Theologis initam, scripsit, & typographo excudendam, suisque Enarrationibus in quatuor Euangelistas inserendam tradidit und S. 647—648 mit der Ueberfchrift : Alia Mart. Bvceri retractatio, praemissa enarrationibvs svis in evangelivm Iohannis anno 1536 aeditis, pagina 566.

88. Libellus vere | avrevs D. Marti- | ni Bvceri de vi et | vsv sacri ministerii | cûm in genere tum de singulis | partibus eius, nunquam | antehac typis im- | pressus. | Basileae, | Per Petrum Pernam. | M. D. LXII.

221 gez. Seiten und 1 leeres Blatt in 8⁰. Druckfehler : 121 ft. 112, 177 ft. 201, 313 ft. 213. Sign. a₂—o₅. Kuftoden am Ende der Blätter. Kopftitel, aber keine Marginalien. 26 Zeilen, Antiqua. Die erften 4 und die drittlette Zeile des Titels in Kapitalbuchftaben. Initiale auf S. 3 u. 6. Herausgeber ift der Heidelberger Profeffor der Theologie Tremellius, der das Werk teils nach der Handfchrift B.'s, teils nach deffen von ihm und anderen nachgefchriebenen Vorträgen herausgab (... facere non potui quin, ea fide, qua olim illa ex ipso autore diligentissime excepi, ac ab aliis excepta collegi, ipse nunc... exhiberem). Auf Bucer's Niederfchrift beruhen Seite 6—200 ; das dann Folgende trägt die Ueberfchrift : Finiunt D. Buceri scripta: quæ sequuntur ex prae- | lectionis eius sunt collecta. Das Werk ift ohne die Widmung des Tremellius und die Nachfchriften der Vorlefungen wieder abgedruckt im Tom. Angl. S. 553—610, mit der Ueberfchrift : De vi et vsv sacri ministerii, explicatio Martini Bvceri. Cœpta explicari Cantabrigiæ in nomine Domini IX. Nouembris, Anno sal. M. D. L. Am Schluffe fteht ein unvollendeter Satz, der fich in der Ausgabe des Tremellius nicht findet, ferner folgende Bemerkung : Huc vsque Explicationem sua progressus doctissimus Theologus, in morbum incidit grauissimum : ceius vehementia latius grassante, paulò post in Christo Sernatore felicissime obdormiuit, Cantabrigiæ in Anglia pridie Cal. Martias, Anno salutis M. D. LI. — Baum 90. KULB. Schl.

89. Praelectiones doctiss. | in Epistolam D. | P. ad Ephesios, eximij docto- | ris D. Martini Buceri, habitæ Cantabrigiæ in Anglia, Anno M D. L. et LI. | Ex ore prælegentis collectae, & nunc primùm in lucem editæ, diligentia | Immanuelis Tremelii Theologiæ doctoris, & eiusdem profes- | soris in Academia Heydelbergensi. | Cum indice copiosissimo. | [Drucker-marke.] | Basileae | apud Petrum Pernam. [Auf S. 190:] Basileae. anno salvtis M. D. LXII. | Mense Februario.

190 gez. Seiten u. 7 ungez. Bll. in Folio. Das letzte Blatt leer. Die Seiten-zahlen bisweilen verdruckt. Sign. a₂—r₁. Die einzelnen Lagen haben je 6 Bll. Kustoden am Ende der Blätter; Kopftitel u. Marginalien. 53 Zeilen, Antiqua; die Marginalien cursiv. Die beiden ersten u. 3 letzten Zeilen des Titels in Kapital-buchstaben gedruckt. Initialen auf S. a₂ᵃ, a₃ᵃ, 17, 18, 51, 52, 91, 92, 101, 102, 108, 172, 183, 184 und am Anfang des Index. — Baum 96, aber vielleicht andere Ausgabe. F.

90. Doctrina | M. Buceri | De Prædestinatione. | Causa Peccati. | Libero Arbitrio. | Excæcatione Impiorum. | Hierem. VI. | Hæc dicit Dominvs, sta- | te super vias : & uidete, & interro- | gate de semitis antiqvis : Quæ | sit uia bona, & ambulate in ea : & | inuenietis refrigerium ani-mabus | uestris. | M. D. LXII. (O. O. u. Dr.)

56 gez. Blätter in 8⁰. Sign. A y—G v. Kustoden und Marginalien, keine Kopf-titel. 30 Zeilen, Antiqua; die Marginalien cursiv. Die erste und 8. Zeile des Titels in Kapitalbuchstaben gedruckt. — Das Buch giebt eine Zusammenstellung der über die betreffenden Gegenstände handelnden Abschnitte in den unter Nr. 40, 24ᵘ und 51 dieser Bibliographie verzeichneten Werken Bucers — Nicht bei Baum. Schl. Kiel. Mb.

91. A briefe Examination . . . of a . . . Declaration . . . of certaine Mi-nisters in London, refusyng to weare the apparell prescribed by the lawes . . . In the end is reported the judgement . . . of Doctour Bucer and doctour Martir . . . [1565 ?] 4⁰. *

Nicht bei Baum. Brit. Mus. C. 37. c. 1.

92. The resolution of H. Bullinger . . . and M. Bucer . . . concernynge thapparel of ministers. [1566 ?] 8⁰. *

Nicht bei Baum. Brit. Mus. 877. b. 3.

93. The mynd and esposition of . . . Martin Bucer upon these wordes of S. Mathew : Woo be to the woordle [sic !] by cause of offences Math. XVIII. Faytfully translated in to Englishe by a faythfull brother; with certayne objections & answeres to te same. Emden 1566. 8⁰. *

Nicht bei Baum. Brit. Mus. 698. a. 28. (3.)

Martini Bvceri | Scripta Anglicana | fere omnia | Iis etiam, quæ
hactenus vel nondum, vel sparsim, | vel peregrino saltem idiomate edi | ta
fuère, adiunctis | a Con. Hvberto ad explicandas sedandasq; religionis
cùm | alias, tum præsertim Eucharisticas controuersias, | singulari fide
collecta. | Quorum Catalogvm prima post Præfationes pa- | gina comple-
titur. | Adiuncta est historia de Obitu Bvceri : quæq; illi & Paulo | Fagio
post mortem & indigna & di- | gna contigère. | [Druckermarke.] | Basileae |
ex Petri Pernae officina | M D LXXVII.

12 ungez. Bll. und 919 gez. Seiten in Fol., letztere bezeichnet als 1—739 u.
780—959. Sign. z₂—β₄, a--z₄, A—Z₄, Aa—Zz₄, Aaa—Hhh₄. Die Lage I hat nur
4 Bll., die übrigen je 6. Kustoden am Ende der Blätter; Kopstitel und Margina-
lien. 52 Zeilen, Antiqua; die Marginalien cursiv, die Kopstitel in Kapitalbuchstaben.
Die erste, dritte, drittletzte und vorletzte Zeile des Titels ebenfalls in Kapitalbuch-
staben, die 7.—9. und 12.--14. u. letzte cursiv. Initialen sehr häufig. — Baum
S. 589. Wilh. Mb.

Titel der im Tomus Anglicanus enthaltenen Schriften Bucers. Die bereits
vorher erschienenen sind nur kurz erwähnt mit Verweisung auf die betr. Nr.; die
hier zuerst gedruckten mit der in Klammer gesetzten fortlaufenden Nr. der Schriften
Bucers bezeichnet.

    1. De regno Christi, S. 1—170. Vgl. Nr. 81.
    2. Gratvlatio Martini Bvceri ad ecclesiam Anglicanam, de religionis Christi
       restitutione, scripta Anno 1548. S. 171—173. Vgl. Nr. 77.
    3. Epitome, h. e., brevis comprehensio doctrinae ac religionis christianae.
       S. 173—183. Vgl. Nr. 76.
(94) 4. Oratio Martini Bvceri Cantabrigiae in celeberrima Academia Angliae habita,
       cum ei gradus, vt vocant. Doctoratus ultrò à Gubernatoribus esset
       delatus. S. 184—190. Baum 91.
(95) 5. De reformatione collegii Canonici scriptvm Martini Bvceri. S. 192—214.
       Nicht bei Baum.
(96) 6. Lex mvnicipalis senatvs Argentinensis de conferendis sacerdotijs
       S. 214—220. Nicht bei Baum.
(97) 7. Ratio examinationis canonicae. S. 221—237. Nicht bei Baum.
(98) 8. De ordinatione legitima ministrorvm ecclesiae revocanda, D. Martini
       Bvceri scriptvm nostris temporibvs pernecessarivm. S. 238—259.
       Nicht bei Baum.
    9. De vera animarvm cvra. S. 260—356. Vgl. Nr. 42.
(98) 10. Formvla sive institutio brevis, qvomodo aegroti a ministris ecclesiae
       visitandi sint, qvæq; apud illos agenda. S. 356—369. Nicht bei Baum.
(100) 11. Ordinatio ecclesiae sev ministerii ecclesiastici, in florentissimo regno
       Angliae, conscripta sermone patrio, et in latinam linguam bona fide
       conuersa, & ad consolationem Ecclesiarum Christi, vbicunque locorum
       ac gentium, his tristissimis temporibus, edita, ab Alexandro Alesio
       Scoto sacrae theologiae doctore. S. 370—455. Nicht bei Baum.

(101) 12. Censvra Martini Bvceri svper libro sacrorvm, sev ordinationis Ecclesiae atqve ministerii ecclesiastici in regno Angliæ, ad petitionem R. Archiepiscopi Cantuariensis. Thomæ Crammeri, conscripta. S. 456— 503. Nicht bei Baum.

(102) 13. Explicatio Martini Bvceri in illvd apostoli Ephes. IIII. Tolerantes vos inuicem per charitatem, studentes seruare vnitatem spiritus, per vinculum pacis. S. 504—538. Vgl. dazu: A Review of the book of Common Prayer, drawn up at the request of Archbissop Crammer, by M. R. briefly analyzed and abridged By A. Roberts. London 1853. 12⁰.* — Brit. Mus. 3477. c.

14. Exomologesis, sive confessio de S. Eucharistia. S. 538—545. Vgl. Nr. 82 u. 83.

(103) 15. Martinvs Bvcervs Petro Martyri s. S. 546—550. Datiert: Cantuariæ 1549. XX. Iunij. Nicht bei Baum.

(104) 16. Censvra Martini Bvceri de tribvs Propositionibus à P. Martyre Oxonij ad disputandum propositis, clarissimè hic comprehensa. S. 550—551. Nicht bei Baum.

(105) 17. Martini Bvceri definitio plenior S. Eucharistiæ cvm explicatione sua, ad petitionem D. Petri Alexandri Atrebatensis. S. 551—553. Nicht bei Baum.

18. De vi et vsu sacri ministerii. S. 553—610. Vgl. Nr. 88.

(106) 19. Propositiones novem de sacra Evcharistia. Primarijs quibusdam theologis inter se dissidentibus, Anno 1530 per Mart. Bucerum ad dijudicandum propositæ. S. 611—612. Baum 24.

(107) 20. Excerpta pavcvla ex epistolis M. Bvceri annorvm observata serie, lectu non inutilia. S. 612. Baum 24.

21. Ex secunda parte responsionis Mart. Bvceri adversvs axioma catholicvm. S. 613—631. Vgl. Nr. 35.

(108) 22. Axiomata apologetica Martini Bvceri, de sacro Evcharistiae mysterio, et circa hoc ecclesiarvm concordia: quibus respondet Thematis Nicolai msdorfij. Argentoratenses falsò criminantibus. S. 634—641. Die Vorrede ist datiert: Augustæ, Calendis Aprilis. Anno M. D. XXXV. Baum 35.

23. Retractatio Martini Bvceri de coena domini. S. 642—646. Vgl. Nr. 87. Baum 40.

24. Alia Mart. Bvceri retractatio. S. 647—648. Vgl. Nr. 87. Baum 41.

(109) 25. Historia de concordia circa negocivm evcharisticvm inter D. Lvthervm, et superioris Germaniæ Theologos, Anno 1536 Vvitembergæ inita Interprete Iacobo Fabricio Dantiscano. S. 648—664. Daß diese Historia, von deren deutschem Originale sich früher eine Abschrift in der sog. Uffstetterischen Sammlung auf der Seminarbibliothek zu Straßburg befand, wirklich von Bucer selbst aufgesetzt sei, bezweifelt Löscher, Hist. Motuum 1, 2. Aufl. S 206 ff. Sie ist »breviter et summarie« wieder abgedruckt bei Hospinianus, hist. sacram. II, fol 146 f. Baum 42.

26. Articvli, sive formvla praemissae concordiae, cvm explicatione D. Martini Bvceri interposita. S. 665—669. Vgl. Nr. 85.

(110) 27. Servo Domini fido, M. Ambrosio Blavrero Tvbingæ evangelivm docenti, Martinvs Bvcervs s. S. 669. Baum 45. Datiert: Argentorati vj. Iulij. 1536.

28. Apologia D. Mart. Bvceri de S. coena Domini ex praefatione enarrationum ipsius in qvatvor evangel. ad D. Edvardum Foxvm episcopvm Herephordensem desumpta. S. 670—681. Baum 44. Vgl Nr. 24ᵃ.

(111) 29. De re vestiaria in sacris ad praescriptas aliqvot qvaestiones a r. d. Thoma Cranmero Archiepiscopo Cantuarien. Bucero propositas Responsio. S. 681—684. Baum 92. Vgl. Nr. 91 u. 92.

(112) 30. Reverendis et doctissimis theologis, D. Martino Lvthero. Casparo Crvcigero et reliqvis fratribvs svis Vviteberga in Christo plvrimum Colendis. [Am Ende:] Argentinæ Anno M. D. XXXVI. die N. Augusti. Ex autographo. Vvolfgangus Capito Doctor. Casparus Hedio Doctor. M Matthæus Zellius. M. Martinus Bucerus, & reliqui Argentinen. Ecclesiæ ministri. S. 684—685. Baum 43.

(113) 31. Doctissimis et veritatis salvificae stvdiosissimis viris N. N. Italis, fratribvs in Domino charissimis, Martinus Bucerus. S. [Am Ende:] Datae N. 17. Augusti. Anno salutis, 1541. Vester totus Arctius Felinus. S. 685—686. Baum 57.

(114) 32. Christvm pvra fide invocantibvs fratribvs, qvi svnt Bononiae et Mutinae, sibi venerandis & Charissimis. [Am Ende:] Argentorati 10. Septembris, Anno Christi 1541. Deditus vobis In Domino, Martinus Bucerus manu mea. S. 687—689. Baum 60.

(115) 33. Ex epistola Mart. Buceri ad N. N. Italos veritatis stvdiosissimos atqve cvpidissimos . . . [Am Ende:] N. Anno M. D. XLI. 24. Decemb, Ex autographo. Arctius Felinus V. S. 689—691. Baum 61.

34. Ex confessione religionis christianae IIII. civitatvm, Argentinae, Constantiae, Memmingae et Lindaviæ. Carolo V. Caes. Avg. in comitiis Augustae Anno M. D. XXX. exhibita. S. 691—692. Vgl. Nr. 27ᶜ.

(116) 35. Doctrinae pvrioris assertori primario dom. Martino Lvthero, svo in Domino praeceptori plvrimum Colendo. [Am Ende:] Augusta ex comitijs,. Anno 1530. 25. die Augusti. Tui studiosissimus Martinus Bucerus. S. 692—693. Baum 23.

36. Brevis et simplicissima explicatio de vero usu S. Eucharistiae. S. 694—696. Vgl. Nr. 63.

(117) 37. De sacr Domini coena, ac dvabvs in Christo natvris concordia, et christianae de vtroqve loqvendi formvlae, concionatoribus Francofordiae obseruandæ, per Martinum Bucerum constituta. S. 697—700. Baum 63.

117a. [Dieselbe Schrift wieder abgedruckt in folgendem Buche:] Warnungsschrifft! Doct. Martin Luthers, | an die zu Frankfurt am Mayn, | Anno 1533. außgangen. | Item, | Concordia Das ist, Vertragsarti- | cul, vom Herrn Martino Bucero. auff Begeren eines | E. Rahts, zwischen den Predigern zu Frankfurt, belangendt die | Lehre vom h. Abendmal, vnd von der Person Christi, | Anno 1542. auffgerichtet. | Sampt Einer kurtzen historischen Erzehlung, wie es | mit der Euangelischen Kirchen vnd Ministerio | allhie zu Franckfurt, von Anfang biß auff vnsere | Zeiten, ergangen. Auß erheblichen Vrsachen, so in der Vorred ge- | meldet werden, auffs newe zusammen in Druck | verfertiget. [Vignette.] | Gedruckt zu Franckfurt am Mayn, | durch Johann Spieß. | M. D. XCIII.

28 ungez. Bll. in 4ᵒ. Sign. A ij—G iij. Kustoden, Kopftitel und Marginalien. 33 Zeilen, deutsche Typen. Die 2., 3., 6., 12., 16. u. 19. Zeile des Titels in

11

rotem Druck. Roter Strich über der Jahrzahl. Initiale auf S. A ij a, D b,
D ij b, [D iiij] b Fij a Bucers Schrift reicht von Seite [D iiij] b bis F a. — KULB.
38. Confessio D. Martini Bvceri de S. Evcharistia. S. 700—705. Vgl. Nr. 83.

(118) 39. De re vestiaria in sacris, responsvm D. Mart. Bvceri ad literas domini
Iohannis Hopperi. S. 705—710. Nicht bei Baum.

(119) 40. Dispvtatio docta et theologiae stvdiosis valde vtilis, D. Mart. Bvceri. In
comitiis Academiae Cantabrigien. publicè habita, VI. Idus Augusti.
Anno salutis M. D. L. Vnde sint indubitata petenda principia doctrinæ
saluiflcæ, è diuinis Scripturis, an ab Ecclesia : & An quicquam possit
boni operis facere homo nondum iustificatus. In fine dispvtationis,
tractatus de vsvra subijcitur, cuius inter conferendum fit mentio.
S. 711—796. Baum 88.

(120) 41. Controversia inter Ioan. Ivngvin et Martin. Bvcervm in Academia Canta-
brigiensi exorta, de bonis operibvs hominvm nondum iustificatorum.
1550. S. 797—862. Baum 89.

(121) 42. Martinvs Bvcervs Theobaldo Nigro symmystae et fratri dilecto s. S. 862.
[Am Ende:] Cantabrigiæ 15. Aprilis. Anno 1550. Nicht bei Baum.

(122) 43. Martinvs Bvcervs domino Alberto Hardenbergio ecclesiastae Bremensi.
[Am Ende:] Cantabrigiæ 22. Octob. Anno 1549. Mart. Bucerus tuus.
S. 863—864. Baum 87.

123. Gulden Brief . . . daer inne geleert wordt, what Ketterye is : wie
Ketters zijn, ende hoe verre men met de Verschillende, Christelicke ge-
meynschap behoort te houden. Uyt het Latijn overgheset, etc. door J.
Utenbogaert. Met ene Vor-rede . . . 's Graven-Hage 1616. 4°.*

Nicht bei Baum. Brit. Mus. T. 2246 (23). Mb.

124. Descriptio ex S. Scripturæ et verâ catholicâ doctrinâ reforma-
tionis. Gen. 1617. 4°.*

Haag, Fr. prot.² III, Sp. 366.

125. The Orginall of Bishops and Metropolitana briefly laid down
by Martin Bucer, J. Rainoldes and James Archbishop of Armagh. In :
Certaine brief treatises . . . concerning the . . . government of the
Church, etc. 1641. 4°. Brit. Mus. 700. c. 32.

126. The judgement of Martin Bucer, concerning divorce, writt'n to
Edward the Sixt, in his second book of the Kingdom of Christ, and now
Englisth [by John Milton] wherein a late book [by John Milton] resto-
ring the Doctrine and discipline of Divorce, is heer confirmed and jus-
tify'd by the authoritie of M. Bucer. To the parlament of England. [With
a postscript, and with various extracts prefixed in commendation of
Bucer.] London 1644. 4°.

Nicht bei Baum. Brit. Mus. 883. 4. — Wieder abgedruckt in den verschiedenen Ausgaben der Milton'schen Werke.

127. Vertheidung Der | so genandten Collegiorum Pietatis. Hiebevor | von | Martino Bucero | dem berühmten Theologo, | im Namen eines gesamten Ehr- | würdigen *Ministerii* der Stadt Straßburg | auffgesetzet und dasiger Obrigkeit | überreichet; | Wie solches auß seinen eigenhändigen hinterlassenen | Schrifften treulich außgezeichnet, | Und | Nunmehro zum erstenmahl in offentlichem Druck | ist heraußgegeben worden. | MDCXCI. (O. O. u. Dr.) [Frankfurt a. M., Joh. David Zunner?]

20 gez. Seiten in 4°. Sign. A₂—C. Kustoben; keine Kopftitel u. Marginalien. 41 Zeilen, deutsche Typen. Die erste Zeile des Titels sehr groß gedruckt, die übrigen mit wechselnder Typenhöhe. Zeile 4 u. 7 in latein. Kapitalbuchstaben. Initiale am Anfang des Textes. — Nicht bei Baum. KULB. — Ich habe diese Schrift der Vollständigkeit halber mit aufgenommen, obgleich Zweifel an ihrer Echtheit bestehen. Eine Untersuchung darüber von Herrn Direktor Erichson hier wird im zweiten Hefte des 13. Bandes von Briegers Zeitschrift für Kirchengeschichte erscheinen.

Zweite Ausgabe:

127 a. Vertheidigung Der | so genandten Collegiorum pietatis, | hiebevor | von | Martino Bucero, | dem berühmten Theologo, | Im Namen eines gesamten Ehrwür- | digen Ministerii der Stadt Straßburg auffge- | setzet und den Obrigkeit selbiges Orts | überreichet; | Wie solches aus seinen eigenhändigen hinter- | lassenen Schrifften treulich ausge- | zeichnet, | Und | Nunmehro zum andernmahl mit bessern Deutsch | ist herausgegeben worden. | M DCXCII. (O. O. u. Dr.) | Frankfurt, J. D. Zunner?]

12 ungez. Bll. in 4°; Sign. A₂ — C₃. Kustoben, keine Kopftitel u. Marginalien, 32 Zeilen, deutsche Typen. Die Höhe der Typen auf dem Titel wechselt fast mit jeder Zeile. Zeile 4, 5 u. 8 des Titels in Kapitalbuchstaben. Initiale am Anfang des Textes. Der Drucker ergiebt sich aus der Uebereinstimmung dieses Druckes mit Zunnerischen Drucken. — KULB.

128. Argumenta Buceri pro et contra, Originalmanuscript Bucer's, die Gründe für und gegen die Doppelehe des Landgrafen Philipp's des Grossmüthigen de anno 1539, veröffentlicht durch v. L. Cassel, Kay 1878. 8°. IV. 56 S. *

D. F. Mb.

Verzeichnis der bei Angabe der einzelnen Bibliotheken gebrauchten Abkürzungen.

B.	=	Universitätsbibliothek in Basel.
Berl.	=	Königl. Bibliothek in Berlin.
Colm	=	Consistoriumsbibliothek in Colmar.
D. oder Dresd.	=	Königl. öff. Bibl. in Dresden.
Düss.	=	Königl. Landesbibliothek in Düsseldorf.
Eisl.	=	Andreasbibliothek in Eisleben.
Erl.	=	Königl. Universitätsbibliothek in Erlangen.
F.	=	Stadtbibliothek in Frankfurt a. M.
Halle.	=	Königl. Universitätsbibliothek in Halle.
Hamb.	=	Stadtbibliothek in Hamburg.
Heid.	=	Großherzogl. Universitätsbibliothek in Heidelberg.
J.	=	Großherzogl. Universitätsbibliothek in Jena.
K.	=	Großherzogl. Hof- und Landesbibliothek in Karlsruhe.
Kiel.	=	Königl. Universitätsbibliothek in Kiel.
KULB.	=	Kais. Universitäts- und Landesbibliothek in Straßburg i. E.
Mb.	=	Königl. Universitätsbibliothek in Marburg.
N.	=	Stadtbibliothek in Nürnberg.
Schl.	=	Stadtbibliothek in Schlettstadt.
StB.	=	Stadtbibliothek in Straßburg i. E.
Wern.	=	Gräfl. Stolbergische Bibliothek in Wernigerode.
Wilh.	=	Bibliothek des Collegium Wilhelmitanum in Straßburg i. E.
Z.	=	Stadtbibliothek in Zürich.
Zw.	=	Rathsschulbibliothek in Zwickau.

NB. Ein Stern hinter einem Titel oder einer Titelbeschreibung bedeutet, daß mir das Werk nicht vorgelegen hat.

Notizen über den handschriftlichen Nachlaß und die
gedruckten Briefe Butzer's.

Verzeichnis der Litteratur über Butzer.

Handschriftlicher Nachlaß Butzer's.

Nebst den gedruckten Schriften Martin Butzer's ist eine Menge von Briefen von ihm erhalten, die an Zahl und Bedeutung ihres Gleichen suchen. Die nachstehenden Mitteilungen machen die Standorte namhaft, von welchen in Erfahrung gebracht werden konnte, daß daselbst Briefe Butzer's aufbewahrt werden. Zeit und Umstände haben eine in's Einzelne gehende Inventarisirung leider nicht möglich gemacht. Gesperrter Druck bezeichnet die Sammlungen, in welchen eine größere Anzahl von Briefen Butzer's sich vorfindet.

I. Originale.

Den bei weitem größten Reichtum an handschriftlichen Briefen, Konzepten, Entwürfen oder Gutachten Butzer's besitzt das Archiv des St. Thomasstiftes in Straßburg. Es sind deren mehrere Hunderte, wovon die Meisten in drei großen Folianten aus den Jahren 1527—1550 Gerade hier ist auch die Zahl der an ihn gerichteten Schreiben besonders groß. (Zahlreiche Bände der Bibliothek des *Collegium Wilhelmitanum* in Straßburg sind mit Randglossen und Widmungen Butzer's versehen. Einige Bemerkungen von ihm befinden sich auch in einem alten Kochbuch, das Frau Professor Baum besitzt.)

In zweiter Linie kommen das Straßburger Stadtarchiv, fast ausschließlich aber nur für „Bedenken" und „Gutachten", und die Stadtbibliothek von Schlettstadt in Betracht.

Als Standorte außerhalb des Elsasses sind zu nennen:

Basel: Universitätsbibl. (Zwinger'sche Briefsamml. Frey-Grynäische Samml.)
Celle: Stadtbibliothek.
Genf: Bibliothèque publique.
Hamburg: Stadtbibliothek. (Usenbach-Wolf'sche Briefsammlung.)
London: British Museum.
Marburg: Staatsarchiv (früher in Kassel).
Oxford: New-College. *(Codices Rawlinsoniani.)*
St. Gallen: Stadtbibliothek *(Vadiana).*
Zürich: Staatsarchiv. — Stadtbibliothek *(Thesaurus Hottingerianus).*

Berlin: Königliche Bibliothek.
Bern: Stadtbibliothek.
Bremen: Stadtbibliothek.
Breslau: Stadtbibliothek (Rehdiger'sche Sammlung).
Cambridge: *Library of the University.*
Darmstadt: Großherzoglich-hessisches Archiv.
Göttingen: Universitätsbibliothek *(Codex philosophicus).*
Heidelberg: Universitätsbibliothek.
Kassel: Landesbibliothek.
Köln: Stadtarchiv.
Konstanz: Stadtarchiv.
Münster i. W.: Staatsarchiv (Kindlinger'sche Sammlung).
Neufchatel: *Bibliothèque des pasteurs.*
Neustadt a. Aisch: Kirchenarchiv.
München: Königl. Hof- und Staatsbibliothek *(Collectio Cameraviana).*
Neuwied: Fürstlich-Wied'sches Archiv.
Oberbiel: Allmenröder'sche Urkundensammlung.
Stockholm: *Kongl. Biblioteket.*
Stuttgart: Königl. öffentliche Bibliothek.
Weimar: Ernestinisches Gesammtarchiv.
Wien: Hofbibliothek.
Wolfenbüttel: Herzogl. Bibliothek (Nolte'sche Handschriftensammlung).
Zofingen: Stadtbibliothek.

II. Abschriften.

Auch an Abschriften enthält das St. Thomasarchiv in Straßburg das Meiste (besonders in den *Varia ad historiam ecclesiasticam argentinensem*, 10 Bände in f° und 6 in 4°); das Straßburger Stadtarchiv besitzt keine Briefe in Kopie, sondern nur Reinschriften von Butzer'schen Gutachten.

Dem elsässischen Kirchenhistoriker L. W. Roehrich verdankt man einen jetzt auf der hiesigen Stadtbibliothek befindlichen ansehnlichen Band von „Briefen aus der Reformationszeit 1518—1561", die er theils nach den Originalen des Thomasstiftes, theils nach älteren Kopien abgeschrieben hat, darunter 56 Briefe von Butzer und 9 an ihn. Diese Arbeit ist um so dankenswerther, als dem fleißigen Forscher noch viele Briefe aus der Bibliothek des protestantischen Seminars, namentlich in der Schadäi'schen Sammlung *(Epistolae sacramentariae)* vorlagen, die in dem Bibliothek-Brand von 1870 verloren gegangen sind.

Unvergleichlich höhere Bedeutung besitzt aus demselben Grund der viel reichhaltigere, von Prof. D. J. W. Baum angelegte, *Thesaurus epistolicus reformatorum* alsaticorum, [1] der in Folge letzwilliger Verfügung, nach Baum's Tod, (1878) in den Besitz der hiesigen Landes- und Universitätsbibliothek gelangt ist. In den 22 dicken Quartbänden und den 2927 Nummern dieser einzigartigen Sammlung befinden sich abschriftlich 825 Briefe von Butzer, nebst 436 Briefen an ihn.

Ferner sind anzuführen:

B a s e l : Universitätsbibliothek. (Zwinger'sche Sammlung.)

C a m b r i d g e : Library of the University.

G o t h a : Herzogliche Bibliothek.

H a m b u r g : Stadtbibliothek (Ufenbach-Wolf'sche Briefsammlung).

Z ü r i c h : Stadtbibliothek (Simler'sche Sammlung).

Bern : Stadtbibliothek.

Bremen : Stadtbibliothek (Probst'sche Kollektaneen).

Dinkelsbühl : Stadtbibliothek.

Dorpat : Universitätsbibliothek.

Hannover : Oeffentliche Bibliothek — Staatsarchiv.

Heidelberg : Universitätsbibliothek.

Herrnhut : Archiv der Brüdergemeinde.

London : *British Museum.*

Metz : Stadtbibliothek *(Mss. Ferry).*

München : Hof- und Stadtbibliothek *(Collectio Camerariana).*

Neufchatel : Bibliothèque des pasteurs.

Paris : Bibliothèque nationale.

Stuttgart : Königl. öffentliche Bibliothek.

Zofingen : Stadtbibliothek.

---

[1] *Thesaurus epistolicus reformatorum alsaticorum Epistolas quae exstant fere omnes complectens a viris pie grateque venerandis Wolfgango Capitone et Martino Bucero caeterisque Ecclesiae et Scholae argentoratensis saeculo decimo sexto instauratae Coryphaeis ad diversos diversorumque symmystarum et clarorum virorum ad eosdem scriptas.*

Gedruckte Briefe Bucer's.

In dieses Verzeichnis sind alle Bücher oder Sammelwerke aufgenommen, die meines Wissens Bucer'sche Briefe enthalten, ohne Rücksicht darauf, ob sie im originalen Wortlaut, in Uebersetzung oder nur auszugsweise (für wichtigere Stellen) mitgeteilt sind.

Manuel des abus de l'homme ingrat, composé par F. Mathieu de Lalande. avec la copie des lettres de Martin Bucere de Strasbourg, envoyées au dit F. Mathieu, pour lors preschant à Metz et la response d'icelles translatées de latin en françois par le dict. F. M. docteur en Theologie et provincial de l'ordre des Carmes en la province de France. Metz, 1544.

Epistolarum miscellanearum ad Frid. Nauseam lib. X. Basil., 1550. S. 291. 294.

Martini Buceri scripta anglicana fere omnia. Basil., 1577.

XVIII Selectae aliquot doctissim. virorum epistolae. Impress. per Straubium. Sangalli. (s. a., zwischen 1578—1584).

Joannis Sturmii Rectoris Argentinensis Antipappi tres. 1579.

Mageir, J., Kurzer gründlicher bericht über Amb. Wolfii historia von der Augsb. Conf. Tüb., 1581. S. 95. 130.

Centuria epistolarum theologicarum ad Johannem Schwebelium. Bipont., 1597.

Coelestinus, G., Historia Comitiorum Augustanorum. Francof. ad O., 1597. II. S. 294-297.

Hospinianus, R., Historia Sacramentaria. Tig., 1608. II. S. 111.

Zanchii Epistolarum libri duo. Hanoviae, 1609. S. 412.

Heinsius, Illustr. et claror. viror. epistolae. Lugd. Bat., 1617. S. 12—37.

Hottinger, J. H., Historia eccles. saeculi XVI. Tig., 1665. II. S. 407—412. — VI. S. 406.—1677. VIII. S. 256.

Fechtii, J., Epistolae ad Marbachios. Francof., 1684.

Seckendorf, L., Commentarius de Lutheranismo. Franc. et Lips., 1692.

Heckel, Jo. Frid., Manipulus I. Epp. Singularium. Plaviae Var., 1695. S. 51.

Erasmi Opp. omnia. Lugd. Bat., 1703. III. S. 1029.

Joh. Sturmii aliorumque ad Aschamum Anglosque alios epistolarum liber I. Oxoniae, 1703. S. 230.

Unschuldige Nachrichten. Leipz., 1708. VIII. S. 11. — 1715. XVI. S. 21. — 1725 XXVI. S. 17.

Verpoorten, A., Meno, Commentatio historica de M. Bucero. Coburg, 1709.

Goeze, Z., Trium saeculorum XVI, XIII et XIIX annum . . . XVII. Osnabrugi celebrabunt . . . tres alumni . . . 1717.

Pfaffius, Acta et scripta publica Ecclesiae Wirtenbergicae. Tub., 1720. S. 198.

Ritter, J. B., Evang. Denkmahl der Stadt Frankf. am Mayn. Frankf., 1726. S. 275—281.

Schelhorn, Ae., Amoenitates literariae. Francof. et Lips., 1726. VI. S. 364.

Guden, H. Phil. (praes.), Lelser, Joh. Frid. (resp.), Dissertatio saecularis de Ernesto duce Brunsv. et Luneb. Gotting., (1730).

Rapp's Kleine Nachlese zur Erläuterung der Reformationsgeschichte. Leipzig, 1730. III. S. 193. 198.

Gerdesius, D., Introductio in historiam evangelii sec. XVI renovati. Monumenta. Groningae, 1744. I. S. 175.

— Scrinium antiquarium. 1749. V, 2.

Luther's sämmtliche Schriften, Ausg. J. G. Walch. Halle, 1749. XXI.

Schminke F. Chr., Monimenta Hassiaca. Halle, 1750. III. S. 291-302.

Simler, J. J., Rede von der brüderlichen Liebe unter den Gliedern der Kirche im 16. Jh. Zürich, 1767. S. 65.

Sattler, C. Fr., Geschichte des Herzogthums Würtemberg. Tüb, 1771. III. S. 113 ff.

Heß, S., Lebensgeschichte Oekolampad's. Zürich, 1793.

Jortin, J., The Life of Erasmus. Lond., 1808. I. S. 390.

Luther's Briefe, Sendschreiben und Bedenken, gesammelt von De Wette-Seidemann. Berlin, 1825-1856.

Röhrich, T. W., Geschichte der Reformation im Elsaß und besonders in Straßburg. Straßb., 1830. I. II. Beilagen.

Zwinglii opera. *Ed. Schuler et Schulthess.* Tur., 1830. VII.—1842. VIII.

Freytag, Th. F., Viror. doctor. epp. sel. Lips., 1831. S. 41.

Melanthonis opera Corpus reformatorum. *Ed. Bretschneider.* Halis, 1834-1840. I-VII.

Neudecker, Ch. C., Urkunden aus der Reformationszeit. Cassel, 1836.

— Merkwürdige Aktenstücke aus dem Zeitalter der Reformation. Nürnberg, 1838. I. S. 159.

Hundeshagen, C. B., Epist. aliquot ined. M. Buceri, J. Calvini, Th. Bezae aliorumque ad hist. eccles. magnae Britanniae pertinentes. Bernae, 1840. S. 19-22.

Förstemann, K. Ed., Neue Mittheilungen aus dem Gebiet historisch-antiquarischer Forschungen. Halle, 1843. VII, 3. Heft. S. 71.

Herzog, J. J., Das Leben Oecolampad's. Basel, 1843. S. 291.

Parker Society, Miscellaneous writings and Letters of Thomas Cranmer. Cambridge, 1846.

— Original Letters relative to the english reformation (translated). 1537-1558. Cambridge, 1846-1847.

— Epistolae Tigurinae de rebus potissimum ad ecclesiae anglicanae reformationem pertinentibus conscriptae 1531-1558. Cantabrigae, 1848.

Strype, Memorials of archbischop Cranmer. Oxf., 1848. II. S. 1017.

Röhrich, Th. W., Martin Bußer's Teſtamente. (Straßburger Beiträge zu den theol. Wiſſenſchaften. Jena, 1851. II. S. 193.)

Luther's deutſche Briefe. Ausg. Irmiſcher. Frankfurt und Erlangen, 1853-54.

Haſſencamp, J. W., Heſſiſche Kirchengeſchichte ſeit dem Zeitalter der Reformation. Marburg, 1855.

Keim, K. T., Schwäbiſche Reformationsgeſchichte. Tüb., 1855.

Gindely, A., Quellen zur Geſchichte der Böhmiſchen Brüder. Wien, 1859. S. 42 ff.

Hutteni opera. Ed. Böcking. Lips., 1859. I. II.

Cornelius, C. A., Geſchichte des Münſteriſchen Aufruhrs. Leipz., 1860. II, S. 260 ff. 355 ff.

Baum, J. W., Capito und Bußer, Straßburgs Reformatoren. Nach ihrem handſchriftlichen Briefſchatze, ihren gedruckten Schriften und anderen gleichzeitigen Quellen dargeſtellt. Elberfeld, 1860.

Steitz, G. E., M. Joannes Cnipius Andronicus. Frankf. a. M., 1860. S. 59.

Preſſel, T., Ambroſius Blaurer's, des ſchwäbiſchen Reformators Leben und Schriften. Stuttgart, 1861.

Burnet, G., The History of the reformation of the church of England. New edition by N. Pocock (a collection of records). Oxf., 1855. V. S. 177.

Burkhardt, K. A. H., Dr. M. Luthers Briefwechſel mit vielen unbekanuten Briefen Leipz., 1866.

Herminjard, A. L., Correspondance des Réformateurs dans les pays de langue française. Genève, 1866-1887. I—VII.

Herzog, M., Buceri Responsiones ad quaestiones a G. Morello et Petro Lathomo Valdensium provincialium ablegatis de Religione rebusque Ecclesiasticis propositas. 1530. (Zeitſchrift für die hiſt. Theologie, 1866. S. 313 ff.)

Preſſel, Th., Anecdota Brentiana. Ungedruckte Briefe und Bedenken von Johannes Brenz. Tübingen, 1868.

Böhmer, Ed., Francisci Dryandri epistolae quinquaginta. (Zeitſchr. für die hiſt. Theol. 1870. S. 424.)

Calvini opera. Thesaurus epistolicus. Corpus reformatorum. Ed. Baum, Cunitz, Reuss. Brunsvigae. 1872-1875. XXXIX-XLI.

Bindseil, H. E., Ph. Melanchthonis epistolae, judicia, consilia etc. Halis Sax., 1874.

Krafft, L., Briefe Melanthon's, Bucer's und der Freunde und Gegner derselben. (Theologische Arbeiten aus dem rheinischen wissenschaftlichen Prediger-Verein. Elberfeld, 1874. II. S. 12 ff.)

Krafft, K. und W., Briefe und Documente aus der Zeit der Reformation im 16. Jahrh. Elberfeld, (1875).

Varrentrapp, C., Hermann von Wied und sein Reformationsversuch in Köln. Leipzig, 1878.

Walz, O., Epistolae Reformatorum. (Zeitschr. für Kirchengesch. 1878. II. S. 124. 176 ff.)

Baumgarten, H., Ueber Sleidan's Leben und Briefwechsel. Straßb., 1879. S. 53. 65 ff.

Linde, Fr., Ein Brief Bucer's an Melanchthon. (Zeitschr. für Kirchengesch. 1879. III. S. 312.)

Erichson, A., Straßburger Beiträge zur Geschichte des Marburger Religionsgespräches. (Zeitschr. für Kirchengesch. 1880. IV. S. 614. 624.)

Lenz, Max, Briefwechsel Landgraf Philipp's des Großmüthigen von Hessen mit Bucer. Leipzig, 1880-1891. I-III.

Baumgarten, H., Sleidans Briefwechsel. Straßburg, 1881.

Strickler, Aktensammlung zur schweizerischen Reformationsgeschichte. Zürich, 1881. IV. S. 712.

Enders, L., Briefe Vadian's und Butzer's an Luther. (Studien und Kritiken 1882. S. 702.)

Linde, Fr., Epistolae Reformatorum in der Kirchenbibliothek zu Neustadt a. Aisch. (Zeitschr. für Kirchengesch. 1882. V. S. 155.)

Virck, H., Politische Correspondenz der Stadt Straßburg im Zeitalter der Reformation 1517-1530. Straßburg, 1882. I.

Erichson, A., Zwingli's Tod und dessen Beurtheilung durch die Zeitgenossen. Straßburg, 1883.

Kolde, Th., Analecta Lutherana. Briefe und Aktenstücke zur Geschichte Luther's. Gotha, 1883.

Pijper, F., Jan Utenhove zijn Leven en zijne Werken. Leiden, 1883. Bylagen, S. 13.

Allmenröder, Zwei Briefe Butzer's und Hedio's an den Grafen Philipp IV. von Hanau-Lichtenberg 1546. (Zeitschr. für Kirchengesch. 1885. VII. S. 470 ff.)

Horawitz, A. u. Hartfelder, K., Briefwechsel des Beatus Rhenanus. Leipz., 1886.

Horning, W., Briefe von Straßburger Reformatoren, ihren Mitarbeitern und Freunden über die Einführung des Interims in Straßburg. Straßburg, 1887.

Stähelin, Rud., Briefe aus der Reformationszeit, größtentheils nach Mff. der Zwinger'schen Briefsammlung. Basel, 1887.

Winkelmann, O., Politische Correspondenz der Stadt Straßburg im Zeitalter der Reformation. 1531-1539. Straßburg, 1887. II.

Tschackert, P., Urkundenbuch zur Reformationsgeschichte des Herzogthums Preußen. Leipz., 1890. II, S. 245.

Letters and papers foreign and domestic of the reign of Henry VIII. London, 1891. XII 2, Nr. 969.

Horning, W., Kirchenhistorische Nachlese oder Nachträge zu den „Beiträgen zur Kirchengeschichte des Elsasses." Straßburg 1891.

Litteratur über Bucer.

Bei der nachfolgenden Zusammenstellung sind Encyklopädieen und andere Werke, welche Artikel oder Abschnitte über Bucer enthalten, nur dann angeführt, wenn diese letzteren durch ihren Umfang oder aus irgend einem andern Grund eine besondere Bedeutung beanspruchen können. Außerdem kommen mehr oder minder ausführliche Nachrichten über ihn in jeder eingehenden Biographie der Reformatoren — namentlich der Straßburgischen — so wie anderer hervorragender Zeitgenossen vor, ebenso in den allgemeinen kirchenhistorischen Werken und in einzelnen Monographieen über wichtige Punkte der Geschichte des XVI. Jahrhunderts (wie z. B. über die Religionsgespräche, die Reichstage, die Unionsbestrebungen, das Sektenwesen. u. s. w.), und endlich in den speziellen Reformationsgeschichten derjenigen Städte und Länder, in welchen Bucer gewirkt oder zu denen er in irgend einer Beziehung gestanden hat. Von diesen glaubte ich absehen zu können; dagegen schien es mir zweckmäßig, einige neuere Abhandlungen aufzunehmen, in welchen man beinahe auf jeder Seite dem Namen Bucer's begegnet, und aus denen eine ganz besonders reiche Ausbeute für die Kenntniß des Reformators gewonnen werden kann.

Robertus Senalis, Episcopi Abricensis Lib. de Coena Domini adversus Bucerum cum Appendice. Paris, 1534.

Antwort des ..., Herrn Philipsen Landtgraven zu Hessen ... an seine Räth, uff den Rathschlagt wider die Juden, von den Geystlichen [M. Butzer, J. Rymäus etc.] berathschlagt worden. 1539.

Eck, Io, Apologia pro reverendiss. et illustriss. principibus catholicis ac aliis ordinibus Imperii adversus mucores et calumnias Buceri super actis comiciorum Ratisponae. Colon , 1542.

— Replica adversus scripta secunda Buceri apostatae super actis Ratisponae. (Ingolstadii) 1543.

Judicium cleri et universitatis Coloniensis de Doctrina et vocatione M. Buceri ad Bonnam. Col., 1543.

Judicium deputatorum universitatis et secundarii Cleri Coloniensis de doctrina et vocatione M. Buceri ad Bonnam, 1543.

Urteil der Universitet und Clerisie zu Cölne von Martin Bucers Lerung und ruffung gen Bonn, uß Latynischer sprach trewlich verteutscht, durch Jaspar von Gennep, Bürger zu Cölne, 1543.

Cochlaeus. Ain kurtzer Außzug des Urthails, wölchs ein löblich Clerisey und hochberümpte Universitet zu Cöln haben in latein ans liecht gegeben, wider Martin Butzers Teutsche Schrift auß Bonna gen Cöln geschickt. Ingolstadt, 1543.

Christlich bericht, war uff zu gruntfestigen der stanthafftich will bleiben in dem uffrechtigen Christen glauben, mit widerlägung der principalischer articuln der verfüriger lehr Martini Bucers im Buch zu Bon außgangen, durch Matthiam von Rech der Heyligen schrifft Licentiaten. 1543.

Pighius, A., Apologia adversus M. Buceri calumnias, quas et solidis argumentis et clarissimis rationibus confutat... Parisiis, 1543.

Responsio Bartholomaei Latomi ad epistolam quandam Martini Bucceri (sic) de dispensatione Eucharistiae et invocatione divorum, et de coelibatu sacerdotum, in qua interim Ecclesiae et sanctorum patrum authoritas acerrime defenditur. Coloniae, 1544. (Am Schluß) Confluentiae. 12. Juli 1543.

(Gropper), Christliche vnd Catholische gegenberichtung eyns Erwirdigen Thomcapitels zu Cöllen wider das Buch der gnannter Reformation so den Stenden des Erzstiffts Cöllen vff jungstem Landtage zu Bon vorgehalten Vn nun vnder dem Tittel eyns Bedenckens im Truck doch mit allerley zusätzen vnd veränderungen vßgangen ist. Coloniae, 1544.

Antididagma, seu christianae et catholicae religionis per... Canonicos metropolitanae ecclesiae Coloniensis propugnatio, adversus librum quendam.... nuper Bonnae titulo Reformationis exhibitum ac postea... consultoriae deliberationis nomine impressum. Sententia item delectorum per Venerabile Capitulum Ecclesiae Coloniensis de vocatione Martini Buceri. Coloniae, 1544.

Stephani Winton. episcopi angli ad Martinum Bucerum de impudenti eiusdem Pseudologia Conquestio. Lovan., 1544. — Coloniae, 1545.

Gropper, Jo., Wahrhafftige Antwort und gegenberichtung, H. Joh. Gröpper,... uff Martini Buceri frevenliche Clage und angeben wider im D. Gröpper in eynem jüngst außgangen Truck beschehen. 1545.

Judicii universitatis et cleri coloniensis adversus calumnias Philippi Melanchthonis, Martini Buceri. Oldendorpii, et corum asseclarum, defensio. cum diligenti explicatione materiarum controversarum. Authore E. Billick... Coloniae, 1545.

Bartholomaei Latomi adversus Martinum Buccerum (sic), de controversiis quibusdam ad religionem pertinentibus altera plenaque defensio. Coloniae, 1545.

Appendix gemina in M. Buceri librum adversus Bart Latomum superiore anno aeditum, quarum una ex Episcopi Vuintoniensis libro excerpta, altera a Ioanne Cochlaeo scripta est. (Ingolst.,) 1545.

Refutatio calumniosarum insectationum Martini Bucceri (sic), quibus novissimis libellis aeditis in Bartholomaeum Latomum extra ordinem invectus est. Ipso Latomo authore. Coloniae, 1546.

In XVIII articulos Mart. Buceri excerptos ex novissimo libro ejus ad Principes, et status sacri R. imperii latino scripto Responsio Jo. Cochlaei. Ingolstadii, 1546.

Stephani Winton ... ad M. B. epistolae, qua cessantem hactenus ... urget ad respondendum de impudentissima eiusdem pseudologia conquestionis ante annum aeditae. 1546.

(Engelbrecht, A.,) Abconterfeytung und ware gründtliche beschreibung Martin Butzers list, geschwindigkeit, falsch, betrug, wandelmütigkeit. Uff das Büchlein, so er zu Bonn von seynem beruff und engnem lob den zehenten Martii des 42 (sic) jars inn Truck hat lassen ausgehen, und uff andere seyne Büchlein durch in darnach gemacht. (Vorrede von Warner von Waresheim.) (1546.)

De obitu M. Buceri in Cantabrigiensi academia publici sacrarum litterarum praelectoris Epistolae N. Carri et Joh. Checi Cantabrig. . . Item epigrammata varia. Londini, 1551.

Gardiner, S., Exetasis testimoniorum, quae M. Bucerus ex sanctis patribus non sancte aedidit, ut patrocinetur opinioni de coelibatus dono. Lovanii, 1554.

Mathias Aquensis. Christiana ac pia de cathol. fidei regula assertio. Coloniae 1556. (XXI: Adversus praecipuos errores Buceri. S. 153—316).

Historia vera: de vita, obitu, sepultura, accusatione haereseos, condemnatione. exhumatione, combustione, honorificaque tamen restitutione beatorum atque doctiss. theologorum D. M. Buceri et P. Fagii.... Argentinae, 1562. -- Abgedruckt in M. Buceri scripta anglicana. Bas., 1577.

Ein ware histori vom leben, sterben, begrebnuß, anklagung der letzerey, verdammung, ausgraben, verbrennen, und letstlich ehrlicher widerhynsetzung, der säligen und hochgelehrten Theologen D. Martini Buceri und Pauli Fagii, die sich in zwölff jaren in dem Engellendischen Reich begeben hat. Straßburg, 1562. (Vorrede von C. Hubert.)

A briefe treatise concerning the burnynge of Bucer and Phagius, at Cambrydge in the time of quene Mary, with theyr restitution in the time of our most gracious soverayne Lady that now is. Translated in to Euglishe by A. Goldyng. London, 1562.

Chorus alternatim cauentium. [Eine Satire in Versen über den Streit zwischen Gualterus Haddonus und J. Osorioda Fonseca, Bischof von Silves, verbunden mit einer Karikatur, in welcher Haddonus, Butzer und P. M. Bermigli als Hunde dargestellt sind und einen Wagen ziehen, auf welchem Osorio triumphierend sitzt.] 1563.

Verheiden, J., Afbeeldingen van sommigte in Godts Woort ervarene Mannen, die bestreden hebben den roomschen Antichrist. Waer by ghevoecht zijn de Lofspreucken eude Registers harer Boecken. Ins' Graven-Haghe, 1600. S. 53—55. — 2. Aufl. 1603.

— Praestantium aliquot Theologorum qui rom. antichristum praecipue oppugnarunt effigies quibus addita elogia librorumque catalogi. Hagae-Comitis, 1602. S. 74—78. 2. ed. (Imagines et elogia praestantium aliq. theol. cum catalogis lib.) 1725.

Adam, Melch., Vita Buceri. (Vitae theologorum germ. Haidelbergae, 1620. S. 211-223.)

12

Lupton, History of the Moderne Protestant Divines. London, 1637. S. 68-80.

Seckendorf, L. Commentarius de Lutheranismo. Francof. et Lips., 1692.

(Fraul.) Glaubwürdige Zeugnüsse vornehmer Theologorum unserer Evang. Kirchen in Wittenberg, Leipzig, Jena, Tübingen, Rostock, Altorff, Darmstadt, Strassund, Stettin und Ulm u. s. w. Von Martini Buceri Unbeständigkeit in der Lehre u. s. w. 1696.

Disenbach, M., Sendschreiben an Adam Rechenberg betr. die schuldige Rettung der Ehre und Lehre des im vorigen seculo hochverdienten Evangelischen Theologen D. Martini Buceri .. Frandf. a. M., 1697.

Verpoorten, A. Meno, De Martino Bucero ex historia superioris seculi disput (1⁰ resp. Hoffmann. 2⁰ resp. Bolmann). Vitembergae, 1698.

— Commentatio historica de Martino Bucero eiusque de coena Domini sententia, ... Coburgi, 1709.

Serpilius, Lebensbeschreibung der bibl. Scribenten. Regensb., 1711. VIII, S. 413—427.

Teissier, A, Les Eloges des hommes savants, etc. Leyde, 1715. I. S. 56 ff.

Bayle, P. Dictionnaire historique et critique. Basle, 1741. I. S. 689. ff.

Schröch, J. M., Abbildungen und Lebensbeschreibungen berühmter Gelehrter. Leipzig, III. S. 48-86. — 2. Aufl. (Lebensbeschreibungen ber. Gel.) Leipz., 1790. I. S. 203—232.

Middleton, Biographia Evangelica. London, 1797-86. I, S. 264-289.

Boissard, Martin Bucer. (Musée des protestants célèbres. Paris, 1822. I. S. 1-15.)

(Strobel, A.) Martin Bucer. Eine biographische Skizze. (Timotheus, eine Zeitschrift zur Beförderung der Religion u. Humanität. Strassburg, 1823. IV. S. 981 ff.)

Rese, Bucer, M. (Ersch u. Gruber's Allg. Encyclopädie der Wissenschaft und Künste. Leipz., 1824. S. 278—281.)

Haag, E. et E. Bucer. (La France protestante. Paris, 1852. — 2ᵉ éd. 1881. S. 343—367.

Schenkel, D., Bucer. (Herzogs Real-Encyclopädie für prot. Theologie u. Kirche. 1854. II. S. 412-423.)

Hassencamp, F. W., Charakteristik Butzer's (Hessische Kirchengeschichte seit dem Zeitalter der Reformation. Marburg, 1855. II. S. 330-432.)

— Bucer's Verdienste um die Kirchenzucht. (Deutsche Zeitschr. für christliche Wissenschaft und christl. Leben. Berlin, 1856. I. S. 145 ff.)

Cooper, Ch. and Th. Athenae Cantabrigienses. Cambridge, 1858. I. S. 101-104.

Röhrich, T. W., Martin Butzer. (Evangelisches Jahrbuch von Piper für 1858. Berlin, 1858. S. 172-186.)

Baum, J. W., Capito und Butzer, Strassburgs Reformatoren. Nach ihrem handschriftl. Briefschatze, ihren gedruckten Schriften und anderen gleichzeitigen Quellen dargestellt. Elberfeld, 1860.

Bonnet, J, Les amitiés de Calvin: Martin Bucer. (Bulletin de la société du protestantisme français. Paris, 1869. XVIII. S. 260 ff.)

Rathgeber, J., Martin Bucer, le réformateur strasbourgeois. (Le Témoignage, Journal de l'Eglise de la conf. d'Augsb. Paris, 1869. S. 107 ff.)

Brieger, Gropper. (Erſch und Gruber's Encycl. der Wiſſenſchaft und der Künſte. Leipz., 1872. S 218—242.)

Smith, R. T., We ought not to alter the Ordinal. Remarks upon the paper of ... C. P. Reichel ... With an appendix shewing the process by which the Ordinal of 1549 was framed in episcopal form on the basis of a semipresbyterian draught by Martin Bucer. 1872.

Ennen, L., Neuere Geſchichte der Stadt Köln. Köln, 1875. I. S. 307 ff. 407 ff.

Tollin, H., Buĕer's Confutatio der libri VII de trinitalis erroribus. (Theol. Studien und Kritifen. 1875. S. 711 ff.)

Krafft, W., Buĕer. (Herzog-Plitts Real-Encyllopädie für proteſt. Theol. u. Kirche. Leipz., 1878. III. S. 35-46.)

Barrentrapp, C, Hermann von Wied und ſein Reformationsverſuch in Köln. Leipzig 1878.

Natorp, A., Martin Buĕer, der Reformator Straßburgs. (Ein Vortrag.) Glad-bach, 1879.

Tollin, H., Mich. Servet und Martin Bucer, eine Quellen-Studie. Berlin, 1880.

Uſteri, M., Die Stellung der Straßburger Reformatoren Buĕer und Capito zur Tauffrage. (Studien u. Kritifen, 1884, S. 456 ff.)

Erichſon, A., Ein Aufruf zur Miſſionsthätigleit im Jahr 1538. (Proteſtantiſche Kirchenzeitung. 1885. S. 600 f.)

Warld, A. W., Dictionary of National Biography. Lond., 1886. VII. S. 173-177.

Baum, A., Magiſtrat und Reformation in Straßburg bis 1529. Straßb., 1887.

Winckelmann, O., Straßburgs Bemühungen um die Wittenberger Concordie. (Beilage I der Politiſchen Correſpondenz der Stadt Straßburg im Zeitalter der Reformation. 1887. II. S. 675 ff.)

Gerbert, C., Geſchichte der Straßburger Seltenbewegung zur Zeit der Refor-mation 1524-1534. Straßb., 1889.

Moſes, R., Die Religionsverhandlungen zu Hagenau und Worms 1540 und 1541. Jena, 1889.

Vetter, P., Die Religionsverhandlungen auf dem Reichstage zu Regensburg 1541. Jena, 1889.

Paulus, N., La liberté de conscience et les professeurs du séminaire protes-tant de Strasbourg au 16e siècle. (Revue catholique d'Alsace. Rixheim, 1890. S. 109 ff.)

— Les réformateurs de Strasbourg et la liberté morale. (Revue catholique d'Alsace. Rixheim, 1891. S. 330 ff.)

Conrad, R., Martin Butzer, ein Reformator Straßburgs, zu dessen vierhundertsten Geburtstage, dem protest. Volke in Elf.-Lothr. erzählt. Straßb., 1891.

Paulus, N. Martin Butzer und die Gewissensfreiheit. (Der Katholik. Zeitschr. für katholisches Wissen und kirchl. Leben. Mainz, 1891. S. 44—71.)

Erichson, A., Martin Butzer, der elsässische Reformator. Zu dessen 400jähriger Geburtsfeier, den elsässischen Protestanten gewidmet. Straßb., 1891.

Etern, E., Martin Butzer. Ein Lebensbild aus der Straßburger Reformationszeit. Gedächtnißblätter zur 400jährigen Jubelfeier seines Geburtstages. Straßb., 1891.

(Horning, W.) Martin Butzer, der Reformator Straßburgs. Zum 400jährigen Geburtsjubiläum. Der Jugend gewidmet. Straßb., 1891.

Horning, W.. Ein Leben im Dienst der Kirche und Gemeinde. Der Straßburger Reformator Martin Butzer. (Ev. luth. Gemeindediakonie, Straßb., 1891. Nr. 3 ff.)

— Historische Nachlese oder Nachträge zu den „Beiträgen zur Kirchengeschichte des Elsasses“. Straßb., 1891.

Zu Martin Butzer's Gedächtniß. (Evang. lutherischer Friedensbote aus Elf.-Lothr., Straßb., 1891. S. 482 ff.)

Festnummer zum 400jährigen Geburtsjubiläum Martin Butzer's. Evangelisch-protestantischer Kirchenbote für Elsaß-Lothringen. Straßb. 31. Okt. 1891.

Gerold, Th., Martin Butzer, le réformateur de l'Alsace. Strasb., 1891. (Aus dem: Progrès Religieux.)

Die Butzerfeier des protestantischen Gymnasiums zu Straßburg am 31. Oktober 1891. Straßb., 1891. (Rede von Rud. Reuß.)

Inhalt.

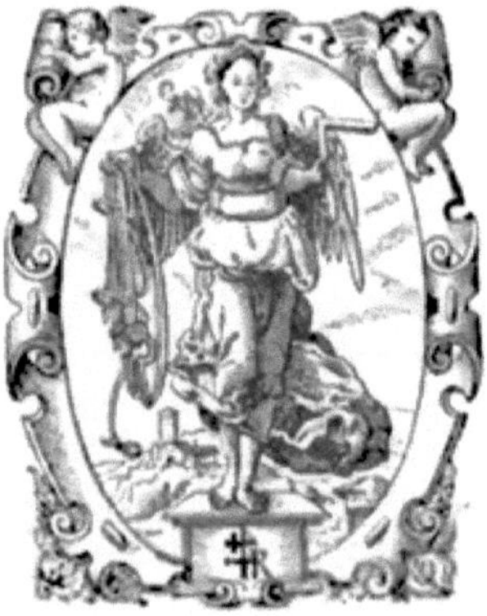